自治体職員のための

判例の読み方・活かし方

トラブル回避のポイントがわかれば
法的リスクを抑えた
条例・政策が立案できる!

松村 享 著

第一法規

はじめに

地方分権の進展により、自治体の自主性、自律性は大きく拡大しました。それに伴い、自治体自体の責任も大きくなっています。自治体が負う訴訟リスクも非常に高くなっており、自治体において自主、自立のまちづくりを進めるためには、自治体の職員が法的な知識、判断力を持って、法の枠組みの中で独自の政策を立案していくことが求められています。

こうした中、自治体職員は、様々な形で法的課題に直面することも多くなっています。また、訴訟の当事者となることも少なくありません。自治体にかかわる訴訟の中でも特に重要なものが行政訴訟です。行政訴訟は、自治体等の活動により国民、住民が受けた権利の侵害、違法な行政活動等を是正するために裁判所によるチェックを求めるシステムです。自治体の判断が間違っていた場合には、行政訴訟の手続を通じて是正されることになります。

行政処分をはじめとする自治体の活動と、私人間の私法上の関係とは大きく異なります。私人間の関係は原則として対等の立場で私的自治のもとで規律されていますが、自治体はその行政活動において一定の公権力を行使する場合も少なくありません。公権力の行使に関して法的判断を誤る可能性も否定できません。もちろん自治体の行政活動が違法性を帯びる場合には、最終的に行政訴訟により是正が図られ、国民の権利は守られることになります。

行政訴訟によって、権利侵害等が是正されることもありますが、国民、住民にとっては訴訟を提起すること自体が非常に大きな負担となります。また、行政機関が違法な活動を行っているにもかかわらず、訴訟が提起されずに国民、住民の正当な権利が守られないことさえあります。そのため、自治体も含めた行政機関の職員が、そもそも訴訟に至ることがないように、常に適法・適正な行政運営を行わなければなりません。適切な法律上の判断を行うことによって、法律問題の適正な解決に資するとともに、紛争を未然に防止する予防司法的な意識も重要です。

地方行政の一翼を担う者として、自治体に対する国民、住民の期待と要望にこたえるために、住民全体の利益と個人の権利・利益との間に正しい調和を図るとともに、法律による行政の確保に寄与するという使命の下、判例・裁判例に関する理解、知識は、今後、ますますその重要性が増大するものと思われます。

本書は、「自治実務セミナー」2016年7月号から2018年9月号までの2年間にわたり連載をしたものに新たに書下ろしの2編を加えて、書籍として刊行するものです。第一法規株式会社「自治実務セミナー」編集部の皆さんには、連載の当初から書籍化まで大変お世話になりました。厚く御礼を申し上げます。

2021年3月

松村　享

自治体職員だったら、判例本のここに注目

① 会話調で親しみやすく

自治体職員の皆さんにとって、判例は難しい、ハードルが高いなどと思われる人も多いと思います。本書では、できるだけ皆さんに判例に気軽に接していただくために、係長の黒田さんが部下の中村君に説明をするという会話調で、読者の皆さんに語り掛けるように判例を解説しました。

② 重要判例を通じて法律の理解を

本書で取り上げた判例の多くは、法科大学院（同志社大学大学院司法研究科）の講義で実際に取り上げて解説を行ったもので、行政法の解釈において特に重要なものが多くあります。これらの判例は司法試験受験生はもちろんですが、自治体職員にとっても参考になると思います。

③ 具体的事例を通じて理解を深める。

本書では、自治体に関連する判例を中心に取り上げているため、職員の皆さんにとっては、実際に身近に起こる可能性をある事例を通じて、行政法の基本的な理解をすることができます。

判例を学ぶに当たっては、判決で示された結論だけではなく、その結論に至る考え方や理論を理解する必要があります。本書では、その点にも重点をおいて、結論に至る理論的な解説にも重点を置いています。

④ 訴訟を未然に防ぐ。

国・自治体の行政が抱える様々な問題について、判例を通じた理解を図ることによって、判例を踏まえた適法な行政運営を行うことが期待できます。判例を踏まえた行政運営によって、自治体

に対する住民の信頼を高めることで、訴訟を未然に防げます。

⑤ 訴訟での敗訴リスクを減らす。

判例の理論構成、結論を踏まえて行政活動を行うことができるようになれば、もし訴訟になった場合であっても、敗訴するリスクを減らすことができます。それによって、自治体として、より積極的に多様な政策を推進することが期待されます。

＊判例集等の略称

下級民集	下級裁判所民事裁判例集
行裁例集	行政事件裁判例集
刑集	最高裁判所刑事判例集
裁判集民	最高裁判所裁判集民事
民集	最高裁判所民事判例集
裁時	裁判所時報
訟月	訟務月報
判時	判例時報
判タ	判例タイムス
判自	判例地方自治

目次

自治体職員のための

判例の読み方・活かし方

―トラブル回避のポイントがわかれば法的リスクを抑えた条例・政策が立案できる!

序章　判例の読み方、活かし方の基本

1　行政活動と訴訟

裁判所は、統治構造の中で三権の一翼を担い、司法権の行使を通じて、抑制・均衡の統治体系の中で行政作用をチェックすることにより、国民の権利、自由の保障を実現するという重要な役割を担って有しています。

住民は、国や自治体などの誤った行政運営について最終的な救済措置として、行政事件訴訟法に基づき訴訟を提起して救済を求めることができます。その訴訟によって、国や自治体の行為は、その効力が否定されることもあるのです。

そのために、自治体職員としては、自らの判断や施策が、裁判によって否定されることがないように、これまでに裁判所が行った法的判断である判例を理解して、行政運営を進めることがとても重要です。

2　行政訴訟に関する法律

昭和37年に行政訴訟の一般法である「行政事件訴訟法」が制定、施行されました。一般法としての位置付けは、同法1条の「行政事件訴訟については、他の法律に特別の定めがある場合を除くほか、この法律の定めるところによる」との規定にも現れています。

行政事件訴訟法は、一般の民事訴訟とは異なり、次のような訴訟類型を規定しています。まず、この訴訟制度を理解して、実際の判例がどの訴訟類型に属するのかを理解した上で、それぞれの判例を読むことが大切です。

行政訴訟は、大きく分けると主観訴訟と客観訴訟とに分類することができます。

(1) 主観訴訟

自己の権利や法的利益の保護を目的とする訴訟のことを主観訴訟といいます。主観訴訟には､抗告訴訟と当事者訴訟があります。

① 抗告訴訟

抗告訴訟とは、「行政庁の公権力の行使に関する不服の訴訟をいう」と定義されています（３条１項)。取消訴訟、無効等確認訴訟、不作為の違法確認訴訟、義務付け訴訟、差止訴訟が法律で抗告訴訟として定められています。

a 処分の取消訴訟

裁決、決定以外の行政処分の取消しを求める訴訟です。行政訴訟の中心となる訴訟で、実際に提起される行政訴訟の大半がこの処分の取消訴訟と考えられます。

b 裁決の取消訴訟

審査請求その他の不服申立てに対する行政庁の裁決、決定その他の行為の取消を求める訴訟です。

c 無効等確認訴訟

行政処分や裁決の有効・無効、存在・不存在の確認を求める訴訟です。

重大かつ明白な瑕疵がある行政処分は無効であり効力は生じないと解されていますが、この訴訟を通じてその無効の確認を求めることができます。もっとも無効な行政処分であっても、訴訟手続上は、取消訴訟を通じて処分の取消しを求めることも可能です。しかし、取消訴訟の出訴期間が経過してしまった場合には、取消訴訟によることはできないため、そのような場合には無効等確認訴訟は重要な役割を果たします。

d 不作為の違法確認訴訟

行政庁が申請に対して相当の期間内に何らかの「処分」をすべきであるにもかかわらず、これを行わないことについての違法の確認を求める訴訟です。

e 義務付け訴訟

行政庁が何らかの行政処分又は裁決をすべきであるにもかかわらず、これがなされない場合に、行政庁に義務付けを求める訴訟です。この訴訟による請求が認容されると、判決により、行政庁に一定の処分又は裁決をすべきことを命ずる判決（義務付け判決）がなされます。

f 差止訴訟

行政庁が何らかの処分又は裁決をすべきでないにもかかわらず、これがなされようとしている場合に、行政庁にその処分又は裁決をしてはならない旨を命ずることを裁判所に求める訴訟です。この訴訟による請求が容認されると、行政庁が一定の処分又は裁決をしてはならない旨を命ずる判決（差止判決）がなされます。

② 当事者訴訟

当事者訴訟とは、抗告訴訟と異なり公権力の行使の違法を争うのではなく、権利主体相互間における権利義務などの法律関係に関する訴訟をいいます。行政事件訴訟法では、当事者訴訟として次の２種類を規定しています（４条)。

a 形式的当事者訴訟

当事者間の法律関係を確認又は形成する処分・裁決に関する訴訟で、法令の規定により法律関係の当事者を一方の被告とするものです。例えば、土地収用に伴う補償金の増額を起業者に対して求める訴訟（土地収用法133条）などがあります。

b 実質的当事者訴訟

公法上の法律関係に関する確認の訴えその他の公法上の法律関係に関する訴訟です。具体的には、公務員の給与の支払いを求める訴訟、日本国籍を有することの確認などが挙げられます。

（2）客観訴訟

自己の権利や法的利益の保護を目的とせず、国又は自治体の違法な行為を排除又は是正し、行政法規の正しい適用を確保するための訴訟です。

原則として自己の権利等法律上の利害関係がなければ当事者適格がないものとして訴訟を提起することができません。しかし、客観訴訟においては法律が特別に認めることによって、特別に定められた要件に適合する者が出訴することを認めたものです。

a 民衆訴訟

客観訴訟の一つで、行政事件訴訟法５条に定義されています。

○行政事件訴訟法の類型

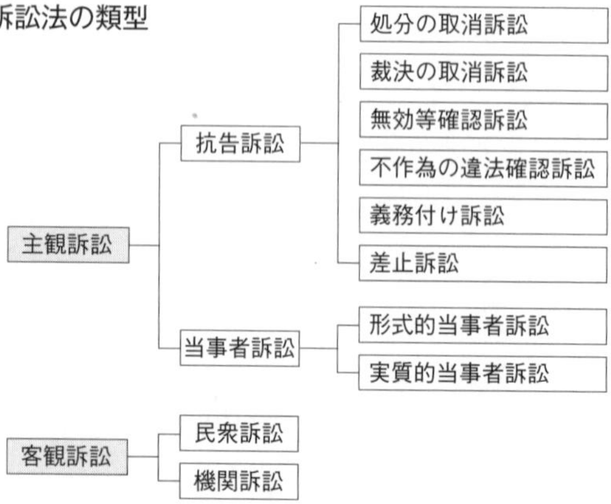

住民訴訟（地方自治法242条の２)、選挙又は当選の効力に関する訴訟（公職選挙法203条、204条、207条、211条）が代表例です。

b 機関訴訟

客観訴訟の一つで､行政事件訴訟法６条に定義されています。議会の議決又は選挙に関する長の訴訟（地方自治法176条７項)、国の関与に対する訴訟（同法251条の５)、都道府県の関与に対する訴訟（同法252条）が代表例です。

3　自治体職員と判例

このように判例、裁判例は、裁判所が下した結論で、今後の法解釈や法理論を支えるものです。地方分権が進展し各自治体が独自の政策を立案、推進すために、あるいは独自の条例を制定する中で、適法、適正な行政運営に向けて自治体職員は、判例に関する幅広い、知識、理解が必要になってきています。

職員の皆さんは、公刊された雑誌や判例データベースなどを利用する場合も多くあると思います。しかし、判例の原文はなかなか理解をすることが難しい、あるいはとっつきにくいというのが実情だと思います。そこでまず本書で、概略を抑えた上で、判例を読んでみてください。

判例には､「主文」「理由」「判示事項」「要旨」などがあります。もちろん裁判で一番重要なのは、その判決の結論である主文ですが、判例を学ぶ上で本当に重要なのは、その主文に至る理由付けである理由の部分です。判決主文は、裁判の対象となった事件についての結論ですが、理由の部分は結論である主文の至る法的な考え方、理由付け等が述べられています。自治体職員としては、この理由の部分を理解することによって、みなさん自身が直面する様々な法的な課題を判断、解決することができるのです。

第１章　行政機関の活動

第１回：行政処分の基本

今回は、行政処分に関する判例を取り上げます。自治体は様々な行政活動を行っていますが、中でも行政処分は住民の権利義務にかかわりがあり、訴訟でも争われることが多いことから、最も重要な行政活動のひとつということができます。そのため、自治体職員にとって、行政処分に関する知識は不可欠のものです。

事件の経緯

黒田係長◉行政運営を行っていく中で、様々な法的問題に直面したり、住民の人たちから課題を指摘されたりすることがあるけど、どうしても解決できないこともあるよね。そのような場合には、裁判で解決しなければならないこともある。自治体職員としては、そんな場合を想定して、過去の事件についての判決を理解した上で仕事に当たることも、とても重要なことなんだ。

中村君は、法学部を卒業しているから、ある程度知識があると思うけど、実務を踏まえた判例の理解が重要だから、今日から判例について一緒に勉強していくことにしよう。今回は、行政処分についての判例を学ぶことにしよう。

事件の発端は、東京都がごみ焼却場の設置に向けて設置計画案を議会において議決し、さらに建築会社との間で建築請負契約を締結したことに始まる。これに対して、住民がごみ焼却場の設置場所の選定が環境衛生上、不適当であるなどとして、ごみ焼却場設置に係る一連の行為について処分の無効確認を求める訴訟を提起した（注１）。この訴訟では、都が行った一連の行為が行政訴訟の対象である「処分」に当たるかということが争点のひとつとなったんだ。この訴訟は、現在の行政事件訴訟法の前の法律である行政事件訴訟特例法の時代のものなんだけど、今でも行政処分概念の基礎とされている重要な判決だよ。

ちょっと解説

ここでは「行政処分」を用いて説明を行っていますが、行政法の学問上は「行政行為」という用語を用いて、図１のように「行政処分」と「行政行為」とを区別して用いるのが一般的です。

行政行為については、その行為の内容が「行政庁が私人に対して行う権力的かつ具体的な法律行為」に当たるかというように行為の内容から判断するのに対して、行政処分は取消訴訟等の対象とすべきかという視点から判断されています。

自治体職員にとって、行政処分とその他の行為との大きな違いは、行政手続法に基づく審査基準の設定等、あるいは行政事件訴訟法等に基づく教示に関しての手続においてです。その意味では、「行政処分」と「行政行為」を区別することなく、行政手続法や行政事件訴訟法の対象として「行政処分」のみを一元的に捉えておけば十分だと思います。

（注１）最判昭和39年10月29日民集18巻８号1809頁

図１　行政処分と行政行為

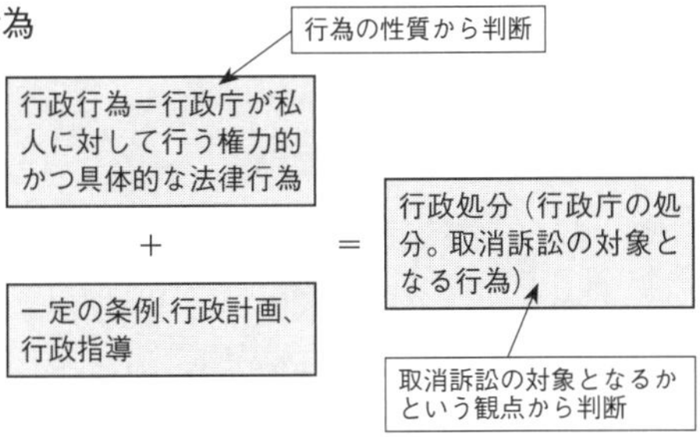

行政処分の定義

中 村 君◉行政処分ですか？　大学のときに、行政行為というものを習った覚えがあるんですけど、行政処分とどう違うんだったかな～。忘れてしまいました。

黒田係長◉行政処分と行政行為の関係について、専門的には様々な議論があって、学者によって考え方が分かれているんだ。でも自治体職員としては、行政処分と行政行為は、ほとんど同じものだと理解しておけばいいと思うよ。

一応、簡単に説明しておくと、行政行為は行政機関が行う権力的な行為で、相手方である住民の権利義務を具体的に変動させるものだよ。これに対して行政処分の方は、行政訴訟の対象である「行政処分」に当たるかという観点から、議論がされているね。法律の条文では、「行政行為」ではなく、「行政処分」の方が使われているから、自治体職員としては専門的な議論を行う必要はなくて、「行政処分」を使っておく方がいいと思うんだ。

中 村 君◉そうなんですね。その行政処分って、例えばどんなものがあるんですか。

黒田係長◉自治体職員にとって身近な例でいえば、税金の賦課は住民に納税の義務を課すもので、行政処分に当たるよ。もっと身近な例でいえば、自動車の運転免許だね。運転免許を受けることによって住民は運転することが許されることになるということから、これも行政処分に当たるんだ。

中 村 君◉この訴訟では都が行った行為が「行政処分」に当たるかが争点のひとつだったということですけど、判決ではどのような判断がされたんですか？

黒田係長◉今回の判例では、行政処分とは「行政庁の法令に基づく行為のすべてを意味するものではなく、公権力の主体たる国または公共団体が行う行為のうち、その行為によつて、直接国民の権利義務を形成しまたはその範囲を確定することが法律上認められているもの」とされたんだ。そして、ごみ焼却場設置に係る一連の行為は行政処分に当たらないとされているよ。

中 村 君◉行政処分の定義が明確に示されたんですね。でも、一度にいわれても理解できないので、少しずつ説明してくださいよ。

黒田係長◉そうだね。裁判所の考え方を少しずつ分けて説明することにしよう。

最初の「行政庁の法令に基づく行為のすべてを意味するものではなく」という部分は分かるよね。行政庁が法令に基づいて行う行為のすべてが、行政処分ではないということだよ。

中 村 君◉この部分は理解できますよ。でも、行政庁って何でしたっけ？

黒田係長◉行政庁とは、行政機関のうち行政主体の意思又は判断を決定し、相手方に対してこれを表示する権限を持つものとされているよ。ところで行政主体は分かるのかな？

中 村 君◉係長の説明を聞いていて、大学で習ったことを思い出しました。行政主体は、地方自治体のように行政上の権利・義務の主体となるものですよね。ところで、行政庁って具体的にはどんな機関が当たるのでしたか？

黒田係長◉行政主体のことは、ちゃんと覚えてるじゃないか。中村君が質問した、どの機関が行政庁に当たるかは、個々の法律で権限がどの機関に委ねられているかによって決まるんだ。市役所の場合には、市長が行政庁と位置付けられる事務が多いけど、ほかにも消防長、保健所長、建築主事等が法律で権限を有することとされていることもあって、その場合には消防長、保健所長、建築主事等も行政庁となるよ。

じゃあ判決の次の部分「国民の権利義務を形成しまたはその範囲を確定する」というところを考えてみよう。この点は、権力性といわれるものなんだ。行政機関が住民よりも優越的な立場で一方的に住民の権利義務を形成することを意味すると考えられている。この権力性がなければ行政処分には当たらないものとされているんだ。

中 村 君◉権力ということは何となくイメージできるんですが、

図２　行政処分と契約との違い

具体的にはどんなことですか？

黒田係長◉この点は、契約と比べて考えると分かりやすいよ。契約は、契約当事者の「申込み」と「承諾」という当事者の合意によって成立するんだよ（民法522条1項）。これに対して、行政処分は、相手方住民の意思にかかわりなく行政庁の判断で行うことができるんだ。

中 村 君◉そうですね。大学時代に民法の授業で、契約は申込みと承諾という契約当事者の意思の合致で成立するって、習った覚えがありますよ。

黒田係長◉この権力性については、行政指導との比較も大切だよ。行政指導って、どんなものだったかな？

中 村 君◉行政指導は、相手である住民等に対して任意の協力を求めるものですよね。

黒田係長◉そのとおりだね。行政指導は、相手方住民に対して強制するものではないから行政処分には当たらないんだ。それ以外にも、上級行政機関が下級行政機関に対して発する通達というものがあるけど、これは行政機関内部のもので行政機関外の存在である住民等の権利を制限したり、義務を課したりすることはない。そのため、このような通達も行政処分に当たらないんだ。

中 村 君◉住民の権利や義務に影響があるか、ないかという点が行政処分に当たるかの大きな分かれ目なんですね。

黒田係長◉そこが重要なポイントなんだよ。次の「直接」という言葉は、行政立法との違いを表す言葉なんだ。政省令や自治体の長が定める規則を行政立法といい、広く国民、住民に対して規範を定める。一方、行政処分は個々の住民の権利義務を「直

図３　行政立法と行政処分の効力の違い

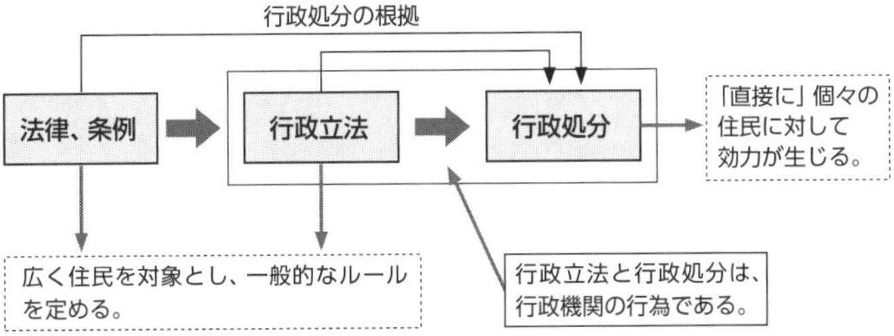

接」に確定するものなんだ。

中 村 君◉行政処分は「直接」に住民の権利義務を確定するけど、行政立法は行政処分等を経て住民の権利義務を確定するということですね。

黒田係長◉そう理解しておけばいいよ。最後に「法律上認められているもの」というところだけど、行政庁がこのように一方的に法律関係を形成できるのは、法律に基づくものだからなんだ。

中 村 君◉どうして法律に基づけば、行政庁が住民の法律関係を一方的に決めることができるんですか？

黒田係長◉それは、法律が住民の代表である議会で決められたことだからだよ。いってみれば、自分で決めたことはちゃんと守らなきゃならないからね。

行政処分の具体例

中 村 君◉さっき係長は、行政処分の例として、税金の賦課とか自動車の運転免許等を教えてくれましたが、ほかにはどんなものがあるんですか？

黒田係長◉そうだね。さっきは身近な例を挙げたけど、少し専門的な例としては、都市計画法の「開発許可」があるね（都市計画法29条1項）。一定の土地を造成する行為等については開発許可を受けなければならないとされているけど、これは行政処分としての許可に当たるね。ほかにも建築基準法に基づく「建築協定の認可」があるよ（建築基準法70条）。

中 村 君◉許可とか認可って似た言葉ですが、どのように違うんですか？

黒田係長◉許可とは、一般的に行われている禁止を解除することだよ。許可を受けた者は、それまで禁止されていた行為を適法に行うことができるようになるんだ。つまり、都市計画法で規定する開発行為は原則として禁止されているんだけど、許可によってその禁止が解除され開発行為を適法に行うことができるようになるんだ。

中 村 君◉許可について理解できましたけど、建築協定の認可ってどんなものなんですか。

黒田係長◉まず認可の意味を説明しよう。認可の対象とされている契約等の行為は、認可がなければ効力が生じないこととされていて、認可によって契約等の行為を補充して効力を発生させることになるんだ。

建築協定制度は、住宅地としての環境や商店街としての利便を高度に維持増進することなどを目的として、土地所有者等同士が建築物の基準に関する一種の契約を締結するときに、特定行政庁がこれを認可することで、住民意思に基づいて良好な環境のまちづくりを促進しようとする制度なんだ。

普通の契約は契約を結んだ人同士の間でしか効力は生じないけど、この建築協定は当初契約を締結していなくても、後にその区域に居住することになった人に対しても規制等の効力が及ぶことになるんだよ。こんなふうに多くの人に影響が及ぶので、協定の内容について特定行政庁が後見的な立場から確認して認可を行うことによって、初めてこの建築協定の効力が生じるという制度になっているんだ。

行政処分特有の効力

中 村 君◉行政処分については、何となく理解できましたが、行政処分かそうでないかを区別する意味ってあるんですか？　自治体職員は、研究者じゃないんだから、そこまで詳しく理解する必要はないんじゃないですか。

黒田係長◉そんなことはないよ。自治体職員も行政のプロなんだからちゃんと理解しておかなきゃならないよ。自治体職員が行政処分について理解することの意味は２つあると思うんだ。

中 村 君◉その２つってどんなことなんですか。

黒田係長◉ひとつは、行政処分については、特別な効力が認められるとされているからなんだ。そのためにどんなものが行政処分に当たるかを理解しておかなきゃならない。

中 村 君◉どんな特別な効力があるんですか？

黒田係長◉いくつかあるんだけど、まず一番重要なものとして公定力というものがあるよ。

中 村 君◉こうていりょく？　……そうだ！「公定力」ですね。思い出しました。大学の講義で聞いたことがありますけど、難しくてよく理解できませんでした。

黒田係長◉実は今回の判例でも触れられているんだ。この判決では、行政処分は、「仮りに違法なものであつても、それが正当な権限を有する機関により取り消されるまでは、一応適法性の推定を受け有効として取り扱われる」から、「その無効が正当な権限のある機関により確認されるまでは事実上有効なものとして取り扱われ」るとされているんだ。

中 村 君◉「正当な権限を有する機関」ってどんな機関なんですか？

黒田係長◉行政処分を取り消す権限のある機関というのは、行政処分をした行政庁かその上級行政庁、あるいは裁判所などだよ。それらの機関が取り消すまでは、誰であってもその行為の効力を否定できないんだ。

中 村 君◉何でそんな特別な効力が認められるんですか？　やっぱり行政機関は、国民を統治するからそんな権力が認められているんですか？

黒田係長◉この公定力の根拠として、この判例では「公共の福祉の維持、増進のために、法の内容を実現することを目的とし、正当の権限ある行政庁により、法に準拠してなされるもので、社会公共の福祉に極めて関係の深い事柄であるから」、「仮りに違法なものであつても、それが正当な権限を有する機関により取り消されるまでは、一応適法性の推定を受け有効として取り扱われるものであることを認め」ているとしている。

中 村 君◉公共の福祉の維持、増進のために、違法であってもまずは適法だという推定を受けるということなんですね。やっぱり行政機関の行為は特別なんですね。

黒田係長◉ただし、この公定力の根拠について、最近では、この判例のような考え方はされていないんだ。

行政事件訴訟法３条２項で取消訴訟が規定されているよね。

この法律の規定がある以上、行政処分の効力を争うことができるのは「取消訴訟」を通じてのみだよね（取消訴訟の排他的管轄）。そのため、仮に違法なものであっても、処分を行った行政庁や上級庁等のように正当な権限を有する機関により取り消されるか、あるいは取消訴訟を通じて効力を否定されない限り事実上有効なものとして取り扱われている。だから、行政機関の行為が特別というよりも、訴訟手続の違いから、公定力は根拠付けられるようになってきているんだ。

中 村 君◉そんなふうに考え方が変わってきてるんですね。最近の考え方の方が、法律の根拠に基づいて分かりやすいですね。

黒田係長◉行政処分については、もうひとつ重要な効力があるんだよ。行政処分に不服があっても、一定の期間経過後は、処分の対象である私人の側からは、その行為の効力を争えなくなるという効力があるとされているんだ。「不可争力」といわれているよ。

中 村 君◉どうして行政処分には、そんな特別な効力が認められているんですか？

黒田係長◉不可争力は、行政上の法律関係を早期に安定させる必要があることから認められている効力なんだ。

中 村 君◉早期に安定させる必要があるというのは分かりますが、具体的にはどんな根拠があるんですか？

黒田係長◉行政事件訴訟法14条１項では、取消訴訟は、処分があったことを知った日から６か月を経過したときは、提起することができないと規定されているし、２項では取消訴訟は処分の日から１年を経過したときは、提起することができないと出訴期間が制限されているんだ。このような規定が設けられていることが、不可争力の根拠とされている。

中 村 君◉その出訴期間を過ぎてしまうと、行政処分が見直されることはあり得ないということですか？

黒田係長◉さっき「処分の対象である私人の側から争えない」といったけど、ここがポイントなんだ。つまり、これは私人の側から見た裁判上争えないという訴訟要件の問題であるから、行政庁の側で行政処分の取消しをすることは妨げられないんだ。それから、もうひとつ例外があって、無効確認訴訟についても出訴期間の制限を受けないよ。

中 村 君◉そうなんですか。早期確定という視点からはおかしいですね。どうしてなんですか？

黒田係長◉行政処分について、明白かつ重大な瑕疵（問題点）がある場合には、行政処分はそもそも無効であり一切効力は生じないと考えられているんだ。そのため行政事件訴訟法では、無効等確認訴訟という類型が規定されていて、それには出訴期間の制限がないんだよ。つまり、そもそも無効で効力が生じないはずなんだから、期間の制限なくいつまでも訴訟で争うことができるとされているんだ。

中 村 君◉無効になるのってどんな場合ですか？

黒田係長◉判例では「行政処分は、たとえ違法であつても、その違法が重大かつ明白で当該処分を当然無効ならしめるものと認むべき場合を除いては、適法に取り消されない限り完全にその効力を有する」（注２）としている。重大かつ明白に違法な行政処分は無効になるということだね。

（注２）最判昭和30年12月26日民集９巻14号2070頁

行政処分を行う際のルール

中 村 君◉行政処分に特有の効力が認められることは分かりましたけど、係長は、さっき、行政処分について理解しておく意味は2つあるとおっしゃいましたよね。もうひとつは、どんなことなんですか？

黒田係長◉もうひとつは、行政処分については、行政処分を行う際のいくつかのルールがあることなんだ。そのルールを守るためにも、どのような行為が行政処分に当たるかを理解しなきゃならないんだ。

中 村 君◉行政処分を行うときのルールですか。それは自治体職員にとってとても大切ですよね。

黒田係長◉そうだね。まず、行政処分を行う前にやらなきゃならないことがある。中村君、行政手続法を知ってるかな？

中 村 君◉法律の名前くらい知ってますよ。

黒田係長◉行政手続法では、申請に対する処分についてはあらかじめ審査基準の設定と公表をすることとされている。それに、不利益処分については、処分基準の設定と公表だけでなく、不利益処分を行おうとするときは相手方に聴聞や弁明の機会の付与をしなきゃならないんだよ。

中 村 君◉審査基準とか処分基準を設定するためには、まず何が行政処分かをちゃんと見極めなきゃならないですよね。

黒田係長◉そうだね。行政処分についての手続でもうひとつ重要なものがあるんだ。教示、教え示すと書くんだけど、知ってるかな？

中 村 君◉教示ですか。聞いたことはあるんですけど……。

黒田係長◉行政庁が行政処分をするときに、「いつまでに誰を相手に審査請求や訴訟を行うことができる」という形で、相手方である私人にその処分に対する不服申立手続や訴訟手続を示すことを教示というんだ。

個々の法律で行政庁に教示義務を規定している場合もあるけど、行政不服審査法では一般的に行政庁が不服申立てをすることができる処分を書面でする場合には、相手方に対し不服申立てができる旨、不服申立てをすべき行政庁及び不服申立てをすることができる期間を教示する義務を課している。行政事件訴訟法でも、取消訴訟が提起できることなどを示さなければならないとされている。これが教示というものなんだ。

中 村 君◉一般市民の人は、不服申立てとか取消訴訟なんて知らないから、その手続を教えてあげるんですね。

黒田係長◉そうだね。行政処分については、さっき不可争力のところで説明したように出訴期間の制限があるから、その期間を過ぎてしまわないうちに訴訟などを提起する必要があるから教示は大切なんだ。

中 村 君◉行政処分かどうかを判断することって、自治体職員にとっても大切なことなんですね。

黒田係長◉行政処分に関しては、その他に理由提示もあるよ。

中 村 君◉理由提示、理由を示すことですか？

黒田係長◉行政手続法では、申請により求められた許認可等を拒否する処分をする場合や不利益処分をする場合には、相手方に対してその処分の理由を示さなければならない。この理由提示も、ちゃんと覚えておいた方がいいよ。

表　行政手続法に基づく行政処分に関する主な手続

	事前手続	処分時の手続
申請に対する処分	審査基準の設定・公表	・理由の提示
不利益処分	処分基準の設定・公表	・聴聞手続 ・弁明の機会の付与 ・理由の提示

第２回：行政処分の概念の広がり

前回は行政処分について学びましたが、行政処分の範囲については、これまでに多くの判決がなされています。その中には、法律の規定等だけではなく、制度の仕組み全体を踏まえて行政処分に当たると判断しているものもあり、行政処分の概念は広がりつつあるといえます。今回は、このように広がりつつある行政処分に関する判例を学ぶことにしましょう。

事件の経緯

黒田係長◉前回は行政処分について学んだけど、判例では行政処分の概念は、さらに広くとらえられるようになってきているんだ。今回は、そんな判例をもう少し踏み込んで勉強することにしよう。

行政処分に関する判決で大きなインパクトがあったのが、浜松市土地区画整理事業計画事件（注１）だよ。この判決がなされるまでは、土地区画整理事業計画の決定はまだ青写真にすぎないから行政処分に当たらないという、いわゆる「青写真判決」（注２）が先例とされていたんだ。浜松市事件の判決は、この青写真判決における最高裁の判断を変更するもので、新聞等でも取り上げられたよ。

都市計画と土地区画整理事業

中　村　君◉係長、もともとの青写真判決自体を知らないので、教

（注１）最判平成20年９月10日民集62巻８号2029頁
（注２）最判昭和41年２月23日民集20巻２号271頁

えてくださいよ。

黒田係長◉その前に、今回の裁判や青写真判決で問題となった都市計画と土地区画整理事業について確認しておこう。まず都市計画だけど、中村君、どんなものか知っているかな？

中 村 君◉研修で習ったのですが、都市計画は、簡単にいうと、都市計画法に基づいて決定するまちづくりのためのルールということだったと思います。

黒田係長◉じゃあ、土地区画整理事業はどんなものなのかな？

中 村 君◉土地区画整理事業も都市計画のひとつですよね。不整形な宅地、あるいは道路等の公共施設が整備されていない区域を、快適、安全で住みやすくなるように道路や公園、広場等を整備しながら、宅地を整った形にして、土地の所有者に対して以前の土地の持分に応じて配分し直すことですよね（図１参照）。うちの市でも、駅の西側を区画整理して、道路も広くなったし、公園もできていますね。

黒田係長◉そうだね。さすが中村君だね！

中 村 君◉ありがとうございます。研修の成果です。ところで係長、土地区画整理事業は、どのような手続で進められるのですか？　研修で聞いたのかもしれないのですが……。

黒田係長◉土地区画整理事業の大きな流れとしては、①土地区画整理事業の都市計画決定、②仮換地指定（将来換地とされる土地の位置、範囲を指定）、③道路築造・公園整備・宅地整地等の工事を実施、④換地処分（従前の宅地上の権利が換地上に移行）というふうに進んでいくんだ。

中 村 君◉この２つの裁判では最初の段階の土地区画整理事業の都市計画決定が行政処分に当たるかが争われたんですね。最高

図１　土地区画整理事業の仕組み

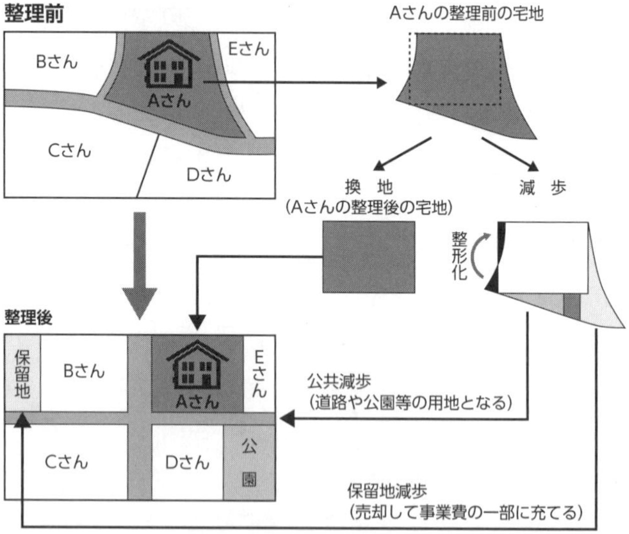

① 土地区画整理事業は、道路、公園、河川等の公共施設を整備・改善し、土地の区画を整え、宅地の利用の増進を図る事業。

② 公共施設が不十分な区域では、地権者からその権利に応じて少しずつ土地を提供してもらい(減歩)、この土地を道路・公園などの公共用地が増える分に充てるほか、その一部を売却し事業資金の一部に充てる事業制度（公共用地が増える分に充てるのが公共減歩、事業資金に充てるのが保留地減歩)。

③ 事業資金は、保留地処分金のほか、公共側から支出される都市計画道路や公共施設等の整備費（用地費分を含む）に相当する資金から構成される。これらの資金を財源に、公共施設の工事、宅地の整地、家屋の移転補償等が行われる。

④ 地権者においては、土地区画整理事業後の宅地の面積は従前に比べ小さくなるものの、都市計画道路や公園等の公共施設が整備され、土地の区画が整うことにより、利用価値の高い宅地が得られる。

(国土交通省ホームページから)

裁はどんな判断を示したんですか？

黒田係長◉青写真判決では、土地区画整理事業の都市計画決定は、事業の基礎的事項について一般的・抽象的に決定するものであって､特定個人に向けられた具体的なものではないことから､取消訴訟の対象となる行政処分ではないと判断したんだ。

中 村 君◉そうなんですか。でも、研修では、事業計画が公告されると、施行地区内の土地の所有者等は土地の利用などについて一定の制限を受けることになるという説明を聞いた気がするのですが……。その意味では、具体的な処分となるのではないでしょうか？

黒田係長◉中村君のいうとおり、土地区画整理事業計画が公告されると､土地の所有者等は一定の制約を受けることになるよね。でも青写真判決では、その制約は「当該事業計画の円滑な遂行に対する障害を除去するための必要に基づき、法律が特に付与した公告に伴う附随的な効果にとどまるものであつて、事業計画の決定ないし公告そのものの効果として発生する権利制限とはいえない」として、土地の「所有者又は賃借人等の有する権利に対し、具体的な変動を与える行政処分ではない」という判断が示されたんだ。

中 村 君◉それが、どのように判断が変ったんですか？

黒田係長◉浜松市事件判決では、土地区画整理事業の「施行地区内の宅地所有者等は、事業計画の決定がされることによって」､「規制を伴う土地区画整理事業の手続に従って換地処分を受けるべき地位に立たされるものということができ、その意味で、その法的地位に直接的な影響が生ずるものというべきであり、事業計画の決定に伴う法的効果が一般的、抽象的なものにすぎないということはできない」とされたんだ。

中 村 君◉この判例の変更によって、都市計画決定は行政処分に当たるとされたんですね。

黒田係長◉そうだね。都市計画決定によって、土地の形質の変更等具体的に権利が制限されることになるために、行政処分に当たるとされたんだよ。

用途地域指定は行政処分か

黒田係長◉都市計画決定のすべてが行政処分に当たるというわけではなくて、都市計画決定でも行政処分に当たらないと考えられているものもあるんだ。これも判例があるから見てみよう。用途地域の指定が無効だとして争われた事件の判決（注３）なんだ。

中　村　君◉用途地域の指定ですか？

黒田係長◉住居、商業、工業といった土地利用は、似たようなものが集まっていると、それぞれに合った環境が守られ、効率的な活動を行うことができるけれど、種類の異なる土地利用が混じっていると、互いの生活環境や業務の利便が悪くなるよね。そこで、都市を住居専用地域、商業地域、工業地域などいくつかの種類に区分し、これを「用途地域」として定め、その用途に合った建築物しか建てられないことにしているんだ。これも都市計画のひとつなんだよ。

中　村　君◉係長がわざわざこの判例を説明するということは、用途地域の指定は行政処分ではないと判断されたんですね。

黒田係長◉そのとおりだよ。判決では、用途地域の指定によって「地域内の土地所有者等に建築基準法上新たな制約を課し、その限度で一定の法状態の変動を生ぜしめるものであることは否

（注３）最判昭和57年４月22日民集36巻４号705頁

表　都市計画の分類

分類	都市計画の種類		都市計画決定後の事業
完結型計画	都市計画決定（用途地域指定等） ⇒不特定多数の者に対する一般的抽象的な制約	➡	事業等は実施されない。
非完結型計画	都市計画決定（土地区画整理事業計画決定等） ⇒後続する事業の円滑な実施に向けた具体的な制約	➡	都市計画事業（土地区画整理事業等）を実施する。

定できないが、かかる効果は、あたかも新たに右のような制約を課する法令が制定された場合におけると同様の当該地域内の不特定多数の者に対する一般的抽象的なそれにすぎず、このような効果を生ずるということだけから直ちに右地域内の個人に対する具体的な権利侵害を伴う処分があつたもの」とすることはできないと判断されたんだ。

中村君◉用途地域の指定は、法令が制定されたのと同様だということですか。確かに法令が制定されても、その法令が実際に適用されるまでは、具体的に権利が制限されるわけではないですよね。同じように用途地域の指定の効果は対象地域内の住民に広く及ぶもので、個々の住民の権利を具体的に制限することはないということなんですね。

黒田係長◉今回説明した都市計画に関する２つの判例の違いを理解するために知っておいてほしいのが、都市計画には、完結型の都市計画と非完結型の都市計画があることなんだ。完結型の都市計画は、その決定の後に具体的な事業の実施は予定されていない。例えば、用途地域の指定などがこの完結型計画に当たるね。

中 村 君◉確かに用途地域の指定は、指定することで完結して、その後に具体的な事業を行うわけではないですね。もうひとつの非完結型の都市計画は、どのようなものですか？

黒田係長◉非完結型の都市計画は、事業を実施するために、その前提として定める計画なんだ。後続する事業を円滑に進めるために、私人による土地利用が制限されることもある。今回の判例の土地区画整理事業計画等がこれに当たるよ。事業計画だけで完結するわけではなくて、その後に具体的な事業が予定されているから、非完結型というんだ（前頁表参照）。

中 村 君◉用途地域の指定のような完結型は、指定によって一定の制約はされるけれど、それは法令の制定と同様に一般的、抽象的なものだから行政処分には当たらない。一方、非完結型の都市計画は、個人が具体的に権利の制約を受けることがあるため、そのような場合には行政処分に当たるという判断なんですね。

条例制定は行政処分か

黒田係長◉それじゃ、もうひとつ行政処分に関する判例を見てみよう。この事案は、横浜市が市立保育所を廃止する条例を制定したことにつき、園児の保護者がこの条例の制定行為は上告人らが選択した保育所において保育を受ける権利を違法に侵害するなどと主張し、その取消し等を求めたものだよ（注４）。

中 村 君◉前回からの係長の説明をお聞きしていると、法令や条例の制定自体は行政処分に当たらないと思うのですが、最高裁

（注４）横浜市立保育園廃止処分取消請求事件・最判平成21年11月26日民集63巻９号2124頁

はどのような判断を示したんですか？

黒田係長◉この判決では、条例制定自体が行政処分に当たるという判断を示したんだ。

中 村 君◉どうして今までの説明と違う結論になったのですか？

黒田係長◉この判決で、条例制定が行政処分に当たるとされた主な理由を説明しよう。まず前提として、保育所は公の施設だよね。中村君、公の施設は知っているよね？

中 村 君◉公の施設とは、地方公共団体が、住民の福祉を増進する目的をもってその利用に供するために設ける施設のことですね。

黒田係長◉そうだね。地方自治法244条の２の規定で公の施設の設置、管理及び廃止については条例で定めなければならないことになっているんだ。

中 村 君◉でも条例の制定は行政処分ではないですよね？

黒田係長◉確かにこの判決でも「条例の制定は、普通地方公共団体の議会が行う立法作用に属するから、一般的には、抗告訴訟の対象となる行政処分に当たるものでないことはいうまでもない」としている。

ただし、保育所の廃止のような場合には事情は異なるんだ。というのは、保育所の廃止については、特別の行政処分等を行うことなく、条例の制定によって、廃止の効果が生じることになるよね。

そこでこの判決では「本件改正条例は、本件各保育所の廃止のみを内容とするものであって、他に行政庁の処分を待つことなく、その施行により各保育所廃止の効果を発生させ、当該保育所に現に入所中の児童及びその保護者という限られた特定の者らに対して、直接、当該保育所において保育を受けることを期待し得る上記の法的地位を奪う結果を生じさせるものであるから、その制定行為は、行政庁の処分と実質的に同視し得るものということができる」として、特別に当該条例制定については行政処分に当たるという判断を示しているんだ（図２参照）。

図２　保育所の廃止手続

一般的な行政処分は条例を適用して個別具体的な事案ごとになされるが、公の施設の廃止は条例の制定のみによって行われ、個別具体的な行政処分は行われない。

中　村　君◉条例制定のすべてが行政処分に当たるというわけではなくて、今回の保育所の廃止のような場合に限って行政処分に当たるということですね。よく分かりました。

病院開設中止勧告は行政処分か

黒田係長◉ここまではよく理解できたね。じゃあ、もう少し複雑な事案を説明しても大丈夫かな。

中　村　君◉あまり自信はありませんが、頑張ります。

黒田係長◉事案としては、ある医療法人が、病院開設を計画し、知事に対して、病院開設に係る医療法上の許可申請をしたところ、知事は医療法人に対して医療法の規定に基づき、当該「医療圏における病院の病床数が、……地域医療計画に定める当該医療圏の必要病床数に達しているため」との理由で、病院開設を中止するよう勧告した。

しかし、この医療法人は中止勧告を拒否して、医療法に基づく病院の開設許可申請を行った。そのため、知事は「医療法を遵守し、……地域医療計画の達成の推進に協力すること」等の遵守事項の記載に加えて、「中止勧告にもかかわらず病院を開設した場合には、厚生省通知……において、保険医療機関の指定の拒否をすることとされているので、念のため申し添える」との記載がされた文書を送付した上で、病院開設の許可を行った。これに対して医療法人が、この中止勧告の取消しを求めた事案なんだ（注５）。

中 村 君◉中止勧告の取消しですか？　勧告って行政指導だから、行政処分ではないですよね。それなのに取消訴訟を提起したんですか。

黒田係長◉確かに勧告は行政指導にすぎないよね。だからこの判決でも示されているように、「医療法上は、上記の勧告に従わない場合にも、そのことを理由に病院開設の不許可等の不利益処分がされることはない」んだ。

中 村 君◉それなら、どうしてこの医療法人は訴訟なんか起こしたんですか？　病院の開設が許可されればいいんじゃないですか。

黒田係長◉それがこの裁判の難しいところなんだ。確かに、この勧告を無視して申請を行っても病院開設の許可はなされている。しかし、この勧告は単なる行政指導にとどまらない効果を持っているんだ。

この点については判例で述べられているから見てみよう。「医療法及び健康保険法の規定の内容やその運用の実情に照らす

（注５）病院開設中止勧告事件・最判平成17年７月15日民集59巻６号1661頁

と、医療法30条の７の規定に基づく病院開設中止の勧告は、医療法上は当該勧告を受けた者が任意にこれに従うことを期待してされる行政指導として定められているけれども、当該勧告を受けた者に対し、これに従わない場合には、相当程度の確実さをもって、病院を開設しても保険医療機関の指定を受けることができなくなるという結果をもたらすものということができる」と説明されている。

中 村 君◉勧告に従わないからといってそんな不利益な扱いができるんですか？

黒田係長◉健康保険法65条３項では、厚生労働大臣はその申請に係る病院、診療所が、保険医療機関として著しく不適当と認められるものであるときなどは、保険医療機関の指定を行わないことができることとされているんだ。この事例では、病院開設の中止勧告に従わないことを理由として「保険医療機関とし

図３　病院開設中止勧告と保険医療機関の指定拒否との関係

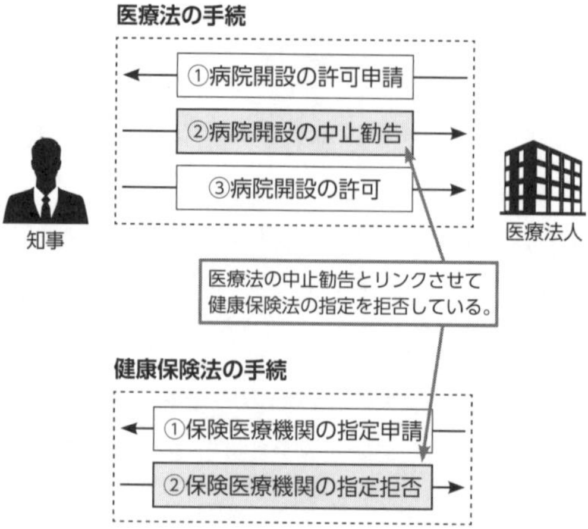

て著しく不適当」だと判断して保険医療機関の指定を拒否したんだ（図３参照）。

中 村 君◉別の法律の制度を結びつけて、指定を拒否したんですね。そのために、病院を開設することはできるけれど、保険医療機関の指定を受けることはできないということですね。保険医療機関の指定を受けることができないと、どうなるんですか？

黒田係長◉保険医療機関というのは、国民健康保険や健康保険などに加入している被保険者やその家族に対して保険診療を行う病院や診療所のことなんだ。この医療機関で診察を受けなければ、国民健康保険や健康保険の給付を受けることができないんだよ。

中 村 君◉保険の給付を受けることができないって、どういうことですか？

黒田係長◉私たちが医者にかかると、普通、医療費の３割は自己負担だけど、残り７割は健康保険で負担されているよね。しかし、保険医療機関以外で診察を受けた場合には、保険給付はないため、医療費が全額自己負担になってしまうんだ。

中 村 君◉全額自己負担の病院なんて、誰も行かないですよね。

黒田係長◉そうだね。この判決でも「いわゆる国民皆保険制度が採用されている我が国においては、健康保険、国民健康保険等を利用しないで病院で受診する者はほとんどなく、保険医療機関の指定を受けずに診療行為を行う病院がほとんど存在しないことは公知の事実であるから、保険医療機関の指定を受けることができない場合には、実際上病院の開設自体を断念せざるを得ないことになる」としているよ。

つまり、この勧告は、確かに行政指導にすぎなくて、従わなくても病院を開設することはできる。でも、保険医療機関の指定を受けなければ、実際には経営していけないよね。裁判所は、勧告の実質的な効果を踏まえて判断しているんだ。

中 村 君◉裁判所は、中止勧告を行政処分として扱ったんですか。

黒田係長◉そうなんだ。判決では、「このような医療法30条の7の規定に基づく病院開設中止の勧告の保険医療機関の指定に及ぼす効果及び病院経営における保険医療機関の指定の持つ意義を併せ考えると、この勧告は、行政事件訴訟法３条２項にいう『行政庁の処分その他公権力の行使に当たる行為』に当たると解するのが相当である」としたんだ。

行政処分の手続

中 村 君◉形式的には行政指導だけど、取消訴訟の対象になるということなんですね。そうすると、行政手続法に基づく審査基準の設定や行政不服審査法等に基づく教示を行わなければならないのでしょうか？

黒田係長◉その点については、はっきりした考え方は示されていないんだ。そこで、一緒に考えてみようか。行政手続法では、申請に対する処分については、どのようなことが求められているか知っているかな？

中 村 君◉申請に対する処分については、あらかじめ審査基準を定め、公表しなければならないこととされています。

黒田係長◉そのとおりだね。でもこの事案の中止勧告は、医療機関の側から求めてなされるものではないので、行政手続法で規定する申請に基づいてなされるものではないと思うよ。だから、行政手続法に基づく審査基準の設定等はいらないと思う。もうひとつ問題だけど、この勧告を行う際に教示は必要かな？

中 村 君◉これも条文を見ることが大切ですね。確認してみます。行政事件訴訟法46条では「行政庁は、取消訴訟を提起することができる処分又は裁決をする場合には、当該処分又は裁決の相手方に対し、次に掲げる事項を書面で教示しなければならない」と規定されています。

黒田係長◉きちんと条文を見ることが大切だよね。それで、この勧告をするときに教示は必要かな？

中 村 君◉取消訴訟を提起することができる処分をする場合には教示をしなければならないと規定されているのですから、この勧告が行政処分だと判断される以上、教示は必要だと思います。

黒田係長◉そうだよね。この点については、解説書などでも触れられていないけれど、自治体職員にとっては重要な問題だから、判例の結論を踏まえて、職員としての対応等の視点から考えることも大切だよ。

第3回：自治体における契約

今回は、自治体における契約に関する判例を取り上げます。契約に関する民法の基本原理である、契約の自由の原則として、契約締結の自由、契約相手選択の自由、契約内容決定の自由、契約方式の自由が認められています。じかし、自治体の契約については、経済性や公平性を重視するために地方自治法で様々な特則が規定されています。

自治体における契約の特徴と原則

黒田係長◉今回は、契約に関する判例を取り上げることにしよう。

中　村　君◉市役所で働く前は、自治体の仕事では行政処分が中心で、契約はあまり重要ではないと思っていました。でも、自治体でも契約ってすごく重要なんですね。

黒田係長◉最近は、行政事務の外部委託などが進んで、様々な契約を締結するようになっている。だから、自治体職員にとって、契約に関する知識も重要なんだよ。

判例の話に入る前に、自治体における契約の特徴を考えてみよう。自治体の契約で一番大切なことは何だと思う？

中　村　君◉もちろん、経済性だと思います。地方自治法でも「最少の経費で最大の効果を挙げるようにしなければならない」とされていますよね（2条14項）。

黒田係長◉「最少の経費で最大の効果」はとても大切な規定だよ。そしてもうひとつ、公平性も行政にとっては重要な視点といえる。この経済性や公平性の観点から、自治体における契約の原則とされていることがあるんだけれど、分かるかな？

中 村 君◉競争入札ですよね。自治体の契約は、原則として競争入札によらなければならないですよね。

黒田係長◉そうだよね。競争入札が原則とされている。ただ、例外も認められているよね。

中 村 君◉原則が競争入札で、例外が競争入札によらない随意契約ですよね。

黒田係長◉ほぼ正解なんだけれど、もう少し正確に説明すると、原則は一般競争入札で、その例外が指名競争入札だよ。今回取り上げる判決でも、一般競争入札が原則とした上で、「指名競争入札については、契約の性質又は目的が一般競争入札に適しない場合などに限り、これによることができるものとされている（地方自治法施行令167条）」と指摘している。

そして、さらに競争入札の例外が、随意契約ということになるね。このように一般競争入札が原則とされている根拠について、この判決では「このような地方自治法等の定めは、普通地方公共団体の締結する契約については、その経費が住民の税金で賄われること等にかんがみ、機会均等の理念に最も適合して公正であり、かつ、価格の有利性を確保し得るという観点から、一般競争入札の方法によるべきことを原則とし、それ以外の方法を例外的なものとして位置付けているものと解することができる」、「地方自治法等の法令は、普通地方公共団体が締結する公共工事等の契約に関する入札につき、機会均等、公正性、透明性、経済性（価格の有利性）を確保することを図ろうとしているものということができる」としている。

中 村 君◉指名競争入札を行うことができる場合と随意契約を行うことができる場合の要件については、地方自治法施行令に規定されていますよね。

ちょっと解説

自治体における契約のルール

　自治体が締結する契約は、一般競争入札、指名競争入札、随意契約又はせり売りの方法によるものとされています（地方自治法234条１項）。

① 一般競争入札

　入札情報を公告して参加申込みを募り、希望者の間で競争に付して契約者を決める方法です。自治体における契約の原則手続です（地方自治法234条２項）。

② 指名競争入札

　自治体が指名した者の間で競争に付して契約者を決める方法です。性質等が一般競争入札に適しない契約など地方自治法施行令167条に規定する事由に該当する場合のみ行うことができます。

③ 随意契約

　入札によらずに自治体が任意に決定した相手と契約を締結することをいいます。低価格の契約の締結など地方自治法施行令167条の２に規定する事由に該当する場合のみ行うことができます。

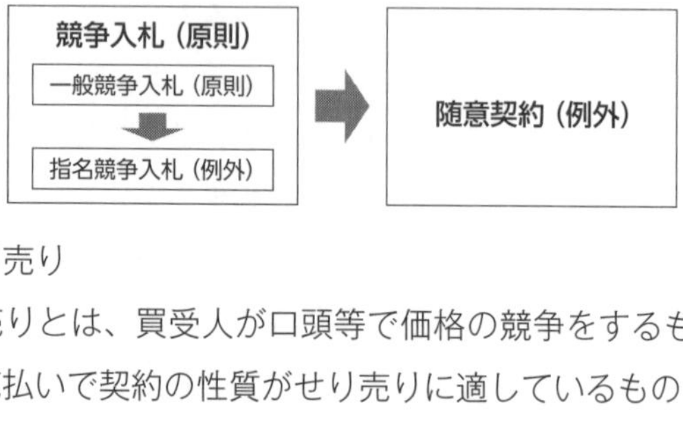

④　せり売り

　せり売りとは、買受人が口頭等で価格の競争をするものです。動産の売払いで契約の性質がせり売りに適しているものをする場合に行うことができます（地方自治法施行令167条の3）。

指名競争入札における入札参加者の指名

黒田係長◉ここまで理解できたら、今回の判例を具体的に見ていくことにしよう。徳島県木屋平村（現在の美馬市）が発注する公共工事の指名競争入札に継続的に参加していた土木建築業者が、村から違法に指名を回避されたとして、国家賠償法1条1項に基づき損害賠償を求めた事案だよ（注1）。

中 村 君◉村内業者を優先するというのは、自治体職員として気持ちはよく分かるのですが、経済性、公平性の点から問題があるように思います。その点はどうなんですか。

黒田係長◉中村君のいうとおり、できるだけ多くの参加者の下で競争入札を行うのが、地方自治法の本来の趣旨だと思うよ。でも地元企業育成、地元の産業振興などの観点から、木屋平村では、従前から、村内業者では対応できない工事についてのみ村外業者を指名し、それ以外は村内業者のみを指名していたんだ。木屋平村のように、一定の工事については入札に参加する者の資格要件を地元業者に限るという自治体も多いんだ。これが「地域要件」といわれている。

中 村 君◉地方自治法2条14項の規定に抵触するように思うのですが、地域要件を設ける法的な根拠はあるのですか。

黒田係長◉地方自治法施行令167条の5の2に「普通地方公共団体の長は、一般競争入札により契約を締結しようとする場合に

（注1）最判平成18年10月26日裁判集民221号627頁

おいて、契約の性質又は目的により、当該入札を適正かつ合理的に行うため特に必要があると認めるときは、……当該入札に参加する者の事業所の所在地又はその者の当該契約に係る工事等についての経験若しくは技術的適性の有無等に関する必要な資格を定め、当該資格を有する者により当該入札を行わせることができる」（下線は筆者加筆）と規定されている。これが地域要件の根拠と考えられているね。

中 村 君◉経済性、公平性よりも地元企業の育成等を優先するということですね。

黒田係長◉そうだね。でももちろん、経済性や公平性も大切だから、地域要件は過度に競争性を低下させるような運用とならないように留意する必要があると思うよ。

中 村 君◉この判決では、地域要件についてはどのように判断しているのですか。

黒田係長◉この判決では地域要件について、「地方公共団体が、指名競争入札に参加させようとする者を指名するに当たり、①工事現場等への距離が近く現場に関する知識等を有していることから契約の確実な履行が期待できることや、②地元の経済の活性化にも寄与することなどを考慮し、地元企業を優先する指名を行うことについては、その合理性を肯定することができる」としているよ。

中 村 君◉判決でも地域要件を認めているんですね。この裁判では、どのような点が争点になったのですか。

黒田係長◉この事業者の登記簿上の本店所在地の事務所は村内だったけれど、その事務所には常駐している者がほとんどいなかったから、村内業者として実態が認められないという理由で指名を行わなかったんだ。主にそのことの妥当性が争われたよ。

中 村 君◉登記簿上だけ形式的に整えてもだめで、実態として本店が村内になければならない。裁判所は、村内事業者の判断に際して、形式的な判断ではなく、実質的な判断を行ったわけですね。ということは、判決の結論としては、指名を回避したことについて村の責任を否定したのですか。

黒田係長◉判決は、地元優先の発注の合理性を認めているものの、すべての契約について合理性を認めているわけではないんだ。「村内業者と同様の条件を満たす村外業者もあり得るのであり、価格の有利性確保（競争性の低下防止）の観点を考慮すれば、考慮すべき他の諸事情にかかわらず、およそ村内業者では対応できない工事以外の工事は村内業者のみを指名するという運用について、常に合理性があり裁量権の範囲内であるということはできない」として、地元優先についても一定の限界があることを認めているんだ。

中 村 君◉そうなんですか。今回の事案については、どのような判断を行ったのですか。

黒田係長◉この判決では、この業者を指名しなかったことは違法だとされたんだ。つまり、村の指名競争入札参加資格審査要綱等では、「主たる営業所あるいは村内業者の要件をどのように判定するのかに関する客観的で具体的な基準も明らかにされていなかった。このような状況の下における木屋平村の上記のような運用〔筆者注：村内業者では対応できない工事以外の工事は村内業者のみを指名するという運用〕は、村内業者で対応できる工事はすべて指名競争入札とした上で、村内業者か否かの判断を適当に行うなどの方法を採ることにより、し意的運用が可能となるものであって、公共工事の入札及び契約の適正化の促進に関する法律の定める公表義務に反し、同法及び地方自治法の趣旨にも反する」と判断したんだ。

中 村 君◉公共工事の入札及び契約の適正化の促進に関する法律に定める公表義務って何ですか？

黒田係長◉この法律では、入札及び契約の過程の透明性が確保されること等を基本原理としていて、指名競争入札に参加する者に必要な資格の公表が義務付けられているんだ。

中 村 君◉それを公表していなかったんですね。そして、結論としては、村内業者についての要件が不明確なのに、この業者を指名しなかったことは違法だと、最高裁は判断をしたわけですね。

黒田係長◉そうだよ。そして判決の結論としては、「公共工事の指名競争入札において指名しなかった木屋平村の措置が違法であるとはいえないとした原審の判断には、判決に影響を及ぼすことが明らかな法令の違反がある」とした上で、「被上告人〔筆者注：村〕が上告人〔筆者注：本件土木建築業者〕を指名しなかった理由として主張する他の事情の存否、それを含めて考えた場合に指名をしなかった措置に違法（職務義務違反）があるかどうかなどの点について更に審理を尽くさせるため」、原審に差し戻すという判断を示しているよ。

中 村 君◉差戻し後にどんな判断がされたのですか。

黒田係長◉差戻控訴審（注２）では、この指名回避については違法ではない、あるいは村長に故意又は過失が認められないとして、村の損害賠償責任を認めなかったんだ。

性質、目的が競争入札に適しないとは

中 村 君◉ところで係長、地方自治法施行令では、随意契約の対象となる事項をいくつか規定していますが、特に「その性質又は目的が競争入札に適しないものをするとき」という条項はすごく曖昧ですよね。この規定が曖昧なので、実務上では本当に随意契約を行うことができるものなのかって不安になることも多いんですよ。

黒田係長◉確かにこの規定では、具体的にどんな場合に随意契約を行うことができるかはっきりしないよね。その点に関しても判例があるから見てみよう。

長崎県福江市（現在の五島市）が、この条項に基づき随意契約の方法によってごみ焼却場建設工事の請負契約を締結したことが違法だとして住民訴訟で争われたんだ（注３）。

中 村 君◉市としては、どんな理由で性質、目的が競争入札に適しないと判断したのですか。

黒田係長◉ごみ処理施設建設について担当課に設計能力がなく、また各業者が独自のプラントを有しその構造や燃焼方法に差異があって設計が一定でないために、他の自治体でもほとんどが業者の設計施工の形をとっていたんだ。そのために、多くの自治体が随意契約の方法によっていたことから、福江市も随意契約の方法によることにしたんだ。

中 村 君◉随意契約を行うなら、性質、目的が競争入札に適しないかどうかなどを考えるべきなのに、他の自治体にならっただけで、十分に検討してないんじゃないですか。判決ではどんな

（注２）高松高判平成20年５月29日判時2014号71頁
（注３）最判昭和62年３月20日民集41巻２号189頁

判断がされたのですか。例えば道路や公共施設をつくるための土地を購入する場合には、その場所でなければならないこともあるから、そのような場合には契約の性質又は目的に照らして競争入札に適しないと思いますが、それ以外にはどんな場合があるのですか。

黒田係長◉この判決では、今、中村君がいったような「不動産の買入れ又は借入れに関する契約のように当該契約の目的物の性質から契約の相手方がおのずから特定の者に限定されてしまう場合」以外にも、「競争入札の方法によること自体が不可能又は著しく困難とはいえないが、不特定多数の者の参加を求め競争原理に基づいて契約の相手方を決定することが必ずしも適当ではなく、当該契約自体では多少とも価格の有利性を犠牲にする結果になるとしても、普通地方公共団体において当該契約の目的、内容に照らしそれに相応する資力、信用、技術、経験等を有する相手方を選定しその者との間で契約の締結をするという方法をとるのが当該契約の性質に照らし又はその目的を究極的に達成する上でより妥当であり、ひいては当該普通地方公共団体の利益の増進につながると合理的に判断される場合」も随意契約によることができるとしているんだ。

中 村 君◉判決では、ある程度の判断基準を示しているんですね。でも抽象的なので、なかなか実際の判断は難しいですよね。

黒田係長◉確かにそうだね。随意契約を行うかという点の判断については、この判決でも「契約の公正及び価格の有利性を図ることを目的として普通地方公共団体の契約締結の方法に制限を加えている前記法及び令の趣旨を勘案し、個々具体的な契約ごとに、当該契約の種類、内容、性質、目的等諸般の事情を考慮して当該普通地方公共団体の契約担当者の合理的な裁量判断により決定されるべきもの」として、自治体に比較的広い裁量が委ねられていることを認めているよ。自治体の裁量が広く認められているからこのような表現になるんだと思うよ。

中 村 君◉自治体の裁量の幅が広いんですね。でもやはり地方自治法２条14項の「最少の経費で最大の効果」は必ず意識しなきゃならないですね。

法令違反の契約の効力は

中 村 君◉いくら裁量が広いといっても、随意契約によることができないにもかかわらず､随意契約を行ってしまった場合には、その契約は地方自治法に違反しているのだから無効になるんですか？

黒田係長◉そのことについても判例があるんだよ。大阪府東鳥取町（現在の阪南市）が町有地を随意契約の方法で売り渡したため、住民が、本件売買における価格は不当に廉価であるなどと主張して、所有権移転登記の抹消登記手続等を求めた事案なんだ（注４）。

中 村 君◉そもそも随意契約によることは違法だったのですか。

黒田係長◉地方自治法施行令に列挙された随意契約事由のどれにも該当しないとして、契約は違法と判断されたんだ。

中 村 君◉契約が違法ということは、契約の効力も認められなかったのですか。

黒田係長◉そうではないんだ。判決では「随意契約の制限に関す

（注４）最判昭和62年５月19日民集41巻４号687頁

る法令に違反して締結された契約の私法上の効力については別途考察する必要があり、かかる違法な契約であつても私法上当然に無効になるものではなく、①随意契約によることができる場合として前記令の規定の掲げる事由のいずれにも当たらないことが何人の目にも明らかである場合や②契約の相手方において随意契約の方法による当該契約の締結が許されないことを知り又は知り得べかりし場合のように当該契約の効力を無効としなければ随意契約の締結に制限を加える前記法及び令の規定の趣旨を没却する結果となる特段の事情が認められる場合に限り、私法上無効になるものと解するのが相当である」（丸付数字及び下線は筆者加筆）と判断されたんだ。

中村君◉違法でもすべて無効になるわけではないんですね。やはり契約の相手方の利益も考えての結論なんですね。

図　契約における自治体と契約相手方との調整

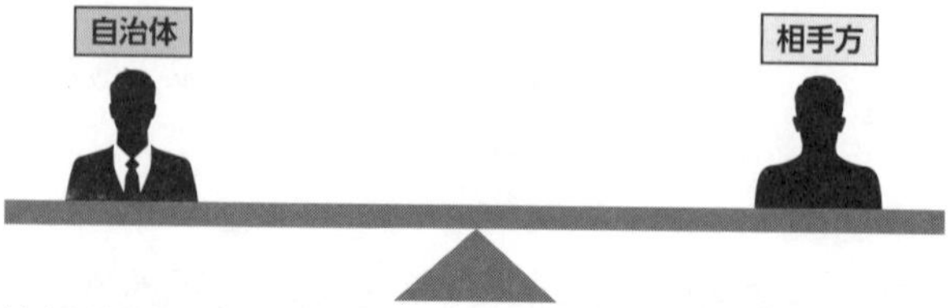

地方自治体側の行政運営の適法性を確保するためには法令違反の契約は無効とすべきだが、契約相手方の契約上の利益も守る必要がある。そのため、双方のバランスを考慮して、「随意契約の方法による契約の締結が許されないことが何人の目にも明らかである」場合等に限って、契約を無効とする。

黒田係長◉さすが中村君。いい点に気がついたね。そのとおりだよ。いくら自治体の側に法令違反があったとしても、契約相手方の利益も守らなきゃならないから、それを比較して無効にすべきかを判断することになるんだよ。

ちょっと解説

工事又は製造の請負で、表の金額以上の条例で定める金額以上の契約を締結する場合には議会の議決が必要とされています（地方自治法96条１項５号、地方自治法施行令121条の２第１項）。

都道府県	500,000千円
指定都市	300,000千円
指定都市以外の市	150,000千円
町村	50,000千円

また、不動産又は動産の買入れ・売払い（土地については、その面積が都道府県にあっては１件２万平方メートル以上、指定都市にあっては１件１万平方メートル以上、市町村にあっては１件５千平方メートル以上のものに係るものに限る）で、表の金額以上の条例で定める金額以上の契約を締結する場合には議会の議決が必要とされています（地方自治法96条１項８号、地方自治法施行令121条の２第２項）。

都道府県	70,000千円
指定都市	40,000千円
指定都市以外の市	20,000千円
町村	7,000千円

契約と議会の議決

黒田係長◉契約に当たっては、議会の議決が必要になる場合があるよね。そのことに関する判例もあるから見ておこう。

中 村 君◉自治体職員にとって、議会の議決は重要ですから、きちんと理解しておかなきゃならないですよね。

黒田係長◉この判例の事案は、秋田県合川町（現在の北秋田市）が農業集落排水事業の工事請負契約を締結する際に議会の議決を得られなかったため、同一工事を議会の議決を要しない3つの規模に分割して請負契約を締結したことが違法であるとして町長個人に損害賠償を請求した住民訴訟なんだ（注5）。

中　村　君◉議決が得られなかったから、議決が必要ない契約にするために、契約を3つに分けたんですか。そんなのダメでしょう。

黒田係長◉そのとおりだよね。判決では、そもそもなぜ議会の議決が必要とされているかについて「政令等で定める種類及び金額の契約を締結することは普通地方公共団体にとって重要な経済行為に当たるものであるから、これに関しては住民の利益を保障するとともに、これらの事務の処理が住民の代表の意思に基づいて適正に行われることを期することにある」としているよ。その上で、「長による公共事業に係る工事の実施方法等の決定が当該工事に係る請負契約の締結につき同号を潜脱する目的でされたものと認められる場合には、当該長の決定は違法であると解するのが相当である」としたんだ。

中　村　君◉脱法的な方法をとるなんて論外ですよね。違法とされて当然ですよ。

黒田係長◉もちろん脱法的な方法は許されないけれど、この判決では同時に、工区を分けることが「工事の内容、性質、実施場所等に照らして合理的であったなどの特段の理由に基づくもの

（注5）最判平成16年6月1日裁判集民214号337頁

と認められる場合には」違法ではないということも示している。

中 村 君◉合理的な理由があって工区分けをして、結果的に議決が必要なくなる場合には、脱法的なものではないため、適法とされるんですよね。

第2章　行政処分の瑕疵

第4回：行政処分の瑕疵と行政処分の効力

行政処分は、自治体の行政活動において、とても重要な役割を果たしています。そのために、自治体職員としては瑕疵ある行政処分を行うことは避けなければなりません。しかし、行政処分に何らかの瑕疵がある場合に、その行政処分の効力はどうなるのかということを理解しておくことも必要です。

今回は、瑕疵ある行政処分に関する判例を取り上げることにします。また、併せて瑕疵ある行政処分の取消しを行政処分の撤回と比較しながら学ぶことにしましょう。

事件の経緯

黒田係長◉前回までは行政処分とは何かということを学んだけど、今回は行政処分に瑕疵があった場合の判例を学ぶことにしよう。ところで中村君、「瑕疵」という言葉の意味を知ってるよね？

中 村 君◉瑕疵ですか？　もちろん知っていますよ。瑕疵とは、法的に何らかの問題点があることですよね。行政処分の瑕疵といえば、行政処分が法律で定められた要件を満たしていない行為であるとか、裁量権を誤った不当な行為であるという意味です。

黒田係長◉そうだね。今回の判例では、課税に関して瑕疵があるとして争われたんだ。事案としては、倉庫を所有するA株式会社が、名古屋市が行った固定資産税の賦課決定に際して課税の対象となる倉庫の評価を誤っているとして、市に対して過納金等相当額の損害賠償を求めたものだよ（注１）。この訴訟で中心となった争点は、課税誤りがあったことに基づいて損害賠償請求を行う際には、誤っているとされる賦課決定を取り消した上でなければ、損害賠償請求を行うことができないかという点なんだ。

中 村 君◉どうして、その点が問題となったんですか？

公定力と損害賠償請求

黒田係長◉中村君、公定力を忘れちゃったかな？　公定力は、仮に違法・不当な行政処分であっても、正当な権限を有する行政機関により取り消されるか、あるいは取消訴訟を通じて効力を否定されない限り有効なものとして取り扱われることだよね（１章第１回参照）。

中 村 君◉そうでした！　ということは、違法・不当な賦課決定であっても、とりあえず有効なものとして扱われるんですよね。それなら賦課決定を取り消さなきゃ、損害賠償を請求できないんじゃないですか？

黒田係長◉それもひとつの考え方だよね。この事件の控訴審の判決（注２）でも、固定資産税等の過納金相当額を損害とする国家賠償法に基づく損害賠償請求を許容することは、実質的に、課税処分を取り消すことなく過納金の還付を請求することを認めることとなって、課税処分等の不服申立期間を制限した地方税法の趣旨を潜脱することになるばかりか、課税処分の公定力

（注１）最判平成22年６月３日民集64巻４号1010頁
（注２）名古屋高判平成21年３月13日民集64巻４号1097頁

をも実質的に否定することになるとして、固定資産税等の賦課決定が適法に取り消されない限り、その賦課決定が違法であることを理由として損害賠償請求を行うことはできないとしているよ。

中 村 君◉係長、それもひとつの考え方って、ちょっと思わせぶりな言い方ですね。最高裁では、控訴審と違う判断がなされたんですか？

黒田係長◉確かに、最高裁は、この控訴審の判断を覆して、固定資産税等の賦課決定が取り消されなくても国家賠償請求を行うことができるとしているんだ。

中 村 君◉公定力はどうなっちゃったんですか？

黒田係長◉最高裁は、「地方税法は、固定資産評価審査委員会に審査を申し出ることができる事項について不服がある固定資産税等の納税者は、同委員会に対する審査の申出及びその決定に対する取消しの訴えによってのみ争うことができる旨を規定するが、同規定は、固定資産課税台帳に登録された価格自体の修正を求める手続に関するものであって（435条1項参照）、当該価格の決定が公務員の職務上の法的義務に違背してされた場合における国家賠償責任を否定する根拠となるものではない」としているんだ。

つまり、賦課決定の変更を求めるためには固定資産評価審査委員会の審査等の手続を経ることなどが求められているけれど、国家賠償請求は賦課決定の変更を求める手続とは異なるものだということをいっているんだよ。

更正決定の期間制限と損害賠償請求権の時効

中 村 君◉係長の説明を聞いてよく分かりました。ご説明のとおり公定力は税の賦課決定の効力の問題で、損害賠償請求権とは対象となる法律関係が異なりますよね。でも、ちょっと疑問なんですが、そもそも賦課決定が違法・不当じゃなければ、自治体が賠償責任を負うことはないんじゃないですか？　それなら、訴訟では損害賠償の請求と併せて賦課決定の取消しも求めれば、公定力の範囲とかそんなことが問題にならないと思うんですが……。

黒田係長◉いいところに気がついたね。ここで重要なのは、税の更正決定の期間制限と時効の関係なんだ。税の更正決定は法定納期限の翌日から起算して５年を経過した日以後はすることができないとされている（地方税法17条の５第１項）ことだよ。つまり誤りに気づいても５年を経過していると、税の賦課決定を更正することはできなくなるから、間違った課税に基づいて納税していても、還付を求めることができないとされているんだ。

　これに対して、国家賠償請求は、損害及び加害者を「知った時」から３年を経過すると時効消滅にかかるけれど、損害の発生等を知らなければ加害行為の時から20年を経過するまでは請求することができるんだ（国家賠償法４条、民法724条）。

中 村 君◉更正決定の期間とか時効とかについては、係長の説明で分かりました。ただ、そのことがこの事件とどうかかわりがあるかがよく分からないのですが……。

黒田係長◉例えば、税の賦課処分の後に５年経過してから、賦課決定が間違っていたことに気づいた場合を考えてみよう。この場合には、もう税の減額更正はできないよね。でも、損害賠償については不法行為の時から最長20年間は請求することができるんだ（図1参照）。税の更正決定は求められない場合でも、損害賠償請求をすることができる場合があるんだ。

図1　更正決定の期間制限と損害賠償請求権の時効

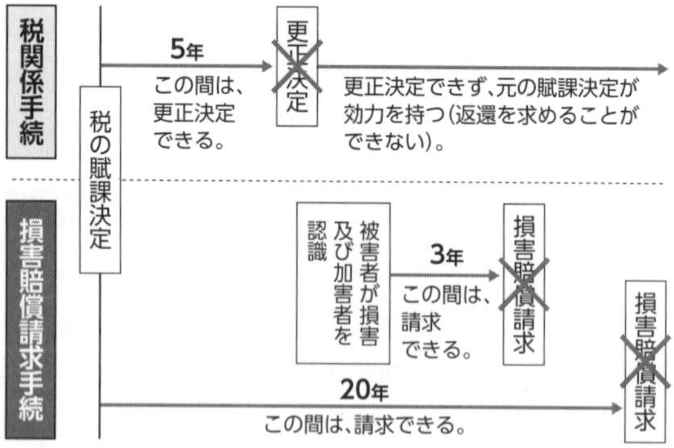

ちょっと解説

消滅時効？　期間制限？

時効とは、ある事実状態が一定の期間、継続したことを法律要件として、その事実状態に合わせて権利ないし法律関係の得喪変更を生じさせる制度をいいます。時効制度は、取得時効と消滅時効に分かれており、今回の場合は消滅時効が問題になります。消滅時効は、例えば、ＡがＢに対してお金を貸したような場合、弁済期から10年の経過をもって、Ｂは貸金債権の時効消滅を主張できる、という制度です。

一方、更正決定の期間制限は、税の賦課という行政処分をどこまで遡って更正決定（賦課決定の撤回と再度の賦課決定を併せてすること）が可能かという問題です。そしてこの点については、地方税法17条の５第１項で５年間までしか遡って更正をすることができないと規定されているため、たとえ間違った課税を行っていても５年間しか遡って更正し返還することができないことになります。

なお、国家賠償法に基づく損害賠償請求権の時効については、国家賠償法４条で「民法の規定による」こととされており、民法724条１号の「被害者又はその法定代理人が損害及び加害者を知った時から３年間行使しないとき」又は２号の「不法行為の時から20年行使しないとき」には、時効によって消滅するという規定が適用されることになります。

行政処分の取消しと撤回

中 村 君◉ところで係長、行政処分を取り消すことができるのは、行政庁が違法あるいは不当な行政処分を行った場合だけなんですか？　例えば、営業許可の取消しは、行政庁が違法・不当な行政処分を行ったのではなくて、許可を受けた人が違法なことを行った場合になされますよね。なんか釈然としないですね。

黒田係長◉さすが中村君だね。いいところに気がついたよ。それは、行政処分の取消しと撤回の違いだよ。

中 村 君◉取消しと撤回って似たような言葉ですが、どう違うんですか？

黒田係長◉全く違うんだよ。行政処分の取消しとは、違法・不当な行政処分の効力を行政処分がなされた時点まで遡って失わせることだよ。法律関係を元に戻すことといえばいいかな。これに対して行政処分の撤回とは、行政処分を行った時点では適法であった行政処分を、その後の事情によって効力を存続させるのが望ましくなくなったときに、将来に向かってその効力を失わせることだよ。法律の規定では、取消しという言葉が使われていることが多いけれど、本当は取消しとは全く意味が違うんだ。例えば、食品衛生法55条１項では、許可を受けた人が違法行為等を行った場合には許可を取り消すことができると規定

図２　行政処分の取消しと撤回

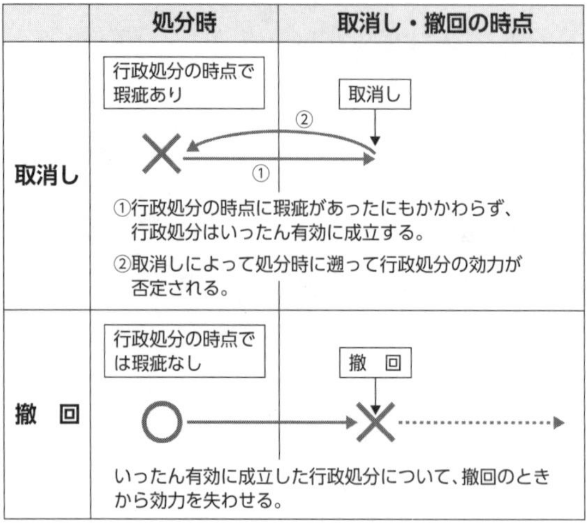

表　行政処分の取消しと撤回

	取消権者・撤回権者	原因	効力
取消し	処分庁、上級行政庁、不服審査庁、裁判所	行政処分時の瑕疵	行政処分のときに遡って効力を失う。
撤　回	処分を行った行政庁のみ	行政処分後における公益不適合な事実の発生	撤回のときから将来に向かって効力を失う。

しているね。これは、有効に成立した許可について、事後的に効力を失わせることだから、条文の文言では「取り消す」と規定されているけれど、行政法の学問的には「撤回」に当たるよ(図２及び表参照)。

行政処分の撤回については、興味深い判例があるからちょっと見てみようか。

産婦人科などを開業する医師Ｘは、医師会から優生保護法(現行の母体保護法）14条の規定に基づき妊娠中絶手術のできる医師として指定されていたんだ。Ｘは、中絶手術を望む妊婦を説得して出産させ、産まれた子どもを、赤ちゃんのできない別の夫婦にあっせんしており、場合によっては戸籍上の実子として届出のできるよう偽りの出生証明書を作成することもあった。

医師Ｘのこうした行為が問題となり、医師法違反、公正証書原本不実記載罪で有罪とされた。そこで医師会は、優生保護法に基づく指定処分を撤回した。これに対してＸが、この処分の取消しと損害賠償を求めて出訴したんだ（注３）。

この裁判で争点となったのは、法令上、撤回について直接明文の規定がなくとも、指定を撤回することができるかという点なんだ。

中 村 君◉行政処分を行うためには法律の根拠が必要ですね。それなら、その取消しも法律の根拠がなきゃならないんじゃないですか？

黒田係長◉判決の結論は違うんだ。判決では、「指定医師の指定

（注３）最判昭和63年６月17日判時1289号39頁

をしたのちに」、医師Xが「法秩序遵守等の面において指定医師としての適格性を欠くことが明らかとなり」、「指定を存続させることが公益に適合しない状態が生じたというべきところ、実子あつせん行為のもつ右のような法的問題点、指定医師の指定の性質等に照らすと、指定医師の指定の撤回によつて上告人〔医師X〕の被る不利益を考慮しても、なおそれを撤回すべき公益上の必要性が高いと認められるから、法令上その撤回について直接明文の規定がなくとも、指定医師の指定の権限を付与されている被上告人医師会は、その権限において上告人〔医師X〕に対する右指定を撤回することができる」と判断したんだ（〔　〕内は筆者加筆）。

中 村 君◉撤回によって失われる利益と撤回しないことによって失われる公益とを比較して判断したんですね。でも、以前、行政処分について説明していただいた侵害留保説（住民の権利を制限し、義務を課す場合には法律や条例の根拠が必要であるという考え方）に立てば、撤回という不利益な処分を行うためには、法律や条例の根拠がなければならないんじゃないですか？

黒田係長◉それも一理あるけれど、行政の大きな役割は違法状態を除去して公益を守ることにあるし、そもそも指定権限を法律で認めている以上、明文で撤回する権限を認めていなくても法律の趣旨を考えれば当然に指定を撤回する権限を法律が認めていると解することもできるんじゃないかな。

中 村 君◉係長の説明は何となく分かります。たぶん一番大切なのは、撤回処分を受ける相手方の不利益、その相手方にどのような責任があるかということ、そして撤回しないことによって失われる公益とのバランスを考えることなんでしょうね。

行政処分の撤回と損失補償

黒田係長◉撤回によって失われる利益も十分に考慮しなきゃならないと思う。そのことに関して参考になる判例があるから見ておこう。事例としては、Ａさんがレストランなどの事業を営むために東京都が所有する土地について行政財産の目的外使用許可を受けていたんだけれど、東京都は卸売市場の用地とするため、この使用許可を撤回した上で、レストランの建物を移転することをＡさんに命じたんだ。そこで、使用許可を撤回されたことについて補償金の支払いが必要かについて争われたものなんだ（注４）。

中　村　君◉東京都の都合でレストランの建物を移転しなきゃならないのなら、その費用は東京都が補償すべきじゃないんですか？

黒田係長◉そうだね。原因者が負担するというのもひとつの考え方だよね。でも、行政財産の目的外使用許可の性質から考えてみよう。行政財産の目的外使用許可って、中村君は知っているかな？

中　村　君◉それは、もちろん知っていますよ。地方自治法で行政財産はその用途又は目的を妨げない限度においてその使用を許可することができる旨が規定されています（地方自治法238条の４第７項）。この使用許可が行政財産の目的外使用許可といわれています。

黒田係長◉今の法律ではそうだよね。でもこの事件の時点では、目的外使用許可について法律では規定されていなくて東京都

（注４）最判昭和49年２月５日民集28巻１号１頁

（許可時点では東京市）の条例や規則で規定されていたんだ。ただし、その目的外使用の性質や考え方は基本的に変わりがないから、今でもこの判決が参考になると思うよ。

中 村 君◉この判決では、目的外使用許可の性質についてどのような考え方が示されたんですか？

黒田係長◉この判決では「都有行政財産たる土地につき使用許可によつて与えられた使用権は、それが期間の定めのない場合であれば、当該行政財産本来の用途または目的上の必要を生じたときはその時点において原則として消滅すべきものであり、また、権利自体に右のような制約が内在しているものとして付与されているものとみるのが相当である」として、使用権には性質上一定の制約があることを認めている。そのため、「使用権者は、行政財産に右〔筆者注：本来の用途または目的上〕の必要を生じたときは、原則として、地方公共団体に対しもはや当該使用権を保有する実質的理由を失うに至る」とされているんだ。

中 村 君◉確かに行政財産である以上、行政目的での利用を最優先すべきでしょうね。ただ、だからといって、許可を受けた人の権利を全く無視してもいいわけではないような気がするんですが……。

黒田係長◉中村君のいうとおりだね。この判決でもその利用者の保護という点については配慮しているよ。つまり、「使用権者が使用許可を受けるに当たりその対価の支払をしているが当該行政財産の使用収益により右対価を償却するに足りないと認められる期間内に当該行政財産に右の必要を生じたとか、使用許可に際し別段の定めがされている等により、行政財産についての右の必要にかかわらず使用権者がなお当該使用権を保有する実質的理由を有すると認めるに足りる特別の事情が存する場合に」限っては、その損失につき補償を必要とする旨の判断を示しているんだ。

中 村 君◉行政処分の撤回によって生じた損失について補償すべき場合もあるということですね。

黒田係長◉説明した判例は行政財産の目的外使用許可に関する事例だったけれど、行政処分の撤回は事案によって様々なものがあるから、実際には、その行政処分の性質と撤回によって失われる利益の内容等を具体的に考えて、補償の必要性を判断することになると思うよ。

行政処分の無効

黒田係長◉ちょうどいい機会だから、瑕疵ある行政処分についてもう少し考えてみよう。さっき行政処分の取消しは、違法な行政処分の効力を行政処分がなされた時点まで遡って失わせることだと説明したよね。これは、行政処分には、いわゆる公定力があるから取り消されるまでは有効で、取り消すことによって行政処分のときまで遡って効力を失うことになるんだよね。

でも、行政処分であっても、そもそも公定力が生じない場合があるんだけど、分かるかな？

中 村 君◉それは行政処分が無効になる場合です。

黒田係長◉さすがだね。行政処分が無効となる場合には、そもそも公定力は生じないとされているんだ。つまり、違法な行政処分には、無効になる場合と取り消すことができる場合の２種類があることになるんだ。

中 村 君◉無効な行政処分と取り消すことができる行政処分は、どう区別すればいいんですか？

黒田係長◉これまでの判例（注5）では、「重大・明白な瑕疵」がある場合には行政処分は無効になるとされているよ。そこまでに至らない瑕疵がある行政処分の場合には、取り消すことができることになるね。

中 村 君◉無効な行政処分と取り消すことができる行政処分を区別する意味ってあるんですか？

黒田係長◉取り消すことができる行政処分について争う場合には、行政事件訴訟法に基づいて処分の取消訴訟を提起しなきゃならないんだ。この取消訴訟には、出訴期間の制限が設けられていて、処分又は裁決があったことを知った日から6か月を経過したとき、あるいは処分又は裁決の日から1年を経過したときは、提起することができないこととされている（行政事件訴訟法14条1項、2項）。一方、無効確認訴訟には、出訴期間の制限は設けられていないんだ（図3参照）。そのため、無効確

図3　取り消すべき行政処分と無効な行政処分

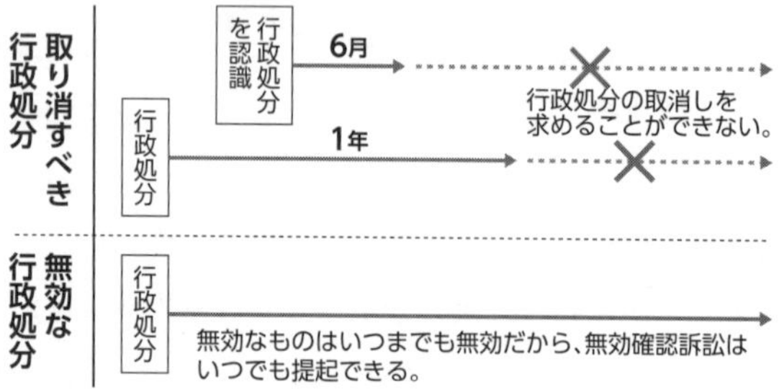

（注5）最判昭和34年9月22日民集13巻11号1426頁等

認訴訟は、「時期に後れた取消訴訟」などと呼ばれたりするよ（注６）。

中 村 君◉今日は、行政処分の瑕疵や取消しと撤回の違いなどとても勉強になりました。

黒田係長◉行政処分の瑕疵について知っておくことは大切だけど、自治体職員としてはそもそも瑕疵ある行政処分をしないことが一番大切だよね。

（注６）塩野宏『行政法Ⅱ〈第５版〉』（有斐閣、2010年）219頁

第5回：手続的な瑕疵がある行政処分

行政処分の瑕疵には、主に実体規範に関する瑕疵と手続規範に関すると瑕疵とがあります。前回は、実体規範に関して瑕疵ある行政処分を中心に学びましたが、今回は手続規範に関する瑕疵がある行政処分について学びましょう。この手続規範に関する瑕疵については、理由提示が適正になされていなかったために処分が取り消される最高裁判決が出されるなど、近年、ますます重要になってきています。

行政処分の瑕疵

黒田係長◉今回は、行政処分の手続に瑕疵があった場合、その行政処分の効力がどうなるかという点に関して判例を学ぶことにしよう。行政処分の瑕疵は、大きく分けると、①実体規範に関する瑕疵と②手続規範に関する瑕疵とがあるんだ。中村君、実体規範と手続規範って分かるかな？

中　村　君◉実体規範とは処分の内容にかかわる要件や効果について規律する規範のことで、手続規範とは行政処分の形式や手続について規律する規範ですよね。

黒田係長◉そのとおりだね。それぞれに規範に反することが行政処分の瑕疵となる。実体規範に関する瑕疵は、例えば、許可要件を満たしていないのに許可をした場合や不利益処分を行うべき要件に該当しないにもかかわらず不利益処分を行った場合などが挙げられるね。以前は実体規範に関する瑕疵が問題となることが多かったけれど、最近では手続的な瑕疵が問題となることも多いんだ。中村君、手続規範に関しては、とても重要な法律や条例があるんだけど、知っているかな？

中 村 君◉手続規範といえば、もちろん行政手続法と行政手続条例ですね。

黒田係長◉さすがに中村君だね。行政手続法や行政手続条例は、公務員にとって基本となる知識だから、きちんと理解しておく必要があるね。手続的な瑕疵としては、この行政手続法等に違反して行われた行政処分がまず問題となるね。中村君、例えばどんなものがあると思う？

中 村 君◉最近よく問題になる理由提示を欠く処分も手続の瑕疵になるのだと思います。

ちょっと解説

行政手続法とは

　行政手続法は、行政処分、不利益処分、行政指導、届出、意見公募手続等に関するルールを定めることによって、行政運営における公正の確保と透明性の向上を図ります。各自治体の行政手続条例においても行政手続法と同様の規定が設けられています。

(1)　申請に対する処分

　①　審査基準を設定し、公にする。

　②　標準処理期間を設定し、公にするよう努める。

　③　申請が到達したら遅滞なく審査を開始する。

　④　申請を拒否する場合には同時に理由も示す。

(2)　不利益処分

　①　処分基準を設定し、公にするよう努める。

　②　不利益処分を行う場合には、聴聞手続や弁明の機会を与え

る。

③　不利益処分を行う場合には、同時に理由も示す。

⑶　行政指導

①　相手方の任意の協力を必要とする。

②　従わないことを理由とした不利益な扱いを禁止する。

③　行政指導の趣旨、内容、責任者を明確にしなければならない。

④　相手方の求めに応じて書面を交付しなければならない。

⑷　届出

法令に定める届出の形式上の要件に適合した届出の到達によって、手続上の義務は完了する。

⑸　意見公募手続等

①　行政機関などが命令等を定める際は、当該命令等の案等を公示し、広く一般からの意見や情報を求める。

②　命令等の案に対して意見を提出できる期間は、公示の日から起算して原則30日以上とする。

③　提出された意見を十分に考慮し、命令等を定める。

④　命令等を定める機関は、提出された意見や当該意見を考慮した結果などを命令等の公布と同時期に公にする。

理由提示の瑕疵

黒田係長◉そうだね。じゃあ、まず行政処分に関して理由提示が問題となった判例について学ぶことにしよう。一級建築士免許取消処分等取消請求事件（注１）といわれるものだよ。国土交通大臣から一級建築士免許等の取消処分を受けた人が、その取消処分に理由提示不備等の違法があるとして、処分の取消しを求めた訴訟なんだ。判決では、どのような処分基準が適用されたかを示すことなく行われた一級建築士免許の取消処分は、行政手続法14条１項の定める理由提示を欠いた違法な処分だとされたんだ。

中村君◉行政手続法14条１項では、行政庁が不利益処分を行う場合には、同時に不利益処分の理由を示さなければならないと規定されていますよね。だから、理由提示の要件を欠いた場合には、違法な処分とされるのは当然だと思います。ただ、そもそもなぜ理由を示さなければならないとされているのでしょうか？

黒田係長◉中村君が持った疑問点はとても大切な視点だよ。法律で決まっているからというだけではなくて、どんな考え方に基づいて法律で規定されているかを考えることはとても大切なんだ。なぜ理由を示さなければならないと規定されているのかについて、この判決では「名宛人に直接に義務を課し又はその権利を制限するという不利益処分の性質に鑑み、行政庁の判断の慎重と合理性を担保してその恣意を抑制するとともに、処分の理由を名宛人に知らせて不服の申立てに便宜を与える趣旨」だとしているんだよ。

中村君◉理由提示が求められる根拠はよく分かりました。ただ、理由を示すといっても、どの程度具体的に示さなきゃならないかは、難しい問題ですね。

黒田係長◉その点についても、この判決が考え方を示しているん

（注１）最判平成23年６月７日民集65巻４号2081頁

だ。判決では理由提示の程度について「処分の根拠法令の規定内容、当該処分に係る処分基準の存否及び内容並びに公表の有無、当該処分の性質及び内容、当該処分の原因となる事実関係の内容等を総合考慮してこれを決定すべきである」とされているよ。

そして、具体的にこの事案の結論としては、建築基準法令に定める構造基準に適合しない設計や構造計算書に偽装が見られる不適切な設計を行ったという処分の原因となる事実と、建築士法10条1項2号及び3号という処分の根拠法条とが示されているのみで、処分基準の適用関係が全く示されてなくて、処分を受けた人がいかなる理由に基づいてどのような処分基準の適用によって免許取消処分が選択されたのかを知ることはできないから、理由提示の要件を欠いた違法な処分だとされたんだ。

中 村 君◉理由提示の程度は、事案ごとに異なるので難しい判断になると思いますが、どのような理由で処分を受けたかを相手に分かってもらうことが大切なんですね。

黒田係長◉この判例は不利益処分に関する理由提示についての事案だったけれど、行政手続法８条１項では申請を拒否する処分を行う場合にも理由を提示することを求めているんだ。この点に関する裁判例としては、東京高裁の判決（注２）があるよ。中国国籍を有し中国国内の医学校を卒業した人が、日本で医師業務を行うために医師国家試験本試験の申請を行ったところ、厚生大臣（当時）がこれを却下したものなんだ。この事案では、「却下処分の理由としては、『貴殿の医学に関する経歴等からみ

（注２）医師国家試験予備試験受験資格認定処分取消等請求事件・東京高判平成13年６月14日判時1757号51頁

図１　不利益処分等に際して求められる理由提示

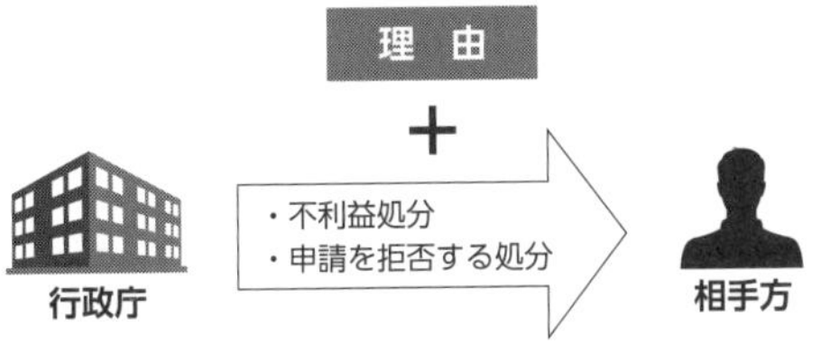

て』との理由が示されているにとどまるのであって、この理由からは、控訴人の経歴等のうちのどの点が審査基準のどの項目を満たさないために本件却下処分がされたものであるかを知ることは、控訴人にとって不可能である」として、行政手続法に違反すると判断されたんだ。

中 村 君◉不利益処分を行う場合も、申請を拒否する処分を行う場合も、きちんと相手が理解できるような理由を示さなければならないということですね。

黒田係長◉理由提示は、行政機関が説明責任を果たすという意味でもとても重要なことだよね。ところで、この判決では、もう１つ重要な点について判断を示しているんだ。行政手続法では、申請に対する処分については、あらかじめ審査基準を定めて公にしておかなければならないとされているけれど、その基準が公にされていなかったことについても判断をしているんだよ。

中 村 君◉そうなんですね。審査基準が公にされていないことも手続的には問題ですよね。

黒田係長◉この判決では、審査基準を公にしていないままで却下処分を行ったことは、行政手続法５条３項で規定する公表義務に違反するとされたんだ。そして、結論として理由提示や審査基準の公表義務に違反してなされた処分であることから、違法な処分として取消しを免れないという判断がなされているんだよ。

中 村 君◉行政手続法についてはある程度理解しているつもりでしたけれど、実際に行政処分を行うときにはあまり意識していませんでした。でも、行政手続法に違反すると処分が取り消されてしまうこともあるんですね。

審査基準を設定していなかった場合

黒田係長◉この事案とは違って、そもそも審査基準が設定されていなかったことが問題となった裁判例もあるんだ。

中 村 君◉審査基準が公にされていないだけではなくて、そもそも審査基準が設定されていなかったんですか？

黒田係長◉そうなんだよ。この事案は、行政財産である港湾施設について目的外使用の許可の申請をしたところ、管理者である那覇港管理組合によって不許可処分がなされたために、その取消しを求めた訴訟なんだ（注３）。判決では、行政手続法５条１項に反して「行政庁が判断の前提となる審査基準の設定とその公表を懈怠して、許認可等をすることは許されない」として処分自体の取消しを認めたんだよ。

中 村 君◉行政手続法では、審査基準を設定しなければならないとされているんだから、当然の判断ですよね。

　ただ、少し気になるのですが、確か解説書等では、審査基準の設定については、許認可等の性質上、個々の申請について個別具体的な判断をせざるを得ない場合のように具体的な基準を

（注３）港湾施設使用不許可処分取消請求事件・那覇地判平成20年３月11日判時2056号56頁

定めることが困難な場合には、審査基準を定めなくてもいいとされていたと思います。今回のように行政財産の目的外使用許可は、例外的に許可を行うものなので、様々なケースがあって目的外使用許可の基準をあらかじめ具体的に決めておくのは困難だと思うのですが……。

黒田係長◉いいところに気がついたね。この点については、この事件の判決では中村君の考え方とは逆にとらえられているんだ。つまり「行政財産は、『普通地方公共団体において公用又は公共用に供し、又は供することと決定した財産』（地方自治法238条４項）であって、その例外となる目的外使用の許可等については、特定の者に不当な利益を与えたり、又は特定の者が不当な不利益を受けたりすることがないようにするため、行政庁の恣意を排し、不公正な取扱いがされることを防止する必要が高く、審査基準の設定とその公表の必要性は高い」としているんだよ。

中　村　君◉確かに行政財産の目的外使用許可については、裁量の幅が広いからその判断が恣意的にならないようにするため、なおさら審査基準を設定する必要があると考えているんですね。

黒田係長◉ただし、この裁判例とは異なり、審査基準を設定していなくても、処分自体は違法にならないという判断をした裁判例もあるんだ（注４）。県の行政財産である労働会館の使用許可申請に対して県知事が行った使用不許可処分が違法であるとして、県に対してされた国家賠償請求事件なんだ。裁判では、審査基準が設定されていなかったことについても争点となった

（注４）奈良県労働会館使用不許可処分取消等請求事件・奈良地判平成12年３月29日判自204号16頁

んだけれど、判決では「行政手続法５条は、申請に対する処分に先立つ審査のために、行政庁に対し、できる限り具体的な審査基準の定立を義務付け、かつ右基準を原則として公表することとし、もって行政庁の許認可処分の透明性と公正さを確保するために設けられた規定であるが、右手続が履践されていないからといって、個々の行政処分が直ちに違法となるものと解すべき根拠はないのみならず、確かに、本件会館の使用許可申請における労政課職員らの原告に対する対応が不誠実と評価されざるを得ないものであったことは前認定のとおりであるが、原告の使用許可申請から使用開始期日までは２週間足らずという極めて短い期間であったこと、そもそも行政財産の目的外使用許可については、本来の用途又は目的を妨げない限度で認められるものにすぎないことなどを考慮すると、行政手続法５条の違反を理由として本件不許可処分が違法になるということはできない」として、審査基準が設定されていなくても違法にはならないと判断しているよ。

中 村 君◉行政手続法に違反した場合でも、必ずしもその処分自体が違法であるとして取り消されているわけではないんですね。

黒田係長◉手続的瑕疵のある行政処分の有効性については重要な問題だから、参考に研究者の考え方も説明しておこうか。例えば、関西学院大学の中原先生の著書では、行政手続法による「手続保障の趣旨を重視し、同法で明確に行政庁の行為義務として定められた手続（①告知・聴聞、②理由提示、③文書閲覧、④審査基準の設定・公表）の瑕疵については、処分の取消事由になるという見解が有力である」とされているよ（注５）。

また、東京大学名誉教授の塩野宏先生の著書では「行政手続法が制定され、その際、告知・聴聞、理由の提示、文書閲覧、審査基準の設定・公表が、明確に行政庁の行為義務として定められたことからすると、私人には、行政庁がこの行為義務に従って行動することを求める手続上の権利が付与され、その権利侵害は、処分の違法事由として、抗告訴訟で主張できるものと解される」（注６）とされている。つまり、行政手続法で具体的にとるべき手続が規定されている以上、その規定に違反した場合には、処分自体が訴訟で取り消されてしまう可能性があると考えられているね。

中 村 君◉確かに、行政手続法が制定された以上、違反した場合には処分が取り消されるのも当たり前ですよね。ただ、行政手続法に違反しているとして行政処分が取り消された場合について疑問があるのですが……。

　例えば、許可申請の不許可処分が、理由提示義務に違反して取り消された場合を考えると、手続的には問題があるのは確かですが、そもそも実体的に見ても必要な許可要件を満たしていないなど、許可をすべき要件を欠いていることもあると思います。そうすると、手続違反で不許可処分を取り消したとしても、結局は許可することはできないのではないでしょうか。不許可処分が訴訟で取り消された場合にも、許可要件を満たしていないとして、再度、不許可処分をしなければならないのではないかと思いますが、そんなことは可能なんですか？

（注５）中原茂樹『基本行政法〈第３版〉』（日本評論社、2018年）124頁
（注６）塩野宏『行政法Ⅰ〈第６版〉』（有斐閣、2015年）321頁

取消判決の反復禁止効

黒田係長◉なかなかいいところに気がついたね。反復禁止効の問題だね。

中　村　君◉反復禁止効って何ですか？

黒田係長◉行政処分を取り消す判決がなされると、行政庁は同一の事情の下で同一の理由によって、同一の処分を行うことができなくなるんだ。これが反復禁止効といわれるものなんだ。

中　村　君◉同一の理由によって同一の処分を行うことができないということは、別の理由ならば同一の処分を行うことができるということでしょうか？

黒田係長◉そう考えられているよ。だから理由提示義務に違反したとして、その処分が取り消されたとしても、具体的な理由を提示すれば同一の処分を行うこともできると考えられるよ。

図2　取消判決後の再度の処分

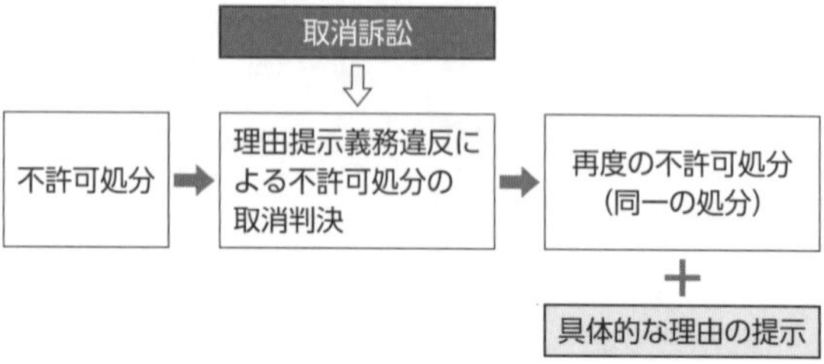

適正な聴聞手続の必要性

黒田係長◉行政手続法では、不利益処分を行う場合には聴聞手続等を行わなければならないことになっているけれど、聴聞手続の瑕疵がある場合もあるよね。そんな裁判例を見ておこう。事案としては石川県公安委員会から風俗営業等の規制及び業務の適正化等に関する法律に基づく店舗型性風俗特殊営業の廃止命令を受けた人がその処分の取消しを求めたものなんだ。訴訟では、聴聞手続を主宰した者が主宰者に指名される資格がなかった点が１つの争点となったんだ。第一審判決（注７）では、処分の決定に至る過程で当該案件に密接に関与した職員が主宰者になった点をとらえて、指名される資格がない者が主宰者として聴聞手続を行ったことは、行政手続法の制度趣旨を没却するような重大な違法であり、処分は取り消されるべきであるという判断がされたんだ。

中 村 君◉それはそうですよね。聴聞の主宰者って、裁判でいえば裁判官のようなものですよね。裁判官の資格がない人が行った裁判が無効になるって当たり前ですよ。

黒田係長◉中村君のいうことももっともだよね。ただ、控訴審判決（注８）では、第一審の判断が覆されたんだ。判決では、聴聞の主宰者について、行政手続法19条２項は、「主宰者についての除斥事由を定めているが、そこでは、当事者又は参加人、それらの親族関係にある者、それらの代理人等及び関係人が除かれているのみであって、そこでいう関係人とは、『当事者以外の者であって当該不利益処分の根拠となる法令に照らし当該不利益処分につき利害関係を有するものと認められる者』であり、聴聞手続に参加することができる者であるから（同法17条１項）、結局のところ、当該処分の決定に至る過程で当該案件に密接に関与した職員であっても、それだけでは法定の除斥事由に該当しないことが明らかである」としているんだ。

（注７）金沢地判平成26年９月29日判自396号69頁
（注８）名古屋高判平成27年６月24日判自400号104頁

中 村 君◉確かに行政手続法で規定している除斥事由に当たらないのかもしれませんが、処分の決定に至る過程で当該案件に密接に関与した職員が聴聞の主宰者を務めたら、やっぱり問題があると思うんですけれど……。

黒田係長◉私もそう思うよ。ただ、この判決は、条文の規定から形式的に除斥事由に当たらないからというだけではなくて、もっと踏み込んだ判断をしているんだ。つまり、聴聞手続では、文書等の閲覧や防御権を保障するために告知聴聞に関する規定が設けられているし、主宰者の作成した調書や報告書についても、当事者等は閲覧することができることになっていることなどを考えれば、「処分の決定に至る過程で当該案件に密接に関与した職員が聴聞の主宰者となったとしても、手続的公正さを担保する制度が整備されているといえるのであり、このような職員を主宰者としてされた聴聞手続について、法の趣旨を没却するような重大な違法があるなどと解することはできない」として、実質的に見ても手続の公正さが担保されているから問題がないという判断をしたんだ。

中 村 君◉そうですよね。形式的に除斥事由に当たらないというだけでなく、実際の公正な手続が担保されていることって大切ですよね。ありがとうございました。

黒田係長◉今日は行政手続法を中心に話をしたけれど、行政手続法以外にも建築基準法48条14項に基づく公聴会などの個別法で規定されている手続もあるので、自分の担当業務に関係のある個別法もきちんと理解して守らなければならないね。

第3章　法律による行政と行政強制

第6回：法律による行政の原理

今回の判例は、法律による行政の原理に関するものです。法律による行政の原理は、行政運営の最も基本的なルールともいえるもので、行政処分を行う際はもちろん、行政指導や条例立案を行う場合など様々な場面で重要な役割を果たしています。このため、行政訴訟においてもこの原理に関係する判例が数多く出されています。今回はその判例の中から、自治体職員にとって重要だと思われるものを取り上げることにします。

法律による行政の原理とは

黒田係長◉今日は法律による行政の原理に関する判例を学ぶことにしよう。法律による行政の原理とは、行政は国民の代表機関である議会が制定した法律に従い行動しなければならないとする、行政法の基本的な法則だよ。

行政の活動を住民の代表者である議会により制定された法律に従わせることによって、公権力の恣意的な行使を防ぎ住民の自由・権利の保護を図るという自由主義的な側面と、行政活動を法律によって統制することにより民主的コントロールの下に置くという民主的側面を有しているんだよ。法律による行政の原理の具体的な内容としては3つの原則があるとされているんだけど、中村君、分かるかな？

中 村 君◉それくらい分かりますよ。法律による行政の原理の具体的内容として、「法律の優位の原則」、「法律の専権的法規創造力の原則」、「法律の留保の原則」の３つが挙げられます。

ちょっと解説

ここからは、中村君に代わって解説することにしましょう。

(1)　法律の優位の原則

「法律の優位」とは、行政活動は法律の定めに違反して行ってはならないとする原則をいいます。日本国憲法41条では、国会は国権の最高機関であり、国の唯一の立法機関とされており、この原則を根拠づけているものと考えられています。

(2)　法律の専権的法規創造力の原則

「法律の専権的法規創造力」とは、法規（住民の権利義務に影響する一般的な規定）をつくる力は法律のみが持っているということです。法規は、住民の権利義務にかかわりがあるため、住民の代表機関である国会に独占させるべきであるという考え方に基づくものです。

(3)　法律の留保の原則

「法律の留保」とは、およそ行政は法律に基づくべきであって、法律が定めていない事項を行政が勝手に行ってはならないという原則です。なお、どのような行政活動に法律の根拠が必要かという点については、「侵害留保説」、「全部留保説」、「権力留保説」、「社会留保説」などの説があります。

ここでは、最も基本となる「侵害留保説」と「全部留保説」を説明することにします。侵害留保説は、「住民の権利を制限し、又は住民に義務を課す内容」は法律で定めなければならないとする考え方です。現行法の多くもこの説によっているものと考えられます。例えば、地方自治法14条2項では「普通地方公共団体は、義務を課し、又は権利を制限するには、法令に特別の定めがある場合を除くほか、条例によらなければならない」とされています。これに対して、全部留保説は、私人と同様の立場で行うものを除いて行政活動のすべてについて法律の根拠が必要であるとする考え方です。最も民主的な考え方ですが、この説によると法律の根拠を要する範囲が広範すぎると考えられます。

国民健康保険料と租税法律主義

黒田係長◉それでは、実際の判例を見てみよう。今回の判例は、旭川市国民健康保険条例事件（注1）だよ。旭川市が行った国民健康保険料の賦課処分について住民が賦課処分の取消し又は無効確認を求めた事案なんだ。住民は、国民健康保険条例で保険料率を定めず告示に委任していることは租税法律主義を定める憲法84条又はその趣旨に反するなどとして争ったものだ。

中 村 君◉租税法律主義って大学のときに習った覚えがありますが、法律の根拠に基づくことなしには国家は租税を賦課・徴収することはできず、国民は租税の納付を要求されることはないという原則だったと思います。法律による行政の原理とは違うものではないんですか？

黒田係長◉そうだね。確かに租税法学者の人たちは、法律による行政の原理と切り離して租税法律主義を考えるようだね（注2）。でも、この判例では、租税法律主義を規定している「憲

（注1）最判平成18年3月1日民集60巻2号587頁
（注2）金子宏『租税法〈第23版〉』（弘文堂、2019年）78頁以下

法84条は、課税要件及び租税の賦課徴収の手続が法律で明確に定められるべきことを規定するものであり、直接的には、租税について法律による規律の在り方を定めるものであるが、同条は、国民に対して義務を課し又は権利を制限するには法律の根拠を要するという法原則を租税について厳格化した形で明文化したものというべきである」としているね。

中 村 君◉つまり、租税法律主義は、法律による行政の原理に基づくものだと考えているんですね。

黒田係長◉そうだね。この判例以外に塩野宏先生も「租税法律主義の原則および具体的内容も法律による行政の原理の中に位置づけて考察する必要があると思われる」としているね（注3）。

中 村 君◉租税法律主義の原則と法律による行政の原理との関係は、理解できました。そういえば、さっき係長は国民健康保険料って言いましたよね。うちの市は国民健康保険税だったと思うのですが、どう違うんですか？

黒田係長◉いいところに気がついたね。国民健康保険法76条1項では、国民健康保険事業に要する費用に充てるため「保険料」を徴収しなければならないことが規定されているんだけれど、その項のただし書で「地方税法の規定により国民健康保険税を課するときは、この限りでない」と規定されているんだ。つまり、国民健康保険の運営者である保険者（市区町村）が、保険料か保険税のどちらかを選ぶことができるんだ。旭川市は、保険料の方を選んで徴収しているということだよね。

中 村 君◉保険料ということは、租税法律主義は関係ないですよ

（注3）塩野宏『行政法Ⅰ〈第6版〉』（有斐閣、2015年）80頁

ね。

黒田係長◉そう簡単に判断せずに、この判決に戻って考えてみよう。この判決では、まず「国又は地方公共団体が、課税権に基づき、その経費に充てるための資金を調達する目的をもって、特別の給付に対する反対給付としてでなく、一定の要件に該当するすべての者に対して課する金銭給付は、その形式のいかんにかかわらず、憲法84条に規定する租税に当たる」と判断しているんだ。

中　村　君◉それならば、租税という名目ではなくても、旭川市が保険料率を条例ではなく告示に委任していることは、租税法律主義を定める憲法84条に反するということですか？

黒田係長◉その前に、憲法84条で規定する租税とは何かを考えてみよう。この判決で示している「反対給付」がポイントだけど、中村君、反対給付って分かるかな？

中　村　君◉反対給付というと、売買契約が分かりやすいと思います。コンビニでお菓子を買うとき、その代金を支払うことが、お菓子を受け取る反対給付に当たります。

黒田係長◉そうだよね。国民健康保険はどうだろう？

中　村　君◉国民健康保険は、保険料を支払う代わりに保険給付を受けますよね。その意味では保険料を支払う反対給付として保険給付を受けているともいえます。ただ、国民健康保険は、保険料以外にも市町村税等をもとにする一般会計からも一部負担されていたと思います。それなら純粋に反対給付とはいえないから、やはり租税に当たるのでしょうか？

黒田係長◉よく知ってるね。この判決では、「市町村が行う国民健康保険の保険料は、これと異なり、被保険者において保険給付を受け得ることに対する反対給付として徴収されるものである」、「市における国民健康保険事業に要する経費の約３分の２は公的資金によって賄われているが、これによって、保険料と保険給付を受け得る地位とのけん連性が断ち切られるものではない」として、３分の２は保険料以外の公的資金で賄われているけれど、反対給付としての性格が失われることがないから、保険料は租税に当たらないと判断しているんだ。

中 村 君◉では、やはり国民健康保険料には、憲法84条の適用はないということでしょうか？

黒田係長◉確かにそのとおりだね。この判決も「保険料に憲法84条の規定が直接に適用されることはない」としているんだ。

中 村 君◉国民健康保険料が租税ではないのなら、租税法律主義に基づいて法律や条例に根拠がなければならないわけではないんですか？

黒田係長◉そうとは言い切れないんだ。この判決では、憲法84条は、「国、地方公共団体等が賦課徴収する租税以外の公課であっても、その性質に応じて、法律又は法律の範囲内で制定された条例によって適正な規律がされるべきものと解すべきであり、憲法84条に規定する租税ではないという理由だけから、そのすべてが当然に同条に現れた上記のような法原則のらち外

図１　保険料と保険給付との関係

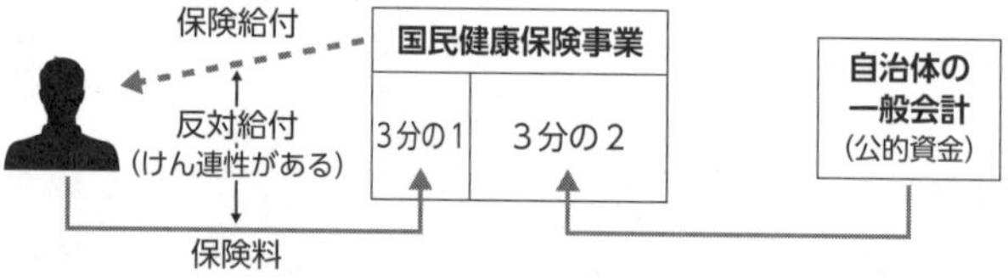

にあると判断することは相当ではない」としているよ。

中 村 君◉租税に当たらないからといって、憲法84条が全く関係ないわけではないということですね。

黒田係長◉そのとおりだよ。判決では、「租税以外の公課であっても、賦課徴収の強制の度合い等の点において租税に類似する性質を有するものについては、憲法84条の趣旨が及ぶと解すべきであるが、その場合であっても、租税以外の公課は、租税とその性質が共通する点や異なる点があり、また、賦課徴収の目的に応じて多種多様であるから、賦課要件が法律又は条例にどの程度明確に定められるべきかなどその規律の在り方については、当該公課の性質、賦課徴収の目的、その強制の度合い等を総合考慮して判断すべきものである」としているんだ。

中 村 君◉難しくてよく理解できないけれど、租税ではなくても憲法84条の趣旨が及ぶから保険料率を条例で規定しなければならない場合もあるということですか？

黒田係長◉そうだね。その上でこの判決では主に２つの点から、保険料率を条例で規定していなくても憲法84条の趣旨に反しないとしているんだ。まず１点目は、「本件条例は、保険料率算定の基礎となる賦課総額の算定基準を明確に規定した上で、その算定に必要な上記の費用及び収入の各見込額並びに予定収納率の推計に関する専門的及び技術的な細目にかかわる事項を、被上告人市長の合理的な選択にゆだねたもの」として、保険料算定の基本的な基準を明確に示した上で、専門的、技術的細目だけを市長に委ねていると判断していること。そして、もう１点は、「上記見込額等の推計については、国民健康保険事業特別会計の予算及び決算の審議を通じて議会による民主的統

図２　国民健康保険料の算定手続

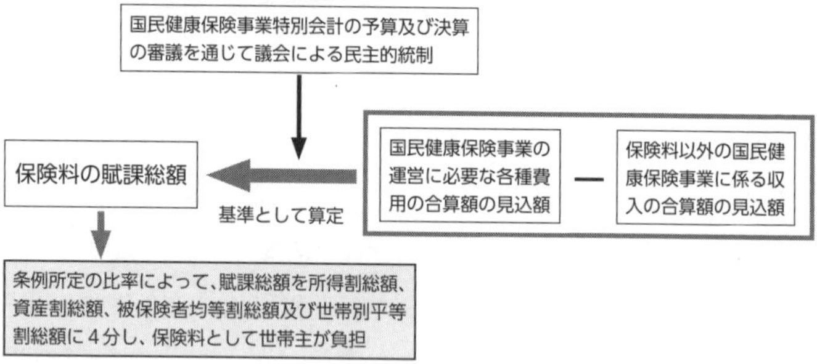

制が及ぶものということができる」として、保険料の基礎となる費用等の見込額の推計については議会がチェックしていることを理由としているんだ。

中村君◉判決では、保険料率算定の基礎となる賦課総額の算定基準を明確に規定しているとされていますが、旭川市の条例ではどのように規定されていたんですか？

黒田係長◉いい質問だね。旭川市の条例では、「国民健康保険事業の運営に必要な各種費用の合算額の見込額」から「保険料以外の国民健康保険事業に係る収入の合算額の見込額」を控除した額を賦課総額として規定しているよ。

中村君◉確かに国民健康保険は、賦課総額を推計で決めた上で保険料を決定するので、税のように法律や条例であらかじめ保険料を規定することは難しいですよね。

行政代執行と法律の根拠

黒田係長◉法律による行政の原理に関する判例はたくさんあるけれど、次はその中から浦安ヨット係留施設撤去事件（注４）の判決を見てみよう。漁港管理者である浦安町（後に市制施行で浦安市）が漁港水域内に不法設置されたヨット係留杭を撤去したところ、住民が、この撤去は行政代執行法に定める実体要件及び手続要件のいずれも欠いているから違法・無効であると主張して、地方自治法242条の２第１項４号に基づき、町長に対し、この撤去に係る費用相当額の損害賠償を求めた住民訴訟だよ。

中 村 君◉浦安って、ディズニーランドで有名だけど、漁港があったんですね。それに行政代執行って、ちょっとややこしそうな事件ですね。

黒田係長◉ディズニーランドの話はとりあえずおいておいて、行政代執行法は知っているよね？

中 村 君◉行政代執行って、義務を課された人がその義務を履行しない場合に、行政庁が代わりに行って、その費用を義務者から徴収することですよね。ところで、この判決は、法律による行政の原理とどんなかかわりがあるんですか？

黒田係長◉この判決の中で原審である東京高裁判決の要旨が示されているんだけど、そこでは、「漁港管理規程が制定されていない同町〔筆者注：浦安町〕においては、漁港管理者の職責を定めた漁港法26条の規定があっても、漁港管理規程に基づくことなく、管理権限を当然に行使することができるものとはいえない。しかも、本件鉄杭は、同法39条１項にいう工作物であるから、不法に設置されたものでも、その除却命令権限は、農林水産大臣の委任を受けた千葉県知事に属するのであって、

（注４）最判平成３年３月８日民集45巻３号164頁

漁港管理者の管理権限の及ぶところではない」とされているんだ。

中 村 君◉浦安町長には、杭の撤去等の行政権を行使する法律の根拠がないということですね。それでは、この杭の撤去に要した経費の支出は違法だとされたんですか？

黒田係長◉いや、支出自体は違法だとはされなかったんだ。判決では、千葉県知事による除却が行われるまでの間に「本件鉄杭による航行船舶の事故及びそれによる住民の危難が生じないとは必ずしも保障し難い状況にあったこと、その事故及び危難が生じた場合の不都合、損失を考慮すれば、むしろ上告人の本件鉄杭撤去の強行はやむを得ない適切な措置であったと評価すべきである」とした上で、浦安町長が「鉄杭撤去を強行したことは、漁港法及び行政代執行法上適法と認めることのできないものであるが、右の緊急の事態に対処するためにとられたやむを得ない措置であり、民法720条の法意に照らしても、浦安町としては、上告人が右撤去に直接要した費用を同町の経費として支出したことを容認すべき」であると判断したんだ。

中 村 君◉民法720条って、確か正当防衛とか緊急避難でしたよね。この判決に従うと、緊急の事態に対応するためには正当防衛とか緊急避難として、法律に根拠がないことでも行うことはできるということになるのでしょうか？　法律による行政の原理に反するような気がするのですが……。

黒田係長◉必ずしもそうとはいえないんだ。というのは、この訴訟は、住民訴訟で町長に対する損害賠償責任についての判断をしたものなんだ。町長に賠償責任はないという判断をしているけれど、法律に基づかずに強制的に杭を撤去することが適法で

図３　住民訴訟における責任と国家賠償法に基づく責任

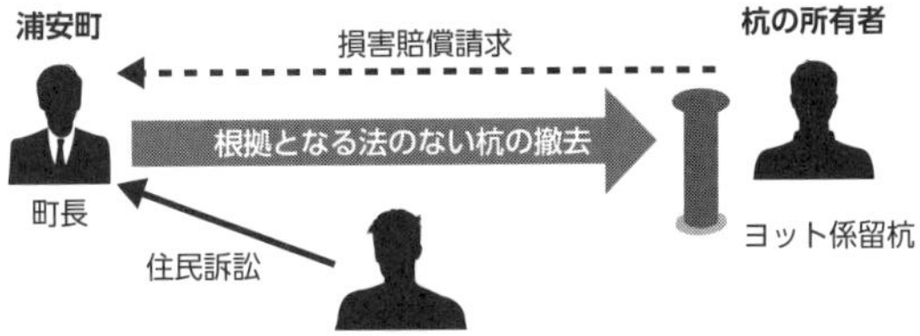

この住民訴訟では、町長の損害賠償責任は否定されています。しかし、もし杭の所有者が損害賠償請求等を行った場合には、法律に基づかずに行われた行為であることから、浦安町に対して国家賠償法に基づく賠償責任が認められる可能性はあります。

あるとまでは判断していない。この点は注意が必要だよ。

法律の留保と行政指導の限界

黒田係長◉最後にもうひとつ判例を見ておこうか。武蔵野市がその宅地開発等に関する指導要綱に基づき教育施設負担金を納付させたことについて、強制的に納付させたものであるとしてその返還等を求めた事案なんだ（注５）。

中　村　君◉行政手続法で、行政指導はあくまでも相手方の任意の協力によることに留意しなければならないとされています。教育施設負担金を強制的に納付させたのなら、そもそも行政手続法違反ですよね。

黒田係長◉そのとおりだね。でも行政手続法は平成６年10月１日に施行された法律だから、この事件は施行前なんだ。というよりも、この判決を踏まえて行政手続法が制定されたといってもいいね。

（注５）最判平成５年２月18日民集47巻２号574頁

中 村 君◉だからといって、強制することは許されないですよね。それにしても、どうして武蔵野市は、教育施設負担金を求めたんですか？

黒田係長◉その点も判決の中で触れられているよ。武蔵野市では、昭和44年頃からマンションの建築が相次ぎ、そのため日照障害、テレビ電波障害、工事中の騒音等による問題が生じ、また、学校、保育園、交通安全施設等が不足し、市の行財政を強く圧迫していた。そこで、市は、市民の生活環境が宅地開発やマンション建設によって破壊されていくのを防止することを目的として、武蔵野市内で一定規模以上の宅地開発又は中高層建築物建設事業を行おうとする者等を行政指導するために、武蔵野市宅地開発等に関する指導要綱を制定したんだ。

中 村 君◉武蔵野市としても、生活環境を守る必要があったんですよね。

黒田係長◉そうだね。判決ではその点も触れた上で、「指導要綱に基づく行政指導が、武蔵野市民の生活環境をいわゆる乱開発から守ることを目的とするものであり、多くの武蔵野市民の支持を受けていたことなどを考慮しても、右行為は、本来任意に寄付金の納付を求めるべき行政指導の限度を超えるものであり、違法な公権力の行使である」という判断を示しているんだ。

中 村 君◉判決の結論はよく理解できました。ただ、武蔵野市がこの教育施設負担金を求めたことにも一定の合理性があったような気がします。法律による行政の原理、特に侵害留保の原則から考えれば、法律や条例の根拠があれば、この教育施設負担金を強制的に徴収することもできるのではないですか？

黒田係長◉いい指摘だね。確かに、地方自治法14条2項では義務を課し、又は権利を制限するには条例によらなければならないと規定されているし、228条1項では分担金、使用料、手数料等に関する事項は条例で定めなければならないとされているから、法律の文言からは条例で規定すれば教育施設負担金も徴収できるように見えるね。

中 村 君◉「見えるね」という係長の言い方が何となく引っかかるのですが、条例で規定しても徴収することは問題があるのでしょうか？

黒田係長◉形式的な意味では、条例を制定すれば負担金を徴収することはできると思うけれど、住民に財産的負担を求める以上、その負担に合理的な必要性がなければならないんだよ。そのためには、この負担金がどのような目的、使途で徴収されるか等を十分に検討した上で、負担金の徴収について合理性が認められる場合にはじめて、条例を制定して徴収することができることになるよ。その点は、条例制定権の限界として、また今度、一緒に勉強することにしよう。

第７回：行政裁量の趣旨、範囲等

今回は、行政裁量に関する判例を学ぶことにしましょう。行政裁量は、前回取り上げた「法律による行政の原理」の例外として位置付けられています。行政機関は、法律の範囲内で委ねられた裁量権を行使して、適正な行政運営を行うことが求められています。そのために、自治体職員は、裁量権の趣旨や範囲等を理解することが重要です。

行政裁量の範囲

黒田係長◉今日は行政裁量に関する判例を取り上げることにしよう。行政裁量は、立法機関である議会が法律ですべての要件や効果等について規定せずに、法律で一定の枠を規定しその枠内で行政機関に判断を委ねた部分のことだよ。つまり、法律で裁量が認められる範囲で行政機関が判断することができるわけだから、裁量についての知識は自治体の職員にとってとても重要なものなんだ。

中　村　君◉前回に学んだ「法律による行政の原理」に基づけば、行政機関は法律に基づいて行政運営を行わなきゃならないから、裁量を認めることはおかしいんじゃないですか？

黒田係長◉中村君の言うこともっともだね。でも、行政機関は実際に行政運営を行っているから、議会よりも専門的に詳しい点もあるよね。それに行政運営においては様々なケースが起こるから、そのすべてのケースを想定して法律であらかじめ規定しておくことはできない。そのために、一定の範囲については、法律で規定するのではなく、行政機関の判断に委ねることが多いんだ。

中 村 君◉先ほど係長は、「法律の枠内で」と説明されましたが、その枠を超えるとどうなるんですか？

黒田係長◉その枠を超えると裁量権の逸脱、濫用ということになるね。行政事件訴訟法30条でも「行政庁の裁量処分については、裁量権の範囲をこえ又はその濫用があつた場合に限り、裁判所は、その処分を取り消すことができる」と規定されているんだ。

中 村 君◉裁量権の逸脱や濫用があった場合には、裁判で行政処分が取り消されるということですね。それじゃ、どんな場合に、裁量権の逸脱、濫用となるのでしょうか？

黒田係長◉裁量権がどの程度認められるかについては、個々の法律によって大きく異なるんだ。例えば外国人の人権に関する判決として有名なマクリーン事件判決（注１）では、在留期間の更新に関する法務大臣の判断について「その判断の基礎とされた重要な事実に誤認があること等により右判断が全く事実の基礎を欠くかどうか、又は事実に対する評価が明白に合理性を欠くこと等により右判断が社会通念に照らし著しく妥当性を欠くことが明らかであるかどうかについて審理し、それが認められる場合に限り、右判断が裁量権の範囲をこえ又はその濫用があつたものとして違法であるとすることができる」として、法務大臣の裁量権を広く認めているよ。

中 村 君◉裁量の範囲が個々の法律ごとに違うのなら、できるだけ多くの判例を勉強しなきゃならないですね。

（注１）最判昭和53年10月４日民集32巻７号1223頁

目的違反による裁量権濫用・逸脱

黒田係長◉裁量権の濫用や逸脱として、判決によって行政処分が取り消されたものとして、①重大な事実誤認、②目的・動機違反、③平等原則違反、④比例原則違反等が挙げられるね。今回はそのうちのいくつかの判例を取り上げることにしよう。まず、目的・動機違反の例としては、余目町個室付浴場事件（注2）があるよ。

中　村　君◉とても有名な判例ですね。個室付浴場業（この事件の当時は「トルコぶろ」と呼ばれていた）の開設や営業を阻止するために、児童遊園設置の認可を行ったことが問題となった事案でしたよね。

黒田係長◉判例の事案は、A社が、児童福祉施設の敷地の周囲200メートルの区域内において、浴場業の施設として個室を設け、その個室において異性の客に接触する役務を提供する営業をした事件について、1審で罰金7,000円が言い渡され、控訴審でも同様の判断がされたんだ。

中　村　君◉確か、最高裁では、A社は無罪だったんじゃなかったですか？

黒田係長◉そのとおりだよ。この事件では、児童遊園の設置認可という行政処分の有効性が問題となったんだよ。最高裁の判決では、この児童遊園の設置認可は個室付浴場業の出店を阻止するためになされたもので、「トルコぶろ営業の規制を主たる動機、目的とする余目町の若竹児童遊園設置の認可申請を容れた本件認可処分は、行政権の濫用に相当する違法性があり、被告

（注2）最判昭和53年6月16日刑集32巻4号605頁

会社のトルコぶろ営業に対しこれを規制しうる効力を有しないといわざるをえない」として、無罪が言い渡されたんだ。

中 村 君◉係長、念のために確認させてほしいのですが、児童遊園の設置認可は児童福祉法に基づくものですよね。その認可は、法律の基準には適合していたんですか？

黒田係長◉その点はこの事件の控訴審判決（注３）で判断が示されていて、この「児童遊園が児童厚生施設としての福祉施設最低基準所定の要件等の実質的要件に欠けているとは思われず、この点で、本件認可が無効であるとは考えられない」とされているんだ。

中 村 君◉それなら、どういう考え方で裁量権の濫用、逸脱だと判断されたんですか？

黒田係長◉その前に当時の風俗営業等取締法（現在の「風俗営業等の規制及び業務の適正化等に関する法律」の改正前の題名）の関係を整理しておこうか。同法４条の４第１項によれば、認可された児童福祉施設の周囲200メートル以内の地点においては、個室付浴場を営むことができないこととされていたんだ。

中 村 君◉ということは、この浴場の周辺200メートル以内に児童福祉施設である児童公園があれば、個室付浴場は営業できなくなるということですね。

図１　風俗営業等取締法による距離規制

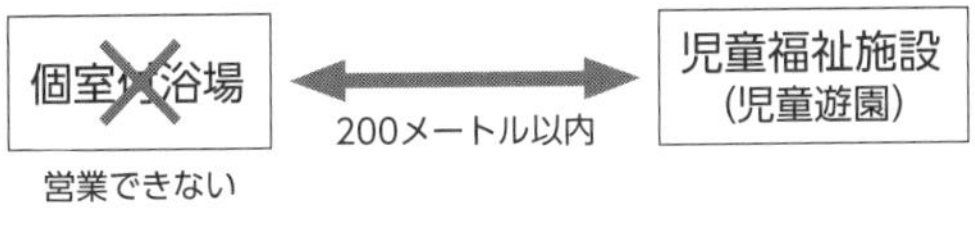

（注３）仙台高秋田支判昭和49年12月10日刑集32巻４号639頁

黒田係長◉そうだね。判決でも指摘されているけれど、余目町は「山形県の関係部局、同県警察本部と協議し、その示唆を受けて被告会社のトルコぶろ営業の規制をさしあたつての主たる動機、目的として本件認可の申請をした」ようなんだ。そして「山形県知事もその経緯を知りつつ本件認可処分をしたことを認定しながら」、この「児童遊園を認可施設にする必要性、緊急性の有無については具体的な判断を示すことなく」認可をしたんだ。

中　村　君◉そんなの後出しジャンケンじゃないですか。そんな動機や目的で児童福祉施設の認可を行うことは裁量権の濫用だというのは当然だと思います。でも、この認可も行政処分だから公定力が認められて、訴訟等で取り消されるまでは児童福祉施設の認可は有効なはずです。それならやはりA社が行った営業行為は法律に抵触することになるんじゃないでしょうか？

黒田係長◉いい指摘だね。現在の通説や判例は、刑事訴訟との関係では公定力（取消訴訟の排他的管轄）は当然には及ばないと解しているんだ。つまり、違法な行政処分に違反したとしても、実質的に考えると、その行為は刑罰を科すに値するような公益侵害があるとはいえないよね。この判決でも、その考え方に立ってるといえる。

中　村　君◉確かに刑事罰を科す以上、何らかの公益侵害がなければならないけれど、そもそも児童公園の認可自体が違法ならば、刑罰を科すのはおかしいですよね。

比例原則違反による裁量権濫用・逸脱

黒田係長◉じゃあ、次は比例原則に違反するとされた判例を見てみよう。中村君、比例原則は知っているかな？

中 村 君◉比例原則とは、行政目的とそのための手段とのバランスを求める原則です。不必要な規制や過剰な規制を禁止するもので、ある目的を達成するために、規制効果は同じであっても規制される利益に対する制限の程度がより少ない代替手段が存在する場合は、当該規制は許されないとされます。また、規制される者との関係だけでなく、第三者に対する規制により利益を受ける者との関係で行政による過少な規制を禁止するための法理として活用されることもあると考えられています。

黒田係長◉そのとおりだね。警察官職務執行法１条２項では「この法律に規定する手段は、前項の目的のため必要な最小の限度において用いるべきもの」と規定されているけれど、この比例原則は警察活動だけでなく、行政活動全般で求められているよ。

じゃあ、判例に入っていこう。判例の事案は、東京都立高等学校等の教職員たちが、所属校の卒業式、入学式又は記念式典において国歌斉唱の際に国旗に向かって起立して斉唱すること又は国歌のピアノ伴奏を行うことを命ずる旨の校長の職務命令に従わなかったことに対して、東京都教育委員会からそれぞれ懲戒処分を受けた。そこで、これらの職務命令は日本国憲法19条で保障する思想・良心の自由を侵害する違憲、違法なものであるため、懲戒処分は違法であるなどとして、処分の取消し及び損害賠償を求めて訴訟を提起したんだ（注４）。最高裁では、憲法19条には違反しないと判断して、実質的には懲戒処分の内容を中心に審理されたんだ。

（注４）最判平成24年１月16日裁判集民239号253頁

中 村 君◉地方公務員法で、地方公務員は、上司の職務上の命令に忠実に従わなければならないとされていますよね。それなら、公務員が職務命令に従わなければ懲戒処分というのもあり得るじゃないですか。

黒田係長◉まず懲戒処分の根拠となる地方公務員法の条文を見ておこうか。今、中村君が言ったように地方公務員法32条では「職員は、その職務を遂行するに当つて、法令、条例、地方公共団体の規則及び地方公共団体の機関の定める規程に従い、且つ、上司の職務上の命令に忠実に従わなければならない」と規定されているね。

そして、この規定に違反して上司の命令に従わなかった場合については、29条１項で職員が「職務上の義務に違反し、又は職務を怠つた場合」には「懲戒処分として戒告、減給、停職又は免職の処分をすることができる」と規定されているんだ。

中 村 君◉法律は大雑把に規定しているんですね。どんな場合に「職務上の義務に違反し、又は職務を怠つた場合」に当たるのか、あるいは「戒告、減給、停職又は免職」のうちどの処分がなされるか、法律だけでは分からないですよね。

黒田係長◉それがまさに裁量なんだよ。まず、「職務上の義務に違反し、又は職務を怠つた場合」に該当するかについて判断する権限が任命権に委ねられているけれど、これを要件裁量というんだ。要件裁量とは、要件が充足されているかどうかの認定における裁量のことだね。

さらに、懲戒処分を行うに当たっても「戒告、減給、停職又は免職」のうちのどの処分を行うかを判断することになるけれど、これが効果裁量といわれている。効果裁量とは、どのよう

図２　地方公務員の懲戒処分についての裁量

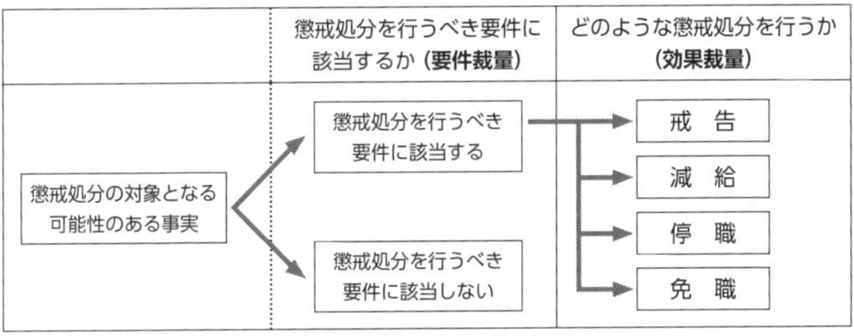

な内容の行政処分を行うかについての裁量のことだね。

中　村　君◉要件裁量と効果裁量についてはよく分かりましたけれど、この判例ではどの段階の裁量が問題となったのですか？

黒田係長◉この事件では、効果裁量について問題となったんだ。

中　村　君◉効果裁量ということは、戒告、減給、停職又は免職のうち、どの処分が適当かということですね。実際には、国歌斉唱等の職務命令に従わなかった人たちにどんな処分がなされたんですか？

黒田係長◉減給処分を受けた人と戒告処分を受けた人とがいたんだ。

中　村　君◉それぞれの処分について、裁量権の範囲内にあるかどうかが争われたんですね。

黒田係長◉まず、戒告処分について最高裁は、「本件職務命令の違反に対し１回目の違反であることに鑑みて訓告や指導等にとどめることなく戒告処分をすることに関しては、これを裁量権の範囲内における当不当の問題として論ずる余地はあり得るとしても、その一事をもって直ちに裁量権の範囲の逸脱又はその濫用として違法の問題を生ずるとまではいい難い」としているんだ。

中 村 君◉最高裁は、当不当の余地はあり得るけれど違法の問題を生ずるとまではいえないといっているんですね。さっき係長が説明された行政事件訴訟法30条と関係がありますか。

黒田係長◉そのとおりだよ。裁判所が行政処分を取り消すためには、その行政処分が裁量権の範囲を超えているか、又は濫用があった場合でなければならない。行政処分が不当であっても取り消すことはできないんだ。

中 村 君◉つまり、裁判所が判断できるのは、裁量権の逸脱、濫用に当たるかということだけれど、今回の戒告処分については少なくとも裁量権の逸脱、濫用には当たらないと判断しているんですね。

それじゃ、もう１つの処分である減給処分については、どんな判断がなされたんですか？

黒田係長◉減給処分を行ったことについては、戒告処分とは違って、裁量の逸脱、濫用とされたんだ。

中 村 君◉そうなんですか。戒告処分と減給処分とで、判断が分かれたのはどんな理由からなんですか？

黒田係長◉まず判例では、減給処分については、次の３つのポイントを指摘しているんだ。

①　処分それ自体によって教職員の法的地位に一定の期間におけ

図3　裁量についての審査範囲

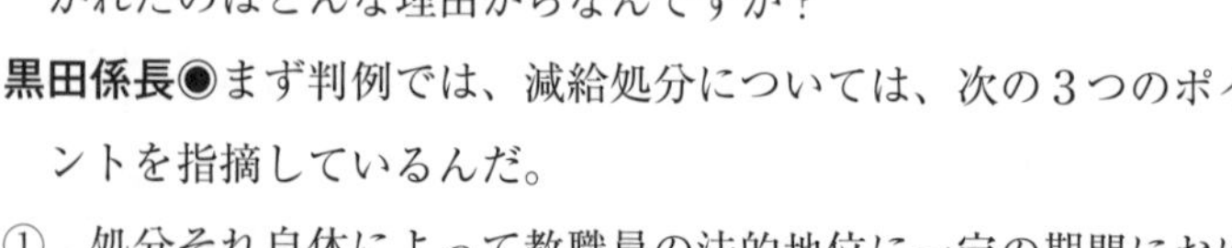

る本給の一部の不支給という直接の給与上の不利益が及ぶこと
②　将来の昇給等にも相応の影響が及ぶこと
③　毎年度２回以上の卒業式や入学式等の式典のたびに懲戒処分が累積して加重されると短期間で反復継続的に不利益が拡大していくこと

その上で、減給処分を行うことができる場合については、「不起立行為等に対する懲戒において戒告を超えて減給の処分を選択することが許容されるのは、過去の非違行為による懲戒処分等の処分歴や不起立行為等の前後における態度等……に鑑み、学校の規律や秩序の保持等の必要性と処分による不利益の内容との権衡の観点から当該処分を選択することの相当性を基礎付ける具体的な事情が認められる場合であることを要する」としているんだ。

中 村 君◉係長が挙げられた３つのポイントを踏まえると減給処分は影響の大きい重い処分だから、減給処分を行うための相当性がある具体的な事情がなければならないということですね。

黒田係長◉そうなんだ。この判決で指摘されている「相当性」という点が比例原則から求められているんだよね。

中 村 君◉裁量の範囲について、何となく分かってきたような気がします。

ちょっと解説

取消訴訟では、原則として処分の違法性のみが審査の対象になります（行政事件訴訟法30条）。一方、行政不服審査は、行政庁の違法又は不当な処分その他公権力の行使に当たる行為に関し不服申立てをすることができることとされており（行政不服審査法１条）、違法性のみならず不当性も審査の対象とされています。

このような２つの制度の違いは、三権分立に求められます。つまり、司法権は法律上の争訟を裁判する権限を有していて行政機関の行為が法律に適合するか（適法性、違法性）を審査することにとどまりますが、行政不服審査は行政機関による自己統制（自己反省）の制度であるため違法性のみならず行政機関の判断の妥当性についても審査することができるのです（図３参照）。

裁量権に関する審査のポイント

黒田係長◉裁量権について、訴訟で争われた場合に、裁判所が審理する重要なポイントして、①考慮すべき要素・価値を正しく考量したか、②考慮すべきでない事項、又は過大に評価すべきでない事項を不適切に考量していないか、という２点が特に重要なんだ。この基準についての判断を示したとても有名な判決があるから見ておこうか。日光太郎杉事件判決（注５）といわれるものだよ。

中　村　君◉その判決も聞いたことがあります。確か、国道拡幅に伴って太郎杉と呼ばれる有名な木が伐採されることになってしまうという事件だったと思います。

黒田係長◉よく覚えているね。栃木県知事が、国道の拡幅のために日光東照宮の境内地について土地収用法16条による事業認定を建設大臣に申請し、建設大臣はこの事業認定を行ったんだ。

（注５）東京高判昭和48年７月13日行裁例集24巻６・７号533頁

ただ、この事業によると、日光の名木太郎杉などが伐採されることになっていたんだ。そこで、日光東照宮が事業認定や収用裁決などの取消しを求めて出訴した事案だよ。

中 村 君◉建設大臣の事業認可についての裁量が問題になったんですね。

黒田係長◉東京高裁の判決では、まず裁量権に関する一般的な考え方として「最も重視すべき諸要素、諸価値を不当、安易に軽視し、その結果当然尽すべき考慮を尽さず、または本来考慮に容れるべきでない事項を考慮に容れもしくは本来過大に評価すべきでない事項を過重に評価し」た「判断は、とりもなおさず裁量判断の方法ないしその過程に誤りがあるものとして、違法となるものと解するのが相当である」ということを示しているんだ。

その上で、具体的に本件の事案については、建設大臣が事業認可を行った判断において、①この「土地付近の有するかけが

図4　日光太郎杉事件判決のイメージ

対象事項	判決における判断
①環境保全の必要性	安易に軽視
②オリンピック開催による交通量の一時的増加	考慮すべきでない
③暴風による倒壊の可能性	過大に評価

いのない諸価値ないし環境の保全という本来最も重視すべきことがらを不当、安易に軽視」したこと、②「オリンピックの開催に伴なう一時的な自動車交通量増加の予想という」考慮に入れるべきではないことがらを考慮したこと、③「暴風による倒木（これによる交通障害）の可能性および樹勢の衰えの可能性という、本来過大に評価すべきでないことがらを過重に評価した」こと等の点で、その裁量判断の方法ないし過程に過誤があったと判断したんだ。

第８回：行政上の実効性確保

今回は、行政上の実効性確保に関する判例を取り上げることにしましょう。生活環境の保護など公共的な利益を守るために、行政機関は様々な規制を行っています。その規制の実効性を確保するためには、相手方をその規制に従わせるための仕組みが必要です。これが、行政上の実効性確保です。

事件の経緯

黒田係長◉今回は、行政上の実効性確保に関する判例を取り上げることにしよう。行政機関は、様々な場合に住民の権利を制限したり、義務を課したりするけれど、住民側にそれをきちんと守らせなければならない。そのために実効性確保の方法がいくつかあるんだ。行政活動の中で様々な規制を行う場合にとても重要な知識だから、きちんと理解しておかなければならないよ。

まず、宝塚市パチンコ店等建築規制条例事件判決（注１）を見てみよう。

中　村　君◉その判決はとても有名ですね。確かパチンコ店等の立地を条例で規制しようとしたんですよね。

黒田係長◉そう。宝塚市では、パチンコ施設建設に対する住民運動を契機として、宝塚市パチンコ店等、ゲームセンター及びラブホテルの建築等の規制に関する条例を制定したんだ。この条例では、パチンコ店等を建築しようとする者は、市長の同意が必要とされ（３条）、同意を得ずに建築行為がなされた場合は、

（注１）最判平成14年７月９日民集56巻６号1134頁

市長は建築行為を行う者に対して、建築の中止や原状回復等の措置を命じることができる（8条）とされていた。しかし、この訴訟の相手方は、この中止命令に従わずにパチンコ店の建築を始めてしまったから、宝塚市が建築中止を求める民事訴訟を提起したんだよ。

ちょっと解説

行政上の実効性確保のための方法には、主として次のようなものがあります。相手方に課す義務の性質、内容等に応じた方法をとることになります。

行政上の強制執行	行政代執行	行政庁により命ぜられた行為を義務者が履行しない場合に、行政庁が義務者に代わって行うもの
	直接強制	義務が履行されない場合に、義務者の身体等に実力行使をして、直接的に義務を果たさせるもの
	強制徴収	税等の金銭納付義務を怠る場合に、行政機関が義務者の財産を差し押さえて公売し、その代金を国や自治体の債権に充当するもの
	即時強制	相手方に義務を賦課せず、行政機関が直ちに相手方に実力を加えて必要な状態を実現するもの
行政罰	行政刑罰	行政上の義務違反者に対して科される刑罰をいう。行政刑罰には刑法総則が適用され、刑事訴訟法の手続に従い、裁判所によって科される。
	秩序罰	行政上の軽微な形式的違反に対し、行政秩序維持を目的として科される。秩序罰は、一般的に過料として科される。

中 村 君◉宝塚市は、訴訟を提起したんですか。行政上の義務の履行を求めるための方法としては、行政代執行、行政罰等の方法がありますよね。そのような方法はとらなかったのですか？

黒田係長◉宝塚市の条例では、行政上の義務履行の確保を求めるための規定がなかったんだ。

中　村　君◉条例に規定がないからって、民事訴訟で行政上の義務履行の確保を求めることなんて許されるのですか？　そもそもそんな裁判なんてできるのですか？

黒田係長◉その点については裁判権の範囲が問題になるのだけれど、この判決では「行政事件を含む民事事件において裁判所がその固有の権限に基づいて審判することのできる対象は、裁判所法３条１項にいう『法律上の争訟』、すなわち当事者間の具体的な権利義務ないし法律関係の存否に関する紛争であって、かつ、それが法令の適用により終局的に解決することができるものに限られる」としているよ。

中　村　君◉裁判は、法律上の争訟しか対象にできないのですね。それで判決の結論として、訴訟を通じて建築中止を求めることは認められたのですか？

黒田係長◉判決では、まず「国又は地方公共団体が専ら行政権の主体として国民に対して行政上の義務の履行を求める訴訟は、法規の適用の適正ないし一般公益の保護を目的とするものであって、自己の権利利益の保護救済を目的とするものということはできないから、法律上の争訟として当然に裁判所の審判の対象となるものではなく、法律に特別の規定がある場合に限り、提起することが許される」としている。そして、その特別の規定についても「一般に国又は地方公共団体が国民に対して行政上の義務の履行を求める訴訟を提起することを認める特別の規定は存在しない」としているんだ。

中　村　君◉ということは、裁判を通じて行政上の義務の履行を求めることはできないのですね。

黒田係長◉そのとおり。今回の判決の結論では「本件訴えは、地方公共団体である上告人が本件条例８条に基づく行政上の義務の履行を求めて提起したものであり」、「当該義務が上告人の財産的権利に由来するものであるという事情も認められないから、法律上の争訟に当たらず、不適法というほかはない」としているよ。

中　村　君◉訴訟を通じて行政上の義務の履行を求めることは原則としてできないということは、よく分かりました。ただ、国や自治体が財産的権利を行使するために、民事訴訟を提起することはできるのですよね？

黒田係長◉そうだね。この判決でも「国又は地方公共団体が提起した訴訟であって、財産権の主体として自己の財産上の権利利益の保護救済を求めるような場合には、法律上の争訟に当たるというべきである」としていて、国や自治体であっても財産権の主体として訴訟を提起することは可能なんだ。

中　村　君◉確かに国や自治体も、民間の会社等と同じように財産を持つこともありますし、当然、その財産に関する訴訟を提起できるということですね。ところで、宝塚市の条例についてひとつ気になることがあるのですが……。パチンコ店等の建築というと、風俗営業等の規制及び業務の適正化等に関する法律（風営法）や建築基準法の規制があると思いますが、そもそも、この条例は、これらの法律に抵触するのではないですか？

黒田係長◉最高裁はその点については判断していないけれど、この事件の控訴審である大阪高裁の判決では、この条例は風営法及び建築基準法と同一の規制目的で法律より厳しい規制を行っているものであり、風営法及び建築基準法に違反するとしているよ（注２）。

中 村 君◉それからもう１点、建物を建てようとすると建築確認が不可欠だと思うのですが、宝塚市の事案では建築確認はどうなっていたのですか？

黒田係長◉この建築確認は、条例に基づく市長の同意がないために、最初は拒否されたのだけれど、建築審査会への審査請求がなされ、その結果、認容裁決をされたことで建築確認は得ることができていたんだ。

中 村 君◉建築確認は、あくまでも建築確認の要件を満たすかどうかで判断すべきで、条例に基づく市長の同意がないことを考慮してはならないですよね。

図１　建築基準法上の手続と条例上の手続

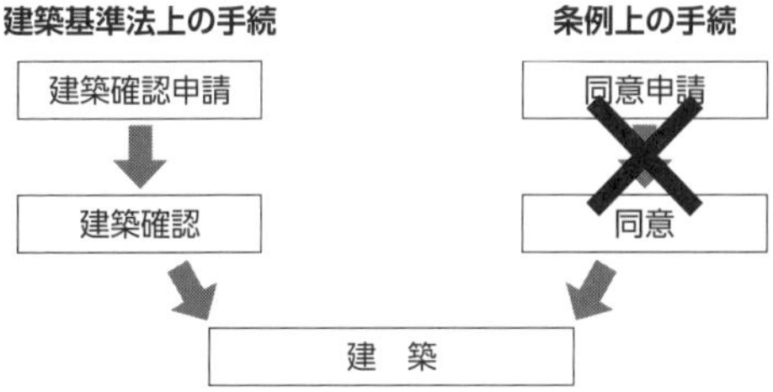

宝塚市の事案では、建築確認は適正に得られていましたが、条例に基づく市長の同意なしに建築が進められました。

黒田係長◉この事件とは違うのだけれど、自治体が提起した民事訴訟の中でも興味深い事案があるよ。産業廃棄物処分場について公害防止協定に基づく使用差止めを求めた事案なんだ（注

（注２）大阪高判平成10年６月２日民集56巻６号1193頁

3）。

中 村 君◉公害防止協定というと、環境関係の法律の規制に関わりがありそうなのですが、法律上の争訟に当たるのですか？

黒田係長◉最高裁はその点について、明確には判断を示していないけど、控訴審判決（注4）では、協定は自治体と処分業者とが「自らの意思で締結した『契約』にほかならない」としているよ。

中 村 君◉契約の履行を求めるのなら、当然、法律上の争訟に当たりますよね。控訴審は、協定が契約だとした上で、判決の結論としてはどんな判断をしたんですか？

黒田係長◉控訴審は、協定の使用期限に関する定めは廃棄物の処理及び清掃に関する法律の趣旨に沿わないため、その部分は法的拘束力を認めることはできないとしている。

中 村 君◉最高裁は、その点についてどのように判断しているんですか？

黒田係長◉最高裁は、「処分業者が、公害防止協定において、協定の相手方に対し、その事業や処理施設を将来廃止する旨を約束することは、処分業者自身の自由な判断で行えることであり、その結果、許可が効力を有する期間内に事業や処理施設が廃止されることがあったとしても、同法〔筆者注：廃棄物の処理及び清掃に関する法律〕に何ら抵触するものではない」として、協定に法的拘束力を認めた上で、民事訴訟による使用差止めを認めたよ。

（注3）最判平成21年7月10日裁判集民231号273頁
（注4）福岡高判平成19年3月22日判自304号35頁

行政上の強制徴収と民事手続との関係

黒田係長◉次に、行政上の強制徴収と民事手続に関する事案（注5）を見てみよう。この事案は、ちょっとややこしいよ。登場するのが、農業共済組合連合会、その構成組合員である農業共済組合、そして農業共済組合の組合員の三者。農業共済組合連合会は、農業共済組合に対して農業共済保険料等の債権を有していた。農業共済組合は、組合員に対して農作物共済掛金等の債権を有していたんだ。

中 村 君◉なかなか複雑そうですね。それで訴訟としてはどのような内容だったのですか？

黒田係長◉農業共済組合連合会が、農業共済組合に代位して、組合員に対し農作物共済掛金等を請求した事案なんだ。訴訟では、農業共済組合が法律上特に独自の強制徴収の手段を与えられながら、この手段によることなく、民事訴訟を提起してその債権の実現を図ることが許されるかが争われたんだ。

中 村 君◉この裁判も行政上の義務履行を民事訴訟によって求めることができるかが問題になったのですね。そもそも、農作物

図2　本件訴訟の構造

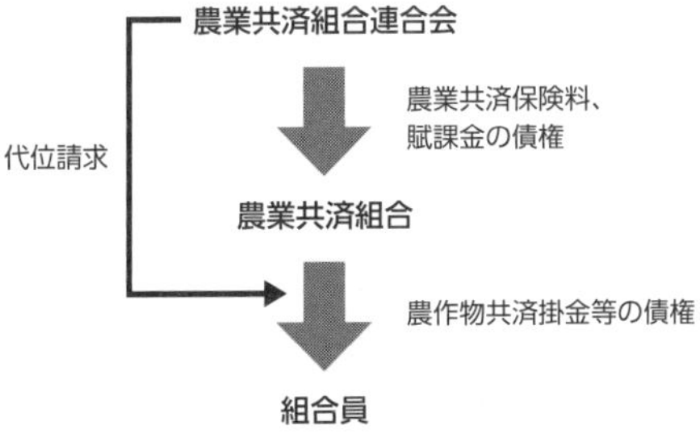

（注5）最判昭和41年2月23日民集20巻2号320頁

共済掛金等の債権については、どうして法律上独自の強制徴収の手段が与えられているのでしょうか？

黒田係長◉その点について判決では、「農業災害に関する共済事業の公共性に鑑み、その事業遂行上必要な財源を確保するためには、農業共済組合が強制加入制のもとにこれに加入する多数の組合員から収納するこれらの金円につき、租税に準ずる簡易迅速な行政上の強制徴収の手段によらしめることが、もつとも適切かつ妥当である」からだとしている。

中　村　君◉そんな特別の権限を認められているのだから、民事訴訟を起こすこと自体がおかしいですよね。

黒田係長◉判決も、おおむねそのような考え方だよ。「農業共済組合が、法律上特にかような独自の強制徴収の手段を与えられながら、この手段によることなく、一般私法上の債権と同様、訴えを提起し、民訴法上の強制執行の手段によつてこれら債権の実現を図ることは、前示立法の趣旨に反し、公共性の強い農業共済組合の権能行使の適正を欠くものとして、許されない」としているよ。

中　村　君◉法律で特別の権限を付与されているのだから、その権限を行使すべきで、民事訴訟によることは許されないということですね。

過料処分における過失の必要

黒田係長◉行政上の義務履行確保について、ちょっと違う視点の裁判例を見てみよう。横浜市の路上喫煙過料処分事件判決（注6）だよ。

中　村　君◉その判決は、何となく覚えています。自治体職員の間では、ちょっと話題になりましたよね。

黒田係長◉そうだね。横浜市空き缶等及び吸い殻等の散乱の防止等に関する条例に基づく喫煙禁止地区内で喫煙をした人が2,000円の過料を科す処分を受けた。その処分を受けた人が処分の取消しを求める訴訟を提起したんだ。

中 村 君◉この訴訟の争点は、どんなことだったのですか？

黒田係長◉喫煙者が路上喫煙禁止地区と認識しなかったことについて過失がなかった場合に、過料を科すことができるかについて争われたんだ。

中 村 君◉路上喫煙禁止地区だと知らずに喫煙したのなら仕方がない気もしますが、でも知らなかったといえば過料を科されないのもおかしいですよね。どちらの考え方も問題があるような気がします。

黒田係長◉刑事責任を問うためには、少なくとも故意又は過失がなければならないとされているよね。そのような考え方が、責任主義といわれているんだ。

中 村 君◉過料は、行政上の秩序罰ですよね。刑事責任ではなく責任主義に基づく必要はないから、故意も過失も必要ないといえるのでしょうか？

黒田係長◉判決では、「注意喚起が十分にされていない状態で喫煙する者がいたとしても、それに制裁を科すことは本件条例の趣旨を逸脱するものというべきであり、当該喫煙者が、通常必要な注意をしても路上喫煙禁止地区であることを認識しえなかった場合、すなわち、路上喫煙禁止地区と認識しなかったこ

（注６）東京高判平成26年６月26日判時2233号103頁

とについて過失がなかった場合には、注意喚起が十分にされていなかったことになるから､過料の制裁を科すことはできない」「本件条例の過料処分が、本来違法行為とされていない喫煙行為をあえて禁止し、その違反に対する制裁という性質を有することからしても、違反者に非難可能性がない場合にまで過料の制裁を科すのは相当でな」い、として、少なくとも過失が必要だという考え方を示しているよ。

中 村 君◉結局、行政上の秩序罰であっても、刑罰と同じように責任主義に基づくということなのですね。

黒田係長◉ただし、このような考え方には異論もあるんだ。例えば、大浜啓吉教授は、行政上の秩序罰には故意・過失などの主観的責任要件は不要であり、客観的に違反事実が認められればよいとしているね（注７）。裁判例でも、「秩序罰としての過料については、実定法上総則的規定を欠き、この点如何なる法理を適用すべきか明らかではないが、前叙のようにその性質が行政上の秩序を保つために秩序違反行為に対して科する制裁であることに鑑みれば、違反者の主観的責任要件（故意又は過失）の具備はこれを必要とせず、単に客観的に違反事実が認められればこれを科し得ると解するのが相当である｡そうだとすれば、この場合刑事犯或は行政犯と異なり、法の不知、ひいて違法の認識の要否と言うようなことは問題とする余地がない」としているものもあるよ（注８）。

中 村 君◉なかなか難しい問題ですね。この判決では、行政上の秩序罰を科すためには、少なくとも対象者の過失が必要として

（注７）大浜啓吉『行政法総論〈第四版〉』（岩波書店、2019年）432頁
（注８）浦和地決昭和34年３月17日下級民集10巻３号498頁

いますが、この事案では過失があったと認められたのですか？

黒田係長◉この事案の結論としては「注意を怠らなければ、路上喫煙禁止であることを認識することが十分に可能であったと認められるから、被控訴人には過失があったといわざるを得ない」としているよ。

条例に基づく強制執行の可否

黒田係長◉最後にもうひとつだけ見ておこう。この事案では、横浜市が、横浜市船舶の放置防止に関する条例に基づき、横浜港に所有船舶を係留していた人に対して船舶を移動すべき旨を通知したんだ。通知を受けた人が、この通知を不服として、通知の無効確認又は取消し、さらに本件各船舶を移動してはならない旨を請求した事案だよ（注9）。

中　村　君◉この条例では、どんなことが規定されているのですか？

黒田係長◉条例では、まず、何人も故なく船舶を放置してはならない旨が規定されている（8条）。そして、市長は、船舶を放置し、又は放置しようとする所有者等に対し、当該船舶を係留施設等に移動するよう指導、勧告、命令することができるとされ（9条1項）、所有者等がこの指導、勧告、命令に従わない場合は、市長はその船舶をあらかじめ定めた場所に移動させることができるとされているんだ（10条）。

中　村　君◉この訴訟では、どんな点が争われたのですか？

黒田係長◉この訴訟では、強制的に船舶を移動することができる

（注9）横浜地判平成12年9月27日判自217号69頁

とする条例10条の規定が、行政強制法体系に違反するかということが争われたんだ。

中 村 君◉条例の規定が行政強制法体系に違反するって、難しくて意味がよく理解できないですよ。訴訟の原告は、どんな点が法体系に抵触するといったのですか？

黒田係長◉条例で行政上の強制執行制度を創設することは、違法だという主張だよ。訴訟の中で原告は、「行政上の強制執行に関する一般法である行政代執行法は、『行政上の義務の履行の確保に関しては、別に法律で定めるものを除いては、この法律に定めるところによる。』と定めている（1条）ので、法律の根拠なしに条例で独自に行政上の強制執行手段を設けることは許されない。ところが、本件条例は、法律の根拠に基づかずに独自に行政上の強制執行手段を設けているものであるから、違法・無効である」。さらに「行政代執行法は、個々の法律にその根拠を定めている場合の他は、行政上の義務の履行の確保の手段として行政上の直接強制を採用することを認めていない。それにもかかわらず、本件条例は、行政上の直接強制を法律の根拠なく条例に採用したものであるから、この点において違法・無効である」と主張をしたんだ。

中 村 君◉法律上の根拠なく、条例で強制執行の手段を設けることが違法だというのですね。判決では、どんな判断がなされたのですか？

黒田係長◉判決では、条例による船舶の強制移動を「即時強制の制度あるいはそれに準じたもの」と捉えた上で、「行政上の義務を前提としない行政上の即時強制については、法令だけが根拠となる旨を明示的に定めた規定もない上、即時強制といわれるものの性質からしても、法令ではなく、条例を根拠にしてこれを行うことがおよそできないというものではない」として、条例によってこのような強制執行制度を設けることを適法としているよ。

中 村 君◉条例で強制執行制度を設けることができる、つまり自治体が独自に強制執行制度を設けてもいいということですね。

黒田係長◉判決の結論としてはそのとおりなのだけれど、今回の判決では、①放置船舶に対する措置であること、②プレジャーボートの増大に対処する必要性が高いこと、③措置が放置船舶の一時的な移動で、財産的な損失は重大ではないことなどを総合的に判断して、判決を出しているんだ。

中 村 君◉そうですよね。行政強制法体系という理論的な問題もありますが、この事案では裁判所はプレジャーボートが引き起こしていた社会的な問題という現実的な点を重視しているように思います。だから、条例で強制執行制度を設けることができるといっても、どんな場合でも許されるわけではないように思います。

黒田係長◉中村君のいうとおり、この判決でも「少なくとも次のような要件を満たす場合には、条例に放置船舶に対する措置について規定を設けることも許されると解するのが相当である」と一定の要件は必要としているよ。

中 村 君◉裁判例がいう「次のような要件」とは、どんなものですか？

黒田係長◉具体的な要件としては「関係する法律に放置船舶に対する即時強制に関する規定はないけれども地域に固有の問題に対処するための制度を設ける必要性が高いこと、船舶の一時的移動についての執行を可能とすることだけを目的とし、私人に対する影響の必ずしも大きいものとはしないこと、そのため行政代執行の手続によるまでの慎重さを求める必要が乏しく、反対にそこまでの手続を要求するとかえって時間と経費の無駄になること、移動措置の方法としては、法令が他の場合に設けている即時強制の制度に準じた手段によること」を挙げている。そして結論として、「以上のような要件が満たされるならば、例外的に条例により移動措置に関する規定を定めることもできる」と判断をしているよ。

中村君◉やはり、条例で行政上の強制執行制度について規定できるといっても、慎重な検討が必要ですね。

第４章　行政組織

第９回：自治体の機関とその権限

今回は、１日校長事件といわれる有名な判決です。この裁判では、教育委員会が行った不当な事務処理が、それに続く知事の行為に対してどのような影響を与えるかが問題になりました。読者の皆さんには、この判例を通じて自治体の執行機関の組織と権限、そしてそれぞれの執行機関が行った行為が他の機関の行為にどのような影響を与えるかを学んでいただきたいと思います。

事件の経緯

黒田係長◉今回はまず「１日校長事件」（注１）を考えてみよう。この事件は、東京都教育委員会が、退職勧奨に応じた都立学校教頭職にある者29名を退職前日の３月31日付けで校長に任命し、２号級昇給させた上で、退職を承認したことに端を発する事件なんだ。

中　村　君◉ひどいですね。退職金を上乗せするために１日だけ校長に任命するなんて考えられないですよ。

黒田係長◉そうだよね。だから、この昇給が不当だと考えた住民が、退職手当の支給が違法だとして、知事に対し地方自治法242条の２第１項４号に基づき、都に代位して、当時の知事、鈴木俊一さん個人に対して損害賠償を求めた住民訴訟だよ。

　退職手当の増額のためだけに昇給させたんだから、退職手当

（注１）最判平成４年12月15日民集46巻９号2753頁

の支給が違法だと思うのが普通だよね。中村君は、どう思う？

中　村　君◉係長がそんな言い方をするということは、判決では退職手当の支給は違法とされなかったのですか？

黒田係長◉なかなか鋭いね。そのとおりなんだ。そこがこの判決の重要なところなんだけどね。

中　村　君◉そんなふうに不当な昇給をさせながら、退職手当の支給が違法じゃないなんて、驚きですね。それにしてもどうしてなんですか。

ちょっと解説

　黒田係長と中村君の会話にちょっと補足することにしましょう。住民訴訟制度が平成14年に改正され、住民訴訟の中でも最も利用される頻度が高い4号請求訴訟が大きく変わりました。改正前は、住民が自治体に代位して違法な財務会計行為に関して決裁権限を有していた職員個人等に対して損害賠償請求等を行う訴訟でした。このため、①「住民」対「個人としての長・職員」という訴訟構造になっているため、自治体としての説明責任が十分に果たされない、②自治体として違法行為是正に向けた組織的な対応ができない、③被告とされた長や職員が裁判に伴う弁護士費用等を個人で負担しなければならないため、行政運営に当たって過度に慎重になる、などという問題が指摘されていました。そのような指摘を踏まえて平成14年に訴訟の構造自体が見直されました。

　改正後は、住民が自治体の長等を被告として、職員個人等に対して損害賠償請求等を行うことを求める義務付け訴訟という形式に変更されました。改正の最も大きなポイントは、改正前は自治体の長や職員が個人として被告になっていたため個人で弁護士を依頼する等の対応を行う必要がありましたが、改正後は、職としての自治体の長等が被告となることになったため、訴訟に対しては自治体が組織として対応することになっています（図１参照）。

住民訴訟に関する判例を学ぶ際には、この訴訟構造の変更を踏まえた上で判例を読む必要があります。

図１　４号請求訴訟の改正前、改正後の比較

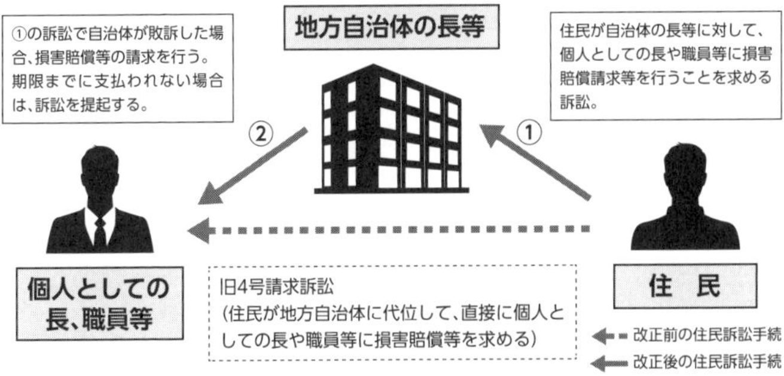

議事機関と執行機関の役割

黒田係長◉この判決を理解するためには、まず自治体の組織を理解する必要があるんだ。自治体の組織は、大きな分類で考えると、議事機関である議会と執行機関とから構成されているんだ。これは中村君も分かっているよね。議事機関と執行機関との違いは、分かるかな。

中　村　君◉議事機関は自治体の意思決定を行う機関で、執行機関は議会で決定された事項を執行する任務を負う機関ということ

ができると思います。

黒田係長◉そのとおりだね。ただ、地方自治法138条の２で普通地方公共団体の執行機関は、当該普通地方公共団体の事務を、自らの判断と責任において、誠実に管理し及び執行する義務を負うと規定されているから、自治体の長も独自の意思決定を行うと考えるべきだとする見解もあるよ。この点については、また次回、詳しく説明することにしよう。ところで、自治体の執行機関には、どのようなものがあるのか、分かるかな？

中　村　君◉自治体の執行機関って、知事や市町村長じゃないんですか？

黒田係長◉もちろん知事や市町村長は執行機関の代表的なものとして挙げることができるけど、自治体にはそれ以外の執行機関もあるんだよ。

中　村　君◉知事や市町村長以外にも自治体の事務を執行する機関があるんですね。具体的にはどのような機関なんですか？

黒田係長◉例えば、教育委員会や選挙管理委員会なんかは、よく耳にするよね。それ以外にも公安委員会や監査委員等多くの機関が執行機関として位置づけられているんだ。自治体の議事機関と執行機関は、こんなイメージだね（図２参照）。

図２　地方自治体における執行機関と議事機関

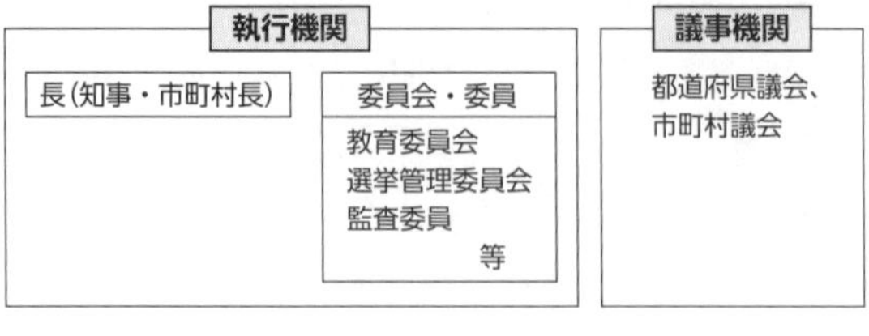

中 村 君◉確かに教育委員会などは、自己の責任で事務を執行していますよね。基本的なことなのに、気づきませんでした。

黒田係長◉自治体の執行機関に関する基本的なことは、理解できたんじゃないかな。じゃあ、いよいよ1日校長事件判決で問題となった点を考えることにしよう。この事案で関係する執行機関は、知事と教育委員会だけど、それぞれどのような権限を持っているか分かるかな？

中 村 君◉え～知事は東京都のトップで、教育委員会は教育に関することを担当していますよね。

黒田係長◉そんな答えじゃ、自治体職員として失格だよ。自治体職員なら、ちゃんと法律を踏まえて答えを出さなきゃ。知事等の自治体の長と教育委員会の権限は、「地方教育行政の組織及び運営に関する法律」で決まっているんだ。この法律の名前はちょっと長いから、ここからは「地教行法」と呼ぶことにしよう。じゃあ、実際に六法を見てみよう。

それでは、まず、校長への任命を行うことができる権限を持っているのは、教育委員会、知事のどちらかな？

中 村 君◉え～どこに載っているんだろう。あっ！　あった。たぶん、この21条ですよね。21条では教育委員会の職務権限を規定していて、3号に「教育委員会及び教育委員会の所管に属する学校その他の教育機関の職員の任免その他の人事に関すること」と規定されています。だから校長への任命は、教育委員会の権限ですよね？

黒田係長◉正解だよ。学校職員の任免権限を持っているのは教育委員会だよね。じゃあ、次に退職金を支払う権限はどうだろう。

中 村 君◉退職金の支払は予算執行だけど、21条には、予算執行ということは規定されていませんよね。え～どこだろう。あっ！ 22条だ。22条6号「教育委員会の所掌に係る事項に関する予算を執行すること」が規定されていますね。ということは、教育委員会の事務であっても教育委員会には予算執行権はなくて、知事や市町村長の権限とされているんですね。

地方教育行政の組織及び運営に関する法律

（教育委員会の職務権限）

第21条　教育委員会は、当該地方公共団体が処理する教育に関する事務で、次に掲げるものを管理し、及び執行する。

(1)～(2)〔略〕

(3)　教育委員会及び教育委員会の所管に属する学校その他の教育機関の職員の任免その他の人事に関すること。

(4)～(19)〔略〕

（長の職務権限）

第22条　地方公共団体の長は、大綱の策定に関する事務のほか、次に掲げる教育に関する事務を管理し、及び執行する。

(1)～(5)〔略〕

(6)　前号に掲げるもののほか、教育委員会の所掌に係る事項に関する予算を執行すること。（下線筆者）

先行行為の違法性の承継は

黒田係長◉すばらしい！　そのとおりだよ。予算の執行は、22条6号に該当するから、自治体の長、この場合は都知事の権限だね。つまり、この事件では校長に任命した者と、退職金を支

図3　先行行為から後続行為への違法性の継承

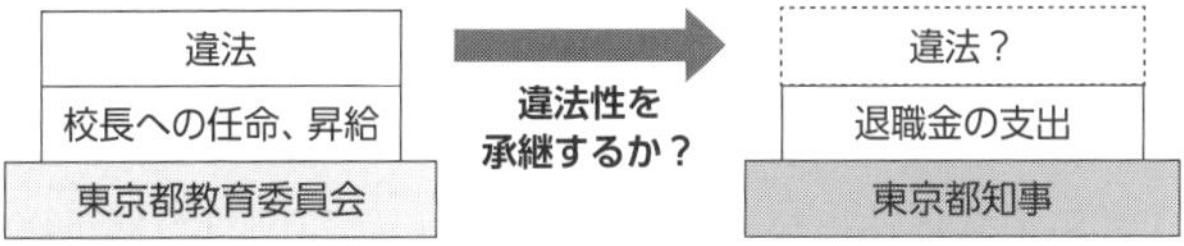

出した者が異なるわけだよ。その前提で、この判決を考えることにしよう。

この訴訟で住民側は、「都知事が行った退職金の支出が違法である」といっているけど、そもそも違法なのは校長に任命したことで、知事が行った退職金の支出自体は法令に違反するとはいっていないんだ。だから、問題となったのは、校長への任命が違法な場合に、その違法な任命行為を前提として行われた退職金の支出も違法になるかという問題なんだ。こういった問題は、違法性の承継などといわれているんだ（図３参照）。

判決文を用意したから一緒に見てみよう。この判決では、違法性の承継についてどのような判断をしたのかは、このあたりだね。

「地方公共団体の長は、関係規定に基づき予算執行の適正を確保すべき責任を地方公共団体に対して負担するものであるが、反面、同法に基づく独立した機関としての教育委員会の有する固有の権限内容にまで介入し得るもの」ではないから、前提となる処分が「著しく合理性を欠きそのためこれに予算執行の適正確保の見地から看過し得ない瑕疵の存する場合」でない限り、予算執行等の財務会計上の行為を行う義務があり、拒むことができないとしているんだ。

黒田係長◉中村君、判決の内容は理解できたかな？　ただ、自治体職員として本当に大切なのは、この判決が示した例外の部分なんだ。原則としては、知事は教育委員会の処分に従って予算執行を行わなければならないけど、例外として前提となる処分が「著しく合理性を欠きそのためこれに予算執行の適正確保の見地から看過し得ない瑕疵の存する場合」には、予算執行を行ってはならないとしているんだ。つまり、この例外に当たる場合には予算執行を止めなければならないのだから、実務上は、この例外の方が重要なんだ。

中 村 君◉判例は、結論を読むだけではなく、実務にどう影響があるかを考えながら判決の理由も含めて読む必要があるんですね。とても勉強になりました。

ちょっと解説

２人の会話を補足することにしましょう。

地方自治法では複数の執行機関を設けており、それぞれの執行機関が独立して事務を処理することとしています。これを執行機関の多元性といいます。このように執行機関の多元性を定めていることから、知事や市町村長等が自らの権限を行使する場合であっても、教育委員会など他の執行機関の権限を侵すことはできません。

つまり、この判例の事案では、地教行法において校長に任用するのはあくまで教育委員会の権限です。そのため、原則として知事としては校長への任用行為の妥当性、違法性を判断することはできずに、その教育委員会の判断（校長への任用）を尊重して予算執行をしなければならないとされているのです。

他の判決での結論は

黒田係長◉この判例と同様に、先行した行為の違法性が、後続する行為にどのように影響するかについて考えるのに、もうひとつ別の判例を見てみよう。今、説明した判例とすごく似ているけど、どこが違うかに注意しながら考えてほしいな。

福岡県の築上町が所有する土地にある建物の取壊しに伴い、この建物を使用していた団体との間で移転補償に関する契約を締結した上､その契約に基づき町長が補償金の支出命令をした。これに対して住民が、この契約は「最少の経費で最大の効果を挙げるようにしなければならない」としている地方自治法２条14項、地方財政法４条１項に反して違法であるから、この支出命令も違法であり、そのために町が損害を受けたとして、町長に対して損害賠償の請求をすることを求めた住民訴訟なんだ(注２)。この場合の先行行為と後続行為は何かということは分かるかな？

中 村 君◉先行行為は長と団体との契約で、後続行為は支出命令ですか？

黒田係長◉そのとおりだよ。この判決では、自治体が締結した支出負担行為たる契約が違法に締結されたものであるとしても、それが私法上無効ではない場合には、原則として、支出命令は違法なものとなることはないとしている。ただし、次のような特殊な事情があるときは、支出命令も違法なものになるとしているんだ。

(注２)　最判平成25年３月21日民集67巻３号375頁

> ①　当該普通地方公共団体が当該契約の取消権又は解除権を有しているとき
> ②　当該契約が著しく合理性を欠きそのためその締結に予算執行の適正確保の見地から看過し得ない瑕疵が存し、かつ、当該普通地方公共団体が当該契約の相手方に事実上の働きかけを真しに行えば相手方において当該契約の解消に応ずる蓋然性が大きかったというような、客観的にみて当該普通地方公共団体が当該契約を解消することができる特殊な事情があるとき

　自治体職員としては、契約を締結する段階で契約内容や手続を十分に確認して違法な契約を締結しないように注意しなければならないのは当然だけど、それだけではなく支出命令の段階でもその前提となっている契約等が違法でないことを確認しなければならないということだよ。

中 村 君◉係長は前の判例との違いに注意して考えるようにとおっしゃいましたが、どこが違うんでしょうか？

　前の判例と同様に、先行行為である契約とそれに続く予算執行行為との関係が問題になった判例ではないのですか？

黒田係長◉確かにこの２つの判例の違いは分かりにくいね。前の判例は先行行為を行ったのは教育委員会で、それに続く行為を行ったのは知事だったよね。それじゃ今の判例ではどうだろう。

中 村 君◉え～この判例では、先行行為である契約を行ったのは町長で、後続行為である支出命令を行ったのも、町長……。あっ！　そうですね。今回の判例は、先行行為と後続行為を行った機関が同一なので、前の判例とはそこが違いますね。

黒田係長◉そのとおり。よく分かったね。

中 村 君◉係長、前の判例では、異なる執行機関である教育委員会が行った行為を否定することができないから、原則として知事は教育委員会の行った処分に従って、財務会計上の行為を行う義務があるということでしたよね。でも、今の判例では、先行行為である契約も、後続行為である支出命令も、どちらも町長の権限ですよね。前の事案のように、異なる執行機関ではないのに、町長は契約が違法であっても契約どおり支出負担行為を行わなければならないなんて納得できないですよ。

黒田係長◉確かに、この判例では支出を止めたとしても異なる執行機関の権限を侵すことにはならないよね。でも支出を止めることによって、他の人の権利を侵すことになるんだ。誰の権利か分かるかな？

中 村 君◉他の人の権利？　あっ！　そうだ。契約だから契約相手方があるんだ。支出を止めると、契約相手方の権利を侵す可能性があるんですね。

黒田係長◉そのとおりだよ。だから判例でも、「普通地方公共団体が締結した債務を負担する契約が違法に締結されたものであるとしても、それが私法上無効ではない場合には、当該普通地方公共団体はその相手方に対しそれに基づく債務を履行すべき

図4　契約締結権者と支出命令権者との関係

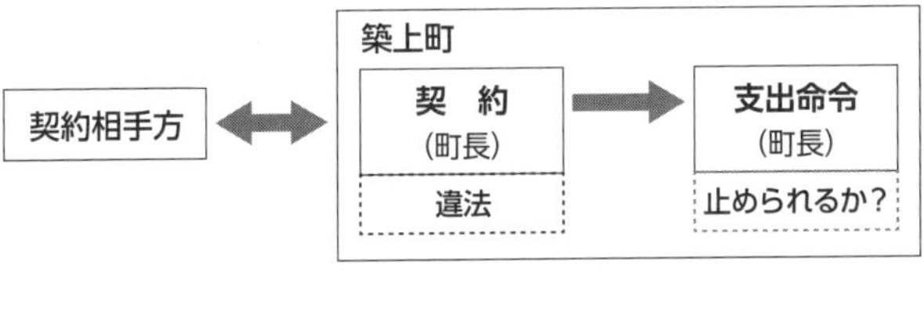

義務を負う」ことを前提として判断をしたんだよ（図４）。

中 村 君◉先行する行為と、それに続く行為との関係で、予算執行をどのように行うか、あるいはどのような場合に予算執行を行ってはならないか、ということは自治体職員にとってとても大事な知識だと思います。

黒田係長◉この他にも、先行行為の違法性と後続行為の違法性とが問題となった判例はたくさんあるんだよ。職員を懲戒処分にすべきであったにもかかわらず分限処分にして退職金を支払ったことに対する住民訴訟がなされたこともある。その判決では、財務会計上の「行為が違法となるのは、単にそれ自体が直接法令に違反する場合だけではなく、その原因となる行為が法令に違反し許されない場合の財務会計上の行為もまた、違法となるのである」として分限免職処分が違法であれば退職手当の支給も違法になるという判断を示している（注３）。この事案では、支出を止めたとしても第三者の権利を侵すことはないから先行行為の違法性が承継されるとされたんだろうね。

先行行為と後続行為とがどのような関係にあるか、そしてそれぞれの権限を有しているものは誰か等を十分に考えた上で判断することになるね。

でも一番大切なことは、先行行為も後続行為も違法ということをいわれないように処理することだよね。

（注３）最判昭和60年９月12日判自15号13頁

第10回：自治体の長の専決処分

今回の事件は、知事が専決処分により和解契約を締結したことが違法であるとして提起された住民訴訟（注1）です。自治体における議会の議決の必要性、そして議会と長との役割分担を学ぶためにとても参考になる判例です。今回も前回に引き続き自治体の組織の理解を深めるために、自治体の議会と長との役割を考えてみたいと思います。

事件の経緯

黒田係長◉今回は議会と自治体の長との関係に関する判決を説明することにしよう。事案がちょっと複雑だからしっかり理解してほしい。東京都は、A社との間で、東京都が所有する土地（甲）とA社が所有する土地（乙）とを交換する旨の契約を締結した。ところが東京都が保有していた土地（甲）は、東京湾埋立事業の一環としてのごみの埋立処分場として供用していたものだったため、A社が土壌調査を行ったところ、その土地から環境基準を大幅に上回る有害物質が検出された。そこで、A社は、東京都に対して、土地（甲）の有害物質及び廃棄物の除去を求める旨の妨害排除請求の訴えを提起した。その後、この訴訟において和解が成立し、東京都はその和解に基づいてA社に対して85億円を支払った。

これに対して、東京都の住民が、東京都が締結した和解契約は都議会の議決を経ていないため違法であり、この和解契約に

（注1）東京高判平成13年8月27日判タ1088号140頁

基づいて支出された85億円は違法な公金の支出であるとして、東京都に代位して支出当時の都知事に対して損害賠償を求める住民訴訟を提起したんだ。この事件では、最高裁は、不受理の決定をしているので、東京高裁の判決を説明するよ（注２）。

中 村 君◉議決を経ていないってどうことですか？　東京都は議会の議決なしに、和解をしちゃったということですか？

ちょっと解説

最高裁判所以外の裁判所は下級裁判所といわれ最高裁判所とは区別されていますが、それぞれの判決が持つ意味にも大きな違いがあります。

最高裁判決と下級裁判所判決との最も大きな違いは、先例としての拘束性です。最高裁判所の法令解釈に関する判例を変更するには、必ず15人の最高裁判事全員で構成される大法廷で審理し、その過半数が賛成する必要があります（裁判所法10条３号、77条１項）。このように判例変更に厳格な手続を要求することとされているのでその安定性が担保されていて、最高裁の判決は判例法として機能することになります。一方、下級裁判所の判決には最高裁判決のような安定性がなく、直ちには先例としての意味を持ちません。最高裁判決と下級裁判所判決とは、このような違いがあるため、最高裁判所判決のことは、狭い意味で「判例」といわれています。下級裁判所判決は、「判例」と区別する意味で、「裁判例」と呼ばれています。

（注２）最決平成14年６月14日判例集未登載

議決事件と専決処分

黒田係長◉まあ、そんなに焦らないで。この裁判例では専決処分が問題になったんだけど、中村君はもちろん専決処分を知っているよね？

中 村 君◉専決処分は、本来は、議会の議決を経なければならない事項について、自治体の長が議会の議決を経ることなく自らの判断で処理することをいいます。

黒田係長◉中村君は、議会の議決を経なければならない事項と言ったけど、それはどんなものなの？

中 村 君◉それは主に地方自治法96条1項で規定されています。

黒田係長◉例えばどんなことなのかな？

中 村 君◉条例の制定、改廃や予算などはもちろんですけど、訴訟の提起や和解等も96条1項の規定で議会の議決が必要とされています。

黒田係長◉そのとおりだね。96条1項に規定されている事項は、必ず議決が必要であると法律に規定されているから、必要的議決事件といわれるんだ。これ以外に96条2項では、条例で議会の議決事件を定めることができると規定されている。これは法律で決まっているわけではなく、各自治体の議会の判断で任意に議決事件とすることができるから、任意的議決事件といわれているんだ。

中 村 君◉事件っていうと、何かトラブルが起こってるみたいですね。

黒田係長◉そうだね。地方自治法では、議会で審議する事項のことなどを「事件」と規定しているんだよ。一般的に使われている「事件」という言葉とはちょっと感じが違うね。議決が必要な事項だと考えておけばいいよ。

じゃあ、話を専決処分に戻すことにしよう。専決処分という言葉は分かりにくいよね。たぶん自治体の長が権限を「専」らにして、つまり長のみの権限で、「決」定し、事案を「処分」することから専決処分という言葉が使われているのだと思うよ。地方自治法では専決処分として２種類のものが規定されているけど、知っているかな？

中 村 君◉任せてくださいよ。専決処分について勉強したばかりなんですよ。まず１つ目が地方自治法179条に基づくもので、いわば緊急の場合の専決処分といえます。

黒田係長◉自信満々だね。具体的に、どんな場合に行うことができるのかな？

中 村 君◉任せてくださいと言ったばかりで恥ずかしいんですが、ちょっと六法で確認してもいいですか。

専決処分を行うことができる場合として、①自治体の議会が成立しないとき、②地方自治法で定める定足数の例外を適用しても、なお会議を開くことができないとき、③自治体の長において議会の議決すべき事件について特に緊急を要するため議会を招集する時間的余裕がないことが明らかであると認めるとき、④議会において議決すべき事件を議決しないとき、の４つが規定されています。

それから、自治体の長が専決処分を行ったときは、次の議会で報告し、その承認を求めなければならないこととされています。

黒田係長◉細かな条文を覚えることは難しいから、六法で確認することは大切だよね。じゃあ、もう１つの専決処分はどうかな。

中 村 君◉この専決処分は地方自治法180条に基づくもので、主に行政運営の迅速化のために認められています。あらかじめ議決で決められた事項に関しては、自治体の長の判断で処分できます。こちらは、179条の専決処分と違って議会には報告するだけでよく、承認を求める必要はありません。

黒田係長◉地方自治法96条1項等で規定されている必要的議決事件については、原則として議会による議決が必要だけど、場合によっては地方自治法179条や180条に基づく専決処分で処理することも可能だということだよね（図1）。

図1　議決事件の処理方法

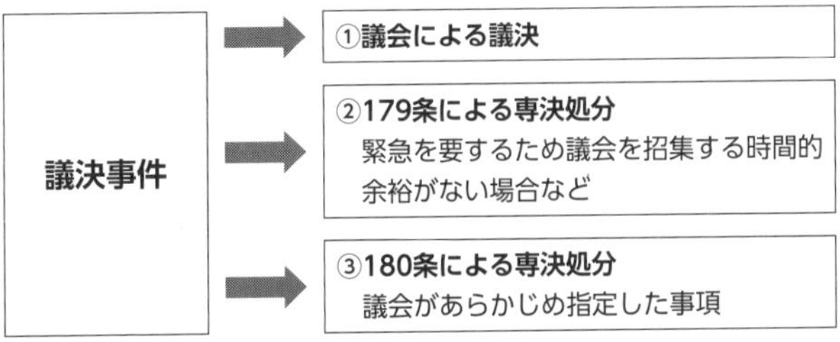

議決事件については、議会の議決による処理以外にも、要件に該当すれば専決処分による処理も可能です。

地方自治法180条に基づく専決処分の範囲

黒田係長◉じゃあ、ここまでの専決処分の理解を踏まえて今回の裁判例を見ていくことにしよう。さっき、中村君が東京都は議会の議決なしに、和解をしちゃったのかって聞いたけど、確かに東京都は議決はしていないけど、ちゃんと地方自治法180条の規定に基づいて専決処分を行った上で和解をしているんだよ。当時の東京都では、180条に基づいて次のような事項を知事の専決事項として指定していたんだ。

> 応訴等の知事専決処分に関する件の改正について
>
> 昭和25年9月5日議決
>
> 次の事項は知事が専決処分にすることができる。
>
> (ア)　都を被告として提起した訴えに対する応訴
>
> (イ)　都が提起する訴えであってもその訴訟の目的の価額が300万円以下のもの
>
> (ウ)　前各号の訴訟事件についてする和解

中 村 君◉180条の規定に基づいて、都議会が知事の権限として定めたのなら問題ないんじゃないですか？

黒田係長◉そうともいえないんだ。180条では「普通地方公共団体の議会の権限に属する軽易な事項で、その議決により特に指定したものは、普通地方公共団体の長において、これを専決処分にすることができる」と規定しているんだ。ここで注目してほしいのが「軽易な事項」の部分だよ。つまり、議会が専決処分の対象として議決により定めることができるのは、あくまで「軽易な事項」に限られているんだよ。

そこで、この訴訟で住民側は、東京都が応訴する訴訟事件の和解を知事の専決処分と定めた都議会の議決は、「『軽易な事項』でなければ知事の専決処分とすることができない旨を規定している法180条1項に違反する無効なものである」。そのため、本来であれば「本件和解をするためには、法96条1項により都議会の議決を要するものであったが、被告人〔引用者注：東京都知事〕は都議会の議決を経ないまま、違法に本件和解をした」と主張したんだ。この住民の主張について、中村君はどう思う？

中 村 君◉地方自治法180条では「軽易な事項」とされているのですから、僕も住民がいうように和解という重要な事柄は専決処分の対象として定めることには問題があると思います。それで、裁判所はどのような判断を示したのですか？

黒田係長◉裁判所も中村君と同じような考え方だよ。裁判所は、まず、どのようなものが軽易な事項に当たるかという点の判断については、「第一次的には当該普通地方公共団体自身の意思、すなわち、住民の代表者で構成される議会の判断にゆだねられているものというべきである」とはしているんだ。

ただし、地方自治法「180条1項が、特に軽易な事項に限って長の専決処分にゆだねることができる旨を規定していることからすると、およそ訴訟上の和解のすべてを無制限に知事の専決処分とすることは法の許容するところではない」としている。そして「本件議決は、都議会にゆだねられた上記裁量権の範囲を逸脱するものというべきである」という判断を示し、結論として、「都が応訴した訴訟事件に係る和解のすべてを知事の専決処分とした本件議決は、法180条1項に違反する無効なもの」であるとしたんだ。

知事の賠償責任

中 村 君◉当然の判断ですよね。ただ、先ほど係長は、この訴訟は都知事に損害賠償を請求した住民訴訟だと説明されましたよね。議会の専決処分事項に関する議決が違法だとしても、その議決に従った知事が賠償責任を負うのはおかしいような気がします。住民の主張もよく分かるんですけど、知事にしてみれば、議会がそのような形で知事の専決処分として定めているのに、議案として上程して議決を求めるなんてできないですよね。それなのに知事が賠償責任を負うというのは釈然としません。

黒田係長◉僕も中村君と同じ考えだよ。裁判所も同じように「議会が本来は自らの権限に属する一定の範囲の和解についてこれを知事の専決処分とするとの議決をした場合には、知事としては、その議決が一義的明白に違法であるといえるような場合でない限り、この議決に従って専決処分としてこれを行うことを義務付けられるのであって、これを拒んだ上で、当該和解について、あえて法96条1項12号に基づく議会の議決を求めるようなことはできないものと解される」として、議決を求めることができないとしているんだ。

中 村 君◉裁判所も同じ考えなんですね。知事は議会の議決に従っただけなのに、都議会の議決が違法だからといって知事の行為が違法になって賠償責任を負うなんてことがあるんですか？　都議会が先に行った行為が違法だとしても、その後の知事の行為に違法性が承継されるのっておかしい気がするんですけど……（図２）。

黒田係長◉ここからがこの判決の重要なところだよ。この事件において裁判所は、「法176条４項は、議会の議決がその権限を超え又は法令若しくは会議規則に違反すると認めるときは、当

図２　先行行為の違法性と後続行為との関係

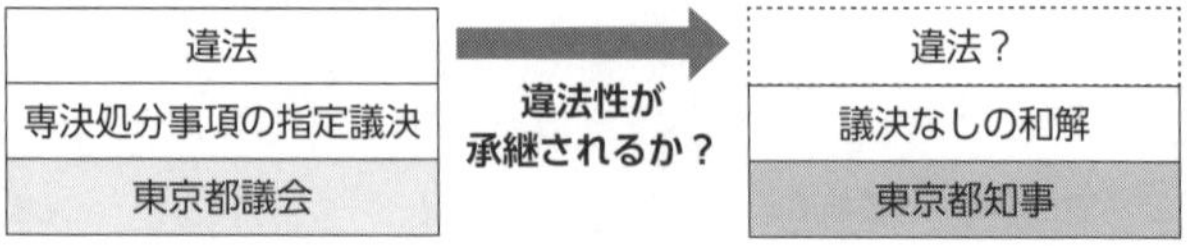

該地方公共団体の長は、これを再議に付さなければならない旨を規定しており、議会の議決が違法であると認めるときは、これを再議に付することは長の義務でもあると解されている」と指摘しているんだ。

中 村 君◉それはどんな意味なのですか？

黒田係長◉再議って聞いたことないかな？　議会が違法な議決をしたときには、自治体の長はその議決について再議に付さなければならないこととされているんだ。さらに判決では、この再議制度の存在を踏まえて「議会の議決に基づく執行行為でさえあれば、長には常に損害賠償の責任が生じないと解するのは相当でなく、少なくとも、議会の議決が一義的明白に違法であるような場合には、そのような議決を執行した長にも損害賠償の責任が生ずるものというべきである」としているんだ。

　ちょっと分かりにくいけど、議会の議決が違法なら、自治体の長は再議に付す義務があるのだから、明白に違法なのにもかかわらず再議をせずに執行したような場合には、長も賠償責任を負うことがあるということなんだ。ただし、この事件の判決では、議決が明白に違法であるということは困難であるため、知事に損害賠償義務は生じないとされているんだけどね（図3）。

図3　違法議決と義務的再議

【一義的明白に違法な場合】

ちょっと解説

再議が行われることはまれなため自治体職員でもあまりなじみがないものですが、議会と長との関係を規律する重要なルールです。再議には、一般再議請求権（地方自治法176条１項～３項）と特別再議請求権（同条４項～８項）とがあります。一般再議請求権は、議会の議決について異議がある場合に長は再議に付することができることとされているものです。一方、特別再議請求権は、議会の議決が権限を超えているあるいは違法である場合には、長は再議に付さなければならないとされているものです。一般再議請求権が長の任意の請求であるのに対して、特別再議請求権は長の義務とされています。今回の裁判例では、特別再議請求権が論じられています。

自治体の長と議会との権限の分担

中村君◉よく分かりました。ただひとつ分からないのですが、議会と自治体の長との権限の分担はどのような関係なのでしょうか。この判決でも自治体の長は「議決に従って専決処分としてこれを行うことを義務付けられる」という判断が示されていますが、自治体の長も独自で判断することができるのではないでしょうか。もしそうならば、この裁判例が示した判断のように議会の議決が一義的明白に違法であるような場合でなくても、違法な予算執行等を行った場合には、自治体の長が自らの判断で行ったものだから、当然に賠償責任を負う可能性があることになると思うのですが……。

黒田係長◉いい質問だね。そのあたりはこの判決でも「普通地方公共団体の長と議会は、それぞれが固有の権限を有する独立した機関であり、前記のとおり、和解に関する普通地方公共団体の意思を決定する権限は議会にあるので、議会が和解に関する議決をし〔た〕場合は、執行機関である長には、この議決に従った和解をする権限が授与されるとともに、当該和解を行う義務をも負担することとなる」と、もう少し詳しく判断が示されているんだ。

この点については、もうひとつ参考になる判決があるので、そちらも説明することにしよう。

練馬区長が区議会の議決に基づいて、区医師会に対して土地の無償貸付けをしていたんだけど、住民が、この無償貸付けが違法であるとして、区長個人に対する損害賠償請求を行った裁判例（注３）なんだ。

この判決の中で、「議決の性格は、議決された事項につき執行機関に対し一定の権限を付与するものではなく、右事項に対する地方公共団体の意思を決定するものである」とした上で、「執行機関は、原則として議決事項の執行を義務づけられる立場にあり、したがつて、議会の議決に何らかの違法がある場合でも、右議決に従つたものである限り、執行機関による執行行為は地方公共団体との関係においては違法となることはない」という判断を示している。ただし、「執行機関は、議会の議決に重大かつ明白な瑕疵があつてこれが無効である場合には、当該議決に拘束されず、むしろ、これを執行してはならない義務を負うものであるから、それにもかかわらず当該議決を執行し

（注３）東京地判昭和62年10月27日判タ672号161頁

た場合には、当該執行行為は、地方公共団体に対する関係において違法性を帯びるものというべきである」と例外的に議決どおりに執行すべきでない場合の基準も示しているんだ。

中 村 君◉係長の説明はとてもよく分かりましたが、少し引っかかることがあるんです。確か地方自治法に規定があったと思うので、六法を確認させてください。

そうだ、この138条の2の規定です。ここでは「普通地方公共団体の執行機関は、当該普通地方公共団体の条例、予算その他の議会の議決に基づく事務及び法令、規則その他の規程に基づく当該普通地方公共団体の事務を、自らの判断と責任において、誠実に管理し及び執行する義務を負う」（下線は引用者が加筆）と規定されています。つまり自治体の執行機関は単に議会の議決に従うだけではなく、「自らの判断と責任において、誠実に管理し及び執行する義務を負う」ことになるのではないでしょうか。

黒田係長◉すばらしい。いい指摘だよね。確かに地方自治法にはそのような規定があるね。そのために、京都大学の芝池義一名誉教授は、自治体において議会は議事決定として意思決定を行うけど、自治体の長も自らの責任において意思決定を行うという考えを示しているよ（注4）。

中 村 君◉自治体の長等の執行機関と議会の関係って、あまり考えたことがなかったけど、とても難しいですね。ただ、このような知識は、仕事の上でなかなか役に立つことがないような気がするのですが……。

（注4）磯部力ほか編『地方自治判例百選〈第4版〉』（有斐閣、2013年）120、121頁

図４　長の権能に関する２つの考え方

【判例の考え方】

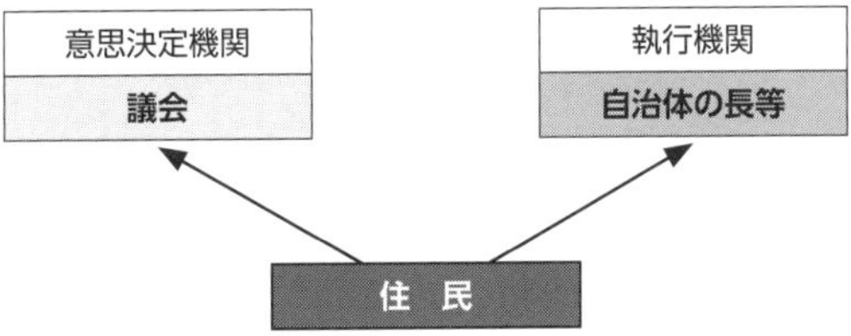

判例は、自治体の意思決定は議会が行い、その意思決定に基づき自治体の長等が事務を執行するものと考えます。

【芝池先生の考え方】

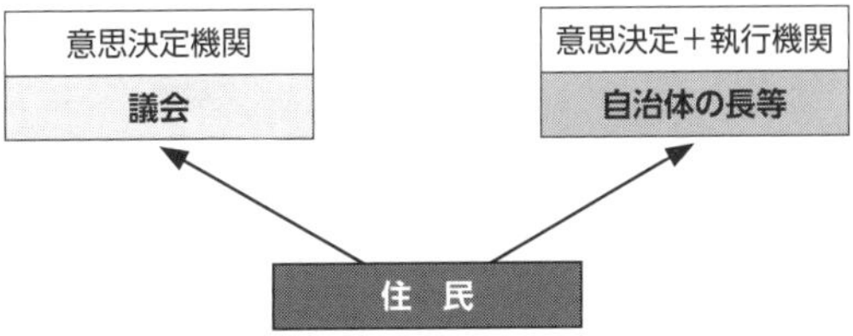

芝池先生は、自治体の意思決定はまず議会が行うものの、自治体の長等の執行機関はその議決を受けて、さらに自らの判断と責任に基づいて事務を執行するものと考えます。

黒田係長◉そうだね。中村君が言うように普段の仕事で役に立つことは少ないかもしれないね。ただ、自治体職員として、議会と執行機関との役割分担を意識しておくことはとても重要なことだよ。それに、どの機関がどのような権限を持っているかをちゃんと意識した上で仕事を進めることはとても大切だよね。

第５章　自治体の住民と公の施設

第１１回：在日外国人と地方参政権

今回は在日外国人の地方選挙権に関する判例（注１）を取り上げます。自治体の主権者を考えるとても重要な判例です。また併せて、外国人の人権に関するいくつかの判例を取り上げ、国民主権と地方との関係、さらに自治体の行政運営と国籍がどのようにかかわってくるかを考えてみたいと思います。

事件の経緯

黒田係長◉今回は、外国人の選挙権に関する判例だよ。韓国国籍の人たちが、居住地である大阪市の地方選挙の際に選挙人名簿に登録されていないことに対して異議の申立てをしたけれど、その異議申立てを却下する決定がなされた。そこで、住民たちはこの決定の取消しを求めて訴訟を提起したんだ。国際化が進展する中で、自治体の行政運営が国籍とどのようにかかわるかを学ぶためにとても重要な判例だよ。

中　村　君◉選挙は、私たち国民が政治に参加し、主権者としてその意思を政治に反映させることのできる最も重要かつ基本的な機会だといわれています。その意味でとても重要な判例ですね。

外国人と国民主権

黒田係長◉この判決では、投票する権利や参政権が問題となった

（注１）最判平成７年２月28日民集49巻２号639頁

んだけど、そもそも外国籍の人は、日本においてどのような人権を享有するとされているのかな。とても有名な判例があるんだけど、中村君は知っているかな？

中 村 君◉マクリーン事件判決ですよね。大学時代に授業で教えてもらいましたよ。

黒田係長◉そうだね。マクリーン事件判決では、外国人の人権についてどんな考えが示されたのかな？

中 村 君◉外国人の人権に関する判例だということは覚えているんですが、判決の内容は忘れてしまいました。

黒田係長◉中村君が自信ありそうに言うから、聞いてみたんだけどな……。判決の重要なポイントは、「基本的人権の保障は、権利の性質上日本国民のみをその対象としていると解されるものを除き、わが国に在留する外国人に対しても等しく及ぶ」という判断を示している点だね。

中 村 君◉マクリーン事件判決では、外国人に対して広く人権保障を認めているように思えますが、今回の判例も外国人に選挙権を認めているんですか？

黒田係長◉話をちゃんと聞かなきゃダメだよ。「権利の性質上日本国民のみをその対象としていると解されるものを除き」外国人にも保障されるって言っただろう。

中 村 君◉すいません。おっしゃるとおりですね。それで、選挙権はどうなんですか？

黒田係長◉この判決では、選挙権について公務員を選定、罷免する権利として捉えて、その公務員の選定・罷免権を保障している憲法15条１項の規定は、「国民主権の原理に基づき、公務員の終局的任免権が国民に存することを表明したものにほかならない」としているんだ。その国民の範囲については、「憲法の国民主権の原理における国民とは、日本国民すなわち我が国の国籍を有する者を意味することは明らかである」として、公務員の選定･罷免権が日本国民にあるという判断を示しているよ。

中 村 君◉ということは、外国人には選挙権は認められなかったんですか？

黒田係長◉そうだね。判決では、「公務員を選定罷免する権利を保障した憲法15条１項の規定は、権利の性質上日本国民のみをその対象とし、右規定による権利の保障は、我が国に在留する外国人には及ばないものと解するのが相当である」として外国人に選挙権は保障されていないという判断を示しているんだ。

中 村 君◉でも、国民主権というくらいだから、それは国民として国会議員を選ぶ国政選挙のことじゃないんですか。市民や県民として自治体の長や議員を選ぶ地方選挙も同じように外国人には選挙権は認められないという判断をしてるんですか？

黒田係長◉いい質問だね。自治体の長や議員の選挙については、憲法93条２項に規定されているから、六法で確認しておこう。「地方公共団体の長、その議会の議員及び法律の定めるその他の吏員は、その地方公共団体の住民が、直接これを選挙する」と規定されているよね。この「地方公共団体の住民」には、外国人を含まないのかな？

中 村 君◉難しい質問ですけど、先ほど係長が説明されたように憲法15条１項の公務員の選定・罷免権が、日本国民のみを対象としているのなら、憲法93条２項の「地方公共団体の住民」も日本国民だけではないんですか。

黒田係長◉そうだね。この判決もだいたいそんな考え方だね。つまり、憲法93条２項の規定について、国民主権の原理、憲法15条１項の規定の趣旨、そして自治体が我が国の統治機構の不可欠の要素であることを考えると、「憲法93条２項にいう『住民』とは、地方公共団体の区域内に住所を有する日本国民を意味するものと解するのが相当であり」、「我が国に在留する外国人に対して、地方公共団体の長、その議会の議員等の選挙の権利を保障したものということはできない」という判断を示しているんだ。

ちょっと解説

マクリーン事件判決（注２）は、外国人の人権について判断を示した重要な判例です。

アメリカ国籍で英語教師のロナルド・マクリーンさんが、１年間の在留期間更新の申請をしたところ、法務大臣は在留期間中のマクリーンさんの政治活動や無届けでの転職を理由に、不許可処分を行いました。これに対してマクリーンさんは法務大臣が政治活動を理由に在留期間を拒否するのは、人権を侵害する憲法違反の判断ではないか、として争った事件です。判決のポイントは次の点です。

- 外国人は、憲法上、我が国に在留する権利ないし引き続き在留することを要求しうる権利を保障されているものではない。
- 政治活動の自由に関する憲法の保障は、我が国の政治的意思決定又はその実施に影響を及ぼす活動等外国人の地位に鑑みこれを認めることが相当でないと解されるものを除き、我が国に在

（注２）最大判昭和53年10月４日民集32巻７号1223頁

留する外国人に対しても及ぶ。

・憲法上、外国人は、我が国に入国する自由を保障されているものでないことはもちろん、在留の権利ないし引き続き在留することを要求しうる権利を保障されているものでもない。

・憲法の基本的人権の保障は、権利の性質上日本国民のみをその対象としていると解されるものを除き、我が国に在留する外国人に対しても等しく及ぶものと解すべきである。政治活動の自由についても、我が国の政治的意思決定又はその実施に影響を及ぼす活動等外国人の地位に鑑みこれを認めることが相当でないと解されるものを除き、その保障が及ぶ。

外国人と地方自治

中 村 君◉係長、よく分かりました。国政選挙と地方選挙とでは考え方が違うのかと思ったけど、結論としては同じだということですよね？

黒田係長◉そんなに単純じゃないんだ。自治体における外国人の選挙権については、住民自治の視点も重要なんだ。中村君は、住民自治って知っているよね？

中 村 君◉住民自治ですか。そういえば以前、地方自治制度について勉強したときに、住民自治は地方自治の本旨のひとつの柱であり、地方自治が住民の意思に基づいて行われることだと学んだような気がします。その考えからすると、憲法93条２項の「住民」は、国籍にかかわりなく「その地方自治体に住んでいる人」と考える方が住民自治に沿っているような気がするのですが……。

ちょっと解説

住民自治について補足しておきましょう。憲法92条では、「地方公共団体の組織及び運営に関する事項は、地方自治の本旨に基いて、法律でこれを定める」と規定しています。この「地方自治の本旨」は、住民自治と団体自治の２つの要素からなると考えられています。まず住民自治とは地方自治が住民の意思に基づいて行われるということで、団体自治とは地方自治が国から独立した団体に委ねられ、団体自らの意思と責任の下でなされるということです。

地方自治はこの２つの考え方に基づいて運営されなければならないとされているのです。

図１　住民自治と団体自治

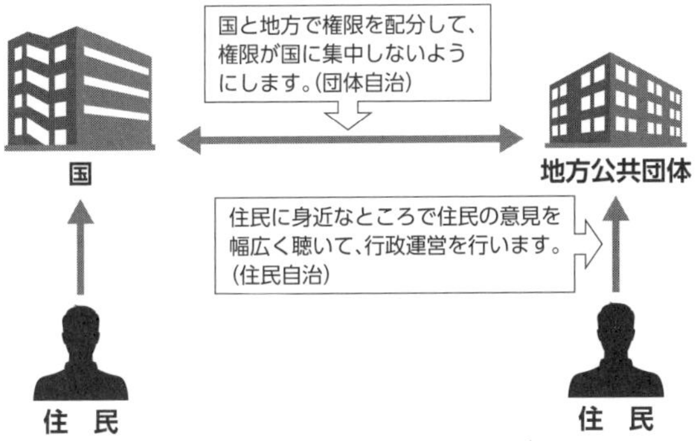

黒田係長◉なかなか鋭いね。中村君のいうとおり、地方自治の視点から考えれば、国と地方における主権に関する考え方が異なってもいいんじゃないかと僕も思うよ。

住民自治の趣旨から考えれば､自治体の行政運営については､

その自治体に住む人が意思決定を行うことが求められていると考えることができるね。

判決では、外国人に対して選挙権を保障したものではないとしているけれど、一方では日本に在留する外国人のうちでも永住者等については、「その意思を日常生活に密接な関連を有する地方公共団体の公共的事務の処理に反映させるべく、法律をもって、地方公共団体の長、その議会の議員等に対する選挙権を付与する措置を講ずることは、憲法上禁止されているものではないと解するのが相当である」という考えも示しているんだ。これは、国民主権だけではなく、住民自治の視点も踏まえた判決なんだと思うよ。

そして、原告の請求について、裁判所の最終的な判断は、永住者等に対して選挙権を付与するという「措置を講ずるか否かは、専ら国の立法政策にかかわる事柄であって、このような措置を講じないからといって違憲の問題を生ずるものではない」とされているね。

中 村 君◉どういうことですか？　判決の考え方は難しくてよく分からないですよ。

黒田係長◉そうだね。簡単にいうと日本に在留する外国人のうちでも永住者等については、選挙権が憲法上保障されているわけではないけれど、法律で選挙権を認めることも可能だということなんだ。

中 村 君◉やはり国と地方とでは、住民とのかかわり方が違うということですね。自治体で様々な施策を考える際には、国籍だけではなく、自治体と日常生活に密接な関連を有しているかということも考えることが重要なんですね。

ちょっと解説

この判決の結論は分かりにくいので、少し補足しておきましょう。判決では、外国人に対して選挙権を保障したものではないとしていますが、在留外国人に対して選挙権を付与するか否かは、「専ら国の立法政策にかかわる事柄」であるという判断を示しています。つまりこの判決では、在留外国人に自治体に関する選挙について法律によって選挙権を付与することは憲法上可能だけれど、付与しないからといって憲法違反になるものではないということをいっているのです（表１参照）。

表１　外国人の選挙間における国政選挙と地方選挙との違い

国政選挙		地方選挙		
日本人	外国人	日本人	外国人	
			永住者等	その他
⬇	⬇	⬇	⬇	⬇
選挙権を有する。	選挙権を付与することはできない。	選挙権を有する。	法律により選挙権を付与できる。	法律でも選挙権を付与できない。

外国人と公務員としての地位

黒田係長◉地方自治と国籍に関する理解を深めるために、判例をもう１つ見ておこう。東京都に保健師として採用された職員が、都人事委員会の実施した管理職選考を受験しようとしたけど、日本国籍を有しないことを理由に受験が認められなかった。そのため、この職員が国家賠償法１条１項に基づき、東京都に対して慰謝料等の支払を求めた事案なんだ（注３）。

中 村 君◉こんなにも国際化が進んでいるんだから、自治体の管理職になるのに、そもそも国籍なんか関係がないように思いますが……。

黒田係長◉かつては管理職への昇格どころか、そもそも外国人が公務員になること自体も否定的に考えられてきたんだ。昭和28年に内閣法制局が「公務員に関する当然の法理として、公権力の行使又は国家意思の形成への参画に携わる公務員になるためには、日本国籍を必要とする」という見解を示し、これを受けて人事院規則（人事院規則８―18）では採用試験の受験資格に日本国籍を求めているんだよ（９条）。自治体においても、かつては採用試験の受験資格として日本国籍を求めている自治体も多かった。ただし多くの自治体で見直されているけどね。

中 村 君◉じゃあ、この裁判でも外国人については制限的な判決がなされたんですか。最近ではたくさんの外国人が日本に住んで、日本人と同じような生活をしているのに、公務員にはなれないというのはおかしいですよね。

黒田係長◉そうだね。この判決でも、「普通地方公共団体が、法による制限の下で、条例、人事委員会規則等の定めるところにより職員に在留外国人を任命することを禁止するものではない」という考えを示している。近年では、職種によって国籍条項を受験資格から除く自治体が増えているね。

中 村 君◉外国人の採用については理解できましたが、この裁判で問題になった管理職への昇格はどうなんですか。マクリーン事件判決では、「権利の性質上日本国民のみをその対象として

（注３）管理職選考受験資格確認等請求事件・最大判平成17年１月26日民集59巻１号128頁

いると解されるものを除き、わが国に在留する外国人に対しても等しく及ぶ」とされていましたよね。昇格についての差別は法の下の平等の問題だと思いますが、これは権利の性質上日本国民のみをその対象としているとはいえないんじゃないですか？

黒田係長◉確かにこの判決でも「普通地方公共団体は、職員に採用した在留外国人について、国籍を理由として、給与、勤務時間その他の勤務条件につき差別的取扱いをしてはならないものとされており（労働基準法３条、112条、地方公務員法58条３項）、地方公務員法24条６項に基づく給与に関する条例で定められる昇格（給料表の上位の職務の級への変更）等も上記の勤務条件に含まれるものというべきである」としているね。

中 村 君◉それじゃ、外国人であることだけを理由に管理職に昇格させないということは、許されないということですか？

黒田係長◉残念だけど、判決の考えは違うんだ。判決では、この外国人の公務員への任用について、憲法14条で規定する法の下の平等の観点から捉えていて、「普通地方公共団体が職員に採用した在留外国人の処遇につき合理的な理由に基づいて日本国民と異なる取扱いをすることまで許されないとするものではな」く「合理的な理由に基づくものである限り、憲法14条１項に違反するものでもない」としているんだ。

中 村 君◉つまり、自治体に採用された職員の処遇については、合理的な理由がある限り、外国人と日本人とを異なる扱いをすることもできるということですか？

黒田係長◉そのとおりだよ。そのような考え方を前提として、この事案では、公権力等を行使する公務員の職務の遂行は、住民の権利義務や法的地位の内容を定め、あるいはこれらに事実上大きな影響を及ぼすなど、住民の生活に直接間接に重大なかかわりを有するものであること、また、国や自治体の統治のあり方については国民が最終的な責任を負うべきものであることから日本の国籍を有する者が公権力等を行使する公務員に就任することが想定されているとみるべきだという判断が示されているんだ。

中 村 君◉公権力を行使するような公務員については、日本国籍を有するべきだということですね。でも管理職であっても、公権力を行使しないポストもあるんじゃないですか。そんなポストなら、日本人に限る必要はないと思いますが……。

黒田係長◉そうだね。この裁判でも、そのような主張がなされているけど、公務員には人事異動がつきものだよね。そこで、この判決でも、管理職に昇任すれば、いずれは公権力を行使する職に就任することのあることが当然の前提とされていたということができるから、管理職に昇任するための資格要件として当該職員が日本の国籍を有する職員であることを定めたとしても、合理的な理由に基づいて日本の国籍を有する職員と在留外国人である職員とを区別するものであるという判断がなされて

図2　管理職への昇任と公権力等行使の可能性

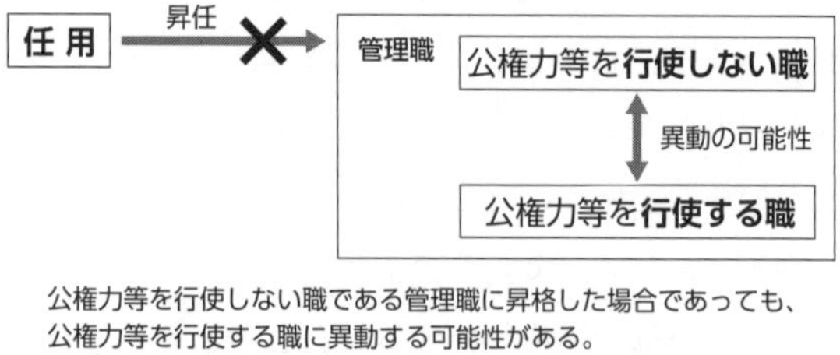

公権力等を行使しない職である管理職に昇格した場合であっても、
公権力等を行使する職に異動する可能性がある。

いるよ。

外国人に対する社会権の保障

黒田係長◉ここまでは外国人について選挙権や公務員の昇格に関する判例を見てきたけど、外国人の社会保障についての判例も見ておこうか。自治体では様々な社会保障の事務を担っているから、重要なポイントだよ。

中　村　君◉社会保障というと、健康保険や生活保護などのことですか？

黒田係長◉そうだね。社会保障制度に関する国籍要件については、国際人権規約の批准や難民条約の批准を受けて、昭和57年には児童手当法、児童扶養手当法、国民年金法等が、昭和61年には国民健康保険法について「国籍要件」が撤廃され、在留外国人についてもそれぞれの社会保障制度の対象とされているんだ。

ただし、最高裁の判例（注４）では、「社会保障上の施策において在留外国人をどのように処遇するかについては、国は、特別の条約の存しない限り、当該外国人の属する国との外交関係、変動する国際情勢、国内の政治・経済・社会的諸事情等に照らしながら、その政治的判断によりこれを決定することができる」としているものもある。すべての社会保障制度について、在留外国人を対象とするというようには考えられていない。例えば、生活保護法では外国人については生活保護法に基づく保護の対象とはされずに、国から自治体に出された通達等に基づ

（注４）塩見事件判決・最判平成元年３月２日裁判集民156号271頁

く行政措置によって、特別永住者等だけは生活保護の対象とするという扱いがなされているんだ。

表２　日本人と永住外国人等の生活保護

日本人	➡	生活保護法に基づく生活保護
永住外国人等	➡	行政措置としての生活保護（生活保護法の適用・準用はない）

中村君◉生活保護って、人の生存権に関するとても重要な人権だから、国籍にかかわりなく認めるべきだと思いますが、外国人については生活保護法の適用はないということですか？

黒田係長◉そうなんだ。永住外国人の生活保護受給権について争われた裁判（注５）でも「現行法令上、生活保護法が一定の範囲の外国人に適用され又は準用されると解すべき根拠は見当たらない」ことなどを理由として、「外国人は、行政庁の通達等に基づく行政措置により事実上の保護の対象となり得るにとどまり、生活保護法に基づく保護の対象となるものではなく、同法に基づく受給権を有しない」という判断が示されているんだよ。外国人の生活保護については、本来、国籍のある母国の責務だという考えに基づくんだろうね。

中村君◉自治体職員は様々な社会保障の制度にかかわっているので、重要な知識ですよね、とても勉強になりました。ありがとうございます。

黒田係長◉選挙権をはじめとする外国人の人たちの人権については、国際化の進展、多文化共生社会においても重要な課題だから、判例ではどのような判断が示されているかを十分に理解し

（注５）永住外国人生活保護訴訟判決・最判平成26年７月18日訟月61巻２号356頁

ておくことは大切なことだよ。

第12回：自治体の住民

今回は、自治体の住民登録に関する判例、そして住民の団体である自治会に関する判例を取り上げます。前回に引き続き自治体の主権者である住民について考えてみましょう。自治体職員にとって住民に関する判例は最も基本的で不可欠の知識です。

事件の経緯

黒田係長◉自治体において住民は主権だといわれるように、とても重要な存在だよね。住民について、前回は外国人の選挙権に関する判例を勉強したけど、今回はいわゆるホームレスの人たちの住民登録に関する判例を学ぶことにしよう。

公園内にキャンプ用テントを設置して居住する人が、大阪市に対して、テントの所在地を住所とする転居届を提出したんだ。これに対して、大阪市がこの届を不受理とする処分をしたので、その処分の取消しを求めて訴訟を提起したという事案（注１）だよ。じゃあ、早速だけど転居届の意味から考えてみようか。

中 村 君◉転居届って、住民基本台帳法に基づくものですよね。確か、転居した日から14日以内に届け出なければならないと法律で決まっています。

黒田係長◉よく知っているね。その住民基本台帳法なんだけど、地方自治法の規定が元になっているんだ。地方自治法13条の２で「市町村は、別に法律の定めるところにより、その住民につき、住民たる地位に関する正確な記録を常に整備しておかな

（注１）最判平成20年10月３日裁判集民229号１頁

ければならない」とされている。そして、この「別に法律の定めるところにより」という規定を受けて、具体的な手続等を規定しているのが住民基本台帳法なんだ。

ちょっと解説

住民基本台帳は、氏名、生年月日、性別、住所などが記載された住民票を編成したもので、住民の方々に関する事務処理の基礎となるものです。住民基本台帳の閲覧や住民票の写しの交付などにより、住民の居住関係を公証するとともに、以下に掲げる事務処理のために利用されています。有権者や行政サービスの対象を特定するなど非常に重要な役割を果たしているのです。

・選挙人名簿への登録
・国民健康保険、後期高齢者医療、介護保険、国民年金の被保険者の資格の確認
・児童手当の受給資格の確認・学齢簿の作成
・生活保護及び予防接種に関する事務
・印鑑登録に関する事務

中 村 君◉僕も市役所の職員として、住民基本台帳のことは知っていましたが、そのもともとの根拠が地方自治法にあるなんて知りませんでした。やはり、自治体職員にとって、地方自治法は本当に重要な法律なんですね。

黒田係長◉じゃあ、もう１つ質問だよ。自治体にとって住民ってどんな存在なのかな？

中 村 君◉住民は、自治体の主権者ですよね。それに自治体から様々な行政サービスを受ける立場だと思います。

黒田係長◉そうだね。地方自治法の規定を見ておこう。10条2項では「住民は、法律の定めるところにより、その属する普通地方公共団体の役務の提供をひとしく受ける権利を有し、その負担を分任する義務を負う」と規定されているよ。

中 村 君◉役務の提供って行政サービスのことですよね。

黒田係長◉具体的には、①公の施設の利用、②各種福祉サービスの享受、③保険給付サービスなど地方公共団体の提供するサービス全般のことだよ。

中 村 君◉「その負担を分任する義務を負う」と規定されていますが、住民は行政サービスを受けるだけではなくて、負担を分任することも規定されているんですね。

黒田係長◉この「負担を分任する義務」とは、各種行政サービスに要する経費を平等に分かち合うことを意味するんだよ。実際に住民が負担するものとしては、税金があるよね。その他にも手数料や使用料等も、この「負担の分任」の例に挙げられることもあるけど、手数料等は自治体が提供する役務の対価だから、この規定でいう「負担の分任」には当たらないという見解もあるよ。

自治体の住民の範囲は

黒田係長◉次に問題となるのが、住民の範囲だよね。中村君はどう思う？

中 村 君◉その自治体に住んでいる人ですか？

黒田係長◉まあ、正解かな。地方自治法では、10条1項に「市町村の区域内に住所を有する者は、当該市町村及びこれを包括する都道府県の住民とする」と規定されているんだ。つまり、その市町村の区域内に住所を有する人が、その市町村の住民ということになるね。でもこの「住所」ってどんな意味なんだろうね？

中 村 君◉住所については、確か民法に規定がありましたよね。ちょっと六法で確認します。そうだ。民法22条では「各人の生活の本拠をその者の住所とする」と規定されています。でも「生活の本拠」っていっても、あまりはっきりしないですね。

黒田係長◉そうだね。この「住所」という規定は、地方自治法や民法だけでなく、住民基本台帳法でも規定されているんだけど、今回取り上げた事件の１審判決（注２）では、地方自治法10条１項の「住所」も、住民基本台帳法の「住所」も、民法22条と同様に「生活の本拠、すなわち、その者の生活に最も関係の深い一般的生活、全生活の中心を指すもの」という判断をしているよ。この事案では、公園内にテントを設置して居住している場所が生活の本拠といえるかが問題となったんだ。

中 村 君◉実際にテントで生活しているのなら、そこが生活の本拠ということになるのではないですか？

黒田係長◉形式的に捉えれば、中村君がいうように実際に生活している場所が生活の本拠といえるんだろうね。でも高裁判決（注３）では、「『生活の本拠としての実体』があると認められるためには、（略）単に一定の場所において日常生活が営まれているというだけでは足りず、その形態が、健全な社会通念に

（注２）大阪地判平成18年１月27日判タ1214号160頁
（注３）大阪高判平成19年１月23日判時1976号34頁

基礎付けられた住所としての定型性を具備していることを要するものと解するのが相当である」としているんだ。

中 村 君◉それにしても「形態が、健全な社会通念に基礎付けられた住所としての定型性を具備している」って難しいですね。

黒田係長◉控訴審では、この事件で問題となったテントについては、容易に撤去、移転できるものだったことや、独立の電気設備、水道設備等もなかったことから、「生活の本拠としての実体」があるとはいえないという判断がされているんだ。そして、最高裁も控訴審の判断を認めて「社会通念上、上記テントの所在地が客観的に生活の本拠としての実体を具備しているものと見ることはできない」としているんだよ。

中 村 君◉住居としての定型性っていうと難しいけど、電気や水道等が整った通常の住居の形を備えているということなんでしょうね。

黒田係長◉市役所では、居住の実態を調査して、場合によっては住民登録を職権で消除することもあるよね。居住の実態があるというためには、通常の住居の形が整ったところに住んでいる必要があるということなんだろうね。

住民登録を拒否した事案

黒田係長◉住民登録についての理解が進んだところで、住民登録に関する判例をもう１つ見ておこう。名古屋市Ａ区の住民が同市Ｂ区の住所に異動したとして区役所に対し転入届を提出したけど、区役所が届出を不受理にしたんだ。そこで、その住民は、この不受理処分は憲法22条１項、住民基本台帳法３条１項等に違反する違法なものであるなどと主張して、不受理処分の取消しと国家賠償を求めたものなんだ（注４）。

中 村 君◉転居届を受理しないなんて考えられないですが、何か特別の問題があったのですか。

黒田係長◉アレフという宗教団体の信徒が提出した転入届の受付けを拒否した事件なんだよ。

中 村 君◉アレフってオウム真理教から改称して発足した団体ですよね。オウム真理教はあれだけの事件を起こした団体ですから、住民感情を考えれば、転居届を受け付けないというのも分からないでもないですね。

黒田係長◉確かにそうだけど、団体が問題を起こしたからといって、その信徒の転居届を受理しないというのは別次元の問題だと思うよ。

中 村 君◉係長がおっしゃることももっともですよね。それで、最高裁はどんな判断をしたんですか。

黒田係長◉その前に住民基本台帳の目的を考えてみよう。中村君は分かるかな。

中 村 君◉住民基本台帳の目的ですか……。選挙人名簿は、住民基本台帳を基につくりますよね。でも、それが住民基本台帳の目的じゃないですよね……。

黒田係長◉いろいろな制度がどんな目的なのかを考えるときは、まずその制度の根拠となる法律の目的規定を見ることも大切だよ。住民基本台帳法１条では「住民の居住関係の公証、選挙人名簿の登録その他の住民に関する事務の処理の基礎とするとともに住民の住所に関する届出等の簡素化を図り、あわせて住民

（注４）最判平成15年６月26日裁判集民210号189頁

に関する記録の適正な管理を図る」ことを目的としているんだ。

中 村 君◉法律の目的規定って重要なんですね。これからも制度の解釈なんかで悩んだら目的規定を見てみることにします。

黒田係長◉この判決でも、最高裁はこの目的規定を踏まえて「転入届があった場合には、その者に新たに当該市町村（指定都市にあっては区）の区域内に住所を定めた事実があれば、法定の届出事項に係る事由以外の事由を理由として転入届を受理しないことは許されず、住民票を作成しなければならない」という判断を示したんだ。

中 村 君◉確かにあんな事件を起こした団体の信徒を受け入れることに抵抗があるのかもしれませんが、住民の居住関係の事実と合致した正確な記録をして、住民の居住関係の公証、選挙人名簿の登録のためには、居住の実態に即した届ならば受理しなければならないですよね。

自治会退会の自由は

中 村 君◉係長、前回から住民に関する判例を説明していただいていますが、実は最近、住民に関して気になることがあるんです。市役所の職員って自治会とかかわることが多いですよね。でも自治会といっても住民の組織だということくらいしか理解できていないですよ。

黒田係長◉そういうふうに関心を持つことはとても大切だよね。じゃあ、自治会に関する判例（注５）も見ておこう。事案としては、団地の入居者によって構成される自治会が、その団地に

（注５）最判平成17年４月26日裁判集民216号639頁

入居し自治会に入会したものの、役員らの方針等への不満から退会した住民に対し、退会は認められないとして共益費及び自治会費等の支払を求めた訴訟だよ。中村君は自治会についてある程度は理解できているのかな？

中 村 君◉そうですね。地域の住民の皆さんが地域活動などのために構成している任意団体ですよね。

黒田係長◉そうだね。うちの市のホームページには、「自治会・町内会は、地域に住む皆さんが自らの手で相互に仲よく助け合いながら、自分たちの地域生活をよりよくしていくために、様々な活動を行う任意団体です」と載っているよ。

中 村 君◉自治会は任意団体なんだから、市役所がかかわることではないと思うんですが……。

黒田係長◉任意団体だから市役所がかかわらないということはないよ。市役所は、地域住民の皆さんとの連携と協力が不可欠だから、地域住民の団体である自治会ともちろん様々なかかわりがあるんだよ。地方自治法157条でも、自治体の長は、その区域内の公共的団体等の活動の総合調整を図るため、これを指揮監督することができるとされているんだよ。それに、そのために必要があるときは、その公共的団体等に事務の報告をさせたり、書類及び帳簿を提出させたりすることができるんだ。

中 村 君◉係長のおっしゃるとおりですね。うちの市長も住民との協働を政策のひとつの柱に位置付けていますよね。ところで、裁判ではどんな点が争点になったのですか。

黒田係長◉住民が自治会から退会する自由があるかどうかが争点だったんだ。

中 村 君◉さっきもいいましたけど、自治会は任意団体なんだから、退会だって自由にできるんじゃないですか。

黒田係長◉確かにそう思うよね。でも任意に退会できないという考えもあるんだ。

中 村 君◉そんな考え方もあるんですか、ちょっと驚きです。

黒田係長◉この事件の高裁判決（注６）では、退会の申入れは無効であり、自治会が請求している共益費及び自治会費の支払義務を免れることはできないと判断しているんだ。

中 村 君◉そうなんですか。任意団体なのにどうしてなんですか。

黒田係長◉中村君、そのことを考える前に、そもそも自治会って何のためにあるのだと思う？

中 村 君◉そうですね。親睦目的だけじゃないですよね。他は何だろう。

黒田係長◉この判決では、この自治会については団地の入居者が共用施設を共同して使用し、地域住民としての環境の維持管理、防犯等に共通の利害関係を有していること、それに入居者全員の協力によって解決すべき問題に対処する必要があることから、これらの公共の利害にかかわる事項等の適切な処理を図ることを目的として設立されたものだとしているんだ。

中 村 君◉地域住民としての環境の維持管理、防犯等に取り組む目的があるのならば、やはり地域住民みんなが加入している方がいいですよね。

黒田係長◉そうだね。この判決でも、「共用施設の共同利用やその維持管理、安全かつ良好な居住環境の確保等の公共的な利益を享受する一方、これらの利益の享受に対する対価として共益費の支払義務を負うほか」としている。さらに自治会を運営し、その諸活動を遂行するために必要な経費を賄うために自治会費を負担するものだとしている。そして高裁判決の結論としては、「特定の思想、信条や個人的な感情から被上告人に対して退会を申し入れることは条理上許されない」という判断を示しているんだ。

中 村 君◉高裁判決はとても当たり前の判断を示しているように思いますが、最高裁はどう判断したんですか？

黒田係長◉高裁判決は、最高裁で破棄されちゃったんだ。

中 村 君◉えっ！　そうなんですか。最高裁はどんな判断を示したんですか。

黒田係長◉判決では、まずこの自治会の性格について「会員相互の親ぼくを図ること、快適な環境の維持管理及び共同の利害に対処すること、会員相互の福祉・助け合いを行うことを目的として設立された権利能力のない社団であり、いわゆる強制加入団体でも」ないと判断をしたんだ。その上で、退会の自由については「その規約において会員の退会を制限する規定を設けていないのであるから、被上告人の会員は、いつでも被上告人に対する一方的意思表示により被上告人を退会することができる」いう判断を示しているんだよ。

中 村 君◉やはり自治会は、任意団体であって強制加入団体ではない点が重視されたんですね。

黒田係長◉確かに判例では、自治会は強制的に加入しなければならない団体でもないので、退会も自由にできると判断されている。法的には強制加入団体ではないという判断がされたけれど、市役所としては、自治会と様々な形で連携していることを忘れ

（注６）東京高判平成16年７月15日判例集未登載

てはならないし、自治会の重要性も認識しておく必要があるね。

ちょっと解説

自治会（町内会等と呼ぶ地域もあります）の中でも、地方自治法に定められた要件を満たし、法人格を得たものを認可地縁団体といいます（地方自治法260条の2第1項）。

従来は、自治会は、いわゆる「権利能力なき社団」に該当するものと位置付けられてきました。権利能力なき社団については、その資産は構成員に総有的に帰属するが、不動産登記については、代表者名義等により不動産登記簿に登記するよりほかに方法がないとされていました。こういった問題を踏まえて、自治会が法人格を取得する制度が創設されました。

この改正では、自治会は、「地域的な共同活動のための不動産又は不動産に関する権利等を保有するため市町村長の認可を受けたときは、その規約に定める目的の範囲内において、権利を有し、義務を負う」こととされました（地方自治法260条の2第1項）。

認可地縁団体は、法律上の権利義務の主体となり、土地、集会施設等の不動産を団体名義で登記できます。また、団体の活動に資する財産を団体名義で所有、借用できます。

認可を受けるためには、目的、活動実態、規約の内容等、法律で定める要件を満たす必要があります（同条2項）。

自治会による寄附金の徴収は

黒田係長◉中村君は自治会に興味を持ってくれているようだか

ら、自治会に関してもう１つ興味深い判決を見ておこう。

中 村 君◉今日は盛りだくさんですね。頑張ります。

黒田係長◉滋賀県のある自治会で、赤い羽根共同募金や日本赤十字社への寄附金などを班長、組長等が各世帯を訪問して任意で集めていたんだ。しかし、それでは班長・組長等の負担が大きいので、その負担を解消しようと平成18年３月の定期総会で、年会費6,000円の自治会費に募金や寄附金など2,000円分を上乗せして徴収することを賛成多数で決議したんだ。これに対して、住民の一部が「寄附するかどうかは個人の自由」として一律徴収に反対し、思想・良心の自由等の侵害を理由として決議の無効確認等を求めて訴訟を提起した。この訴訟は最高裁まで争われたけど、最高裁が上告を棄却（注７）したから、大阪高裁の判決（注８）が確定した。

ちょっと解説

上告理由は控訴理由と比べ限定されており、行政訴訟の場合には民事訴訟の例によることとされている（行政事件訴訟法７条）ので、上告できるのは以下の場合に限られています。この要件を満たしていないと、上告は認められません（民事訴訟法312条）。つまり実質的な審理に入ることなく門前払いされてしまうこともあるのです。

①　判決に憲法の解釈の誤りがあること、その他憲法の違反があることを理由とするとき。

②　法律に従って判決裁判所を構成しなかったこと。

（注７）最決平成20年４月３日D1-Law.com判例体系
（注８）大阪高判平成19年８月24日判時1992号72頁

③　法律により判決に関与することができない裁判官が判決に関与したこと。
④　日本の裁判所の管轄権の専属に関する規定に違反したこと。
⑤　専属管轄に関する規定に違反したこと。
⑥　法定代理権、訴訟代理権又は代理人が訴訟行為をするのに必要な授権を欠いたこと（追認があった場合を除く）。
⑦　口頭弁論の公開の規定に違反したこと。
⑧　判決に理由を付せず、又は理由に食違いがあること。

中　村　君◉班長さんや組長さんが寄附金を集めて回るのって大変ですよね。そのことを考えたら、寄附金を自治会費と一緒に集めるのもいいんじゃないですかね。それに、定期総会で決めたんだから民主的ですよね。

黒田係長◉それもひとつの考え方だよね。きっと自治会の人たちもそんなふうに考えたんじゃないかな。

中　村　君◉大阪高裁はその考え方を認めてくれなかったんですか？

黒田係長◉大阪高裁は、まず、募金や寄附金は、任意に行われるべきもので、強制されるべきものではないと判断している。そして、募金及び寄附金に応じるかどうか、どのような団体等又は使途について応じるかは、各人の属性、社会的・経済的状況等を踏まえた思想、信条に大きく左右されるものだから、募金及び寄附金に対する個人の態度、決定は十分尊重されなければならないから、支払を事実上強制するような場合には思想、信条の自由の侵害の問題が生じ得るとしているんだ。

図　対国家・対私人における憲法の効力

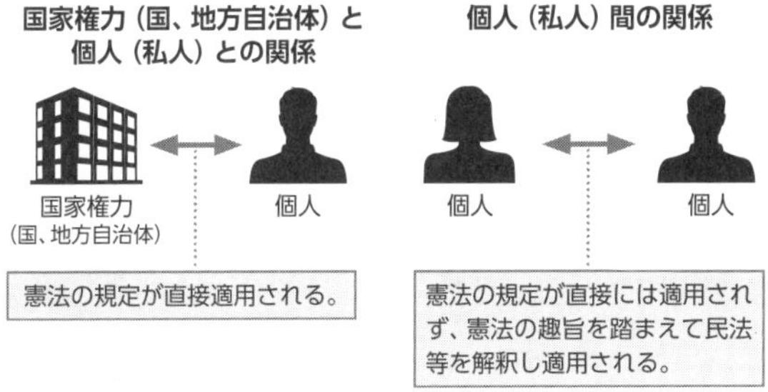

中　村　君◉その説明を聞くと、納得してしまいますね。確かに、日本国憲法でも、13条で「個人の尊重」が規定されていますし、19条では「思想及び良心の自由」が規定されていますよね。寄附金等でも個人の考え方が最大限尊重されなければならないはずです。ということは、定期総会の議決は憲法に反すると判断したんですか。

黒田係長◉さすが法学部卒業。憲法をよく理解しているね。でも判決の結論は少し違うんだ。というのは、この判決でもいっているけど、憲法の規定は、本来、国家権力等から国民を守るためのもので、原則として私人間では適用されないんだ。そのため判決の結論としては憲法の規定は「私人間の問題に当然適用されるものとは解されないが、（略）これが社会的に許容される限度を超えるときには、思想、信条の自由を侵害するものとして、民法90条の公序良俗違反としてその効力を否定される場合があり得るというべきである」として、この定期総会における自治会費の増額決議は無効であるとしたんだ。

中　村　君◉そうですよね。大学で習ったのを思い出しました。憲法の私人間効力といわれる問題ですね。憲法の規定は、原則として国や自治体等の国家権力に対して適用があり、個人同士の間では憲法の規定は直接に適用がないですね。個人同士の間では憲法の趣旨を踏まえて、この判決のように民法等の規定を適用することになるんですよね。

黒田係長◉前回と今回で自治体における住民に関する判例を学んだけど、自治体職員にとって住民に関することを理解することはとても大切なことだから十分理解しておいてほしいな。

第13回：公の施設の使用許可と目的外使用許可

自治体は、住民の福祉を増進する目的で公民館、博物館、体育館など様々な施設を設置し、住民の利用に供しています。このような施設を公の施設といいます。公の施設の利用に関しては、憲法で保障する集会の自由などとの関係で、慎重な判断が求められる場合があります。そのため、自治体職員にとって、公の施設の利用に関する判例の考え方はとても重要です。

事件の経緯

黒田係長◉今回は、公の施設の利用に関する判例を取り上げることにしよう。中村君、公の施設ってどんなものか知っているよね。

中村君◉地方自治法244条で住民の福祉を増進する目的を持ってその利用に供するための施設と規定されています。

黒田係長◉さすがによく知っているね。地方自治法で、公の施設は住民の利用に供する施設だから、正当な理由がない限り住民が利用することを拒んではならないし、利用することについて不当な差別的取扱いをしてはならないとされているよね。

ちょっと解説

公の施設とは、自治体が設置する施設のうち広く住民の利用に供するものです。そのため、庁舎や試験研究機関など住民の利用に供することを目的としていない施設や、財政上の必要のために設置する競輪場、社会公共秩序維持のために設けられる留置場などは、公の施設に当たらないと解されています。

また、公の施設の設置及び管理については、法律又はこれに基づく特別の定めがあるものを除くほか、条例で定めなければならないとされています（地方自治法244条の２第１項）。これは、住民の代表である議会で定める条例で規定することにより、公平な利用を担保しようとしているものです。

公の施設は、地方自治法の制定時には規定されておらず、1963年の法改正により制度化されたものです。改正以前には、「財産管理的側面」に重点が置かれていたことから、財務に関する第９章に「財産」とともに「営造物」として規定されていました。しかし、法改正により、公の施設と位置付けられたことによって「住民へのサービス」と「住民の利用権」とが重視されるようになりました。

黒田係長◉公の施設の利用についてはいくつかの判例があるけれど、まず泉佐野市民会館事件判決（注１）から見ていこう。

中 村 君◉その事件なら知っています。憲法の授業で集会の自由に関する判例として勉強した覚えがあります。

黒田係長◉確かにこの判例は、憲法の授業で取り上げられることが多いよね。今回は公の施設という点を意識しながら勉強することにしよう。事案としては、泉佐野市民会館ホールで「関西新空港反対全国総決起集会」を開催することを企画した団体が、市立泉佐野市民会館条例の規定に基づきホールの使用許可の申

（注１）最判平成７年３月７日民集49巻３号687頁

請をした。しかし、泉佐野市は、条例７条１号の「公の秩序をみだすおそれがある場合」及び３号の「その他会館の管理上支障があると認められる場合」に該当すると判断して不許可処分を行ったんだ。

中 村 君◉関西新空港反対全国総決起集会だから公の秩序をみだすというのは、ちょっと荒っぽくないですか？

黒田係長◉そうだね。でもこの集会は、過激な活動組織であるいわゆる中核派が主催するものだったんだ。そのために、泉佐野商業連合会等の各種団体から会館を使用させないでほしいという嘆願書や要望書が提出されていたんだ。市としても、会館を使用させると集会やその前後のデモ行進などを通じて不測の事態を生ずることが憂慮され、会館周辺の住民の平穏な生活が脅かされるおそれがあるから、公共の福祉に反すると判断して不許可にしたんだよ。

中 村 君◉過激な活動組織の主催だと市民に危険が及ぶ可能性はありますよね。そんな事情があるなら不許可もやむを得ないと思います。

黒田係長◉公の施設と集会の自由との関係については、自治体職員にとってはとても重要な問題だから、じっくりと考えてみよう。まず、この判決では、「公の施設として、本件会館のように集会の用に供する施設が設けられている場合、住民は、その施設の設置目的に反しない限りその利用を原則的に認められることになるので、管理者が正当な理由なくその利用を拒否するときは、憲法の保障する集会の自由の不当な制限につながるおそれが生ずることになる」として、公の施設の利用は許可されるのが原則であるということを示しているんだ。

中 村 君◉確かに公の施設は、住民の利用に供するための施設なのだから、使用することが認められて当然ですよね。でも、どんな利用でも認められるわけではないと思うのですが……。

黒田係長◉そうだよね。いくら公の施設の利用が保障されているからといって、他人の人権を不当に侵害することは許されないから、そんな場合には公の施設の利用は認められない。原則的には使用を許可しなければならないけれど、例外的に使用を認めない場合もあるんだ。

ただ、その判断をする際にも集会の自由の保障を意識する必要がある。判例も「本件条例７条１号及び３号を解釈適用するに当たっては、本件会館の使用を拒否することによって憲法の保障する集会の自由を実質的に否定することにならないかどうかを検討すべきである」としているよ。

中 村 君◉私たち自治体職員が、公の施設の使用を拒否する場合には、不当に集会の自由を制限することがないように注意しなければならないということですね。

黒田係長◉この判決では、集会の自由を制限することにならないかを判断するために、重要な考え方を示しているんだ。集会の用に供される公共施設の利用を拒否し得るのは、「利用の希望が競合する場合のほかは、施設をその集会のために利用させることによって、他の基本的人権が侵害され、公共の福祉が損なわれる危険がある場合に限られるものというべきであり、このような場合には、その危険を回避し、防止するために、その施設における集会の開催が必要かつ合理的な範囲で制限を受けることがある」という点だよ。

中 村 君◉利用の希望が競合する場合には利用を拒否することは

よく分かりますが、他の基本的人権が侵害され公共の福祉が損なわれる危険があるというのはどんな場合なのかは、明確ではないですよね。

黒田係長◉そこが自治体職員にとって難しいところだよね。この判決は、その点についての考え方も示している。つまり、公の施設の利用に対する制限が「必要かつ合理的なものとして肯認されるかどうかは、基本的には、基本的人権としての集会の自由の重要性と、当該集会が開かれることによって侵害されることのある他の基本的人権の内容や侵害の発生の危険性の程度等を較量して決せられるべきものである。本件条例7条による本件会館の使用の規制は、このような較量によって必要かつ合理的なものとして肯認される限りは、集会の自由を不当に侵害するものではな」いと、それぞれの人権を比較衡量して判断するとしているんだ。

中　村　君◉人権侵害の危険性の程度を比較するなんて、実際の判断はとても難しいですよね。

図　公の施設の利用制限の可否判断

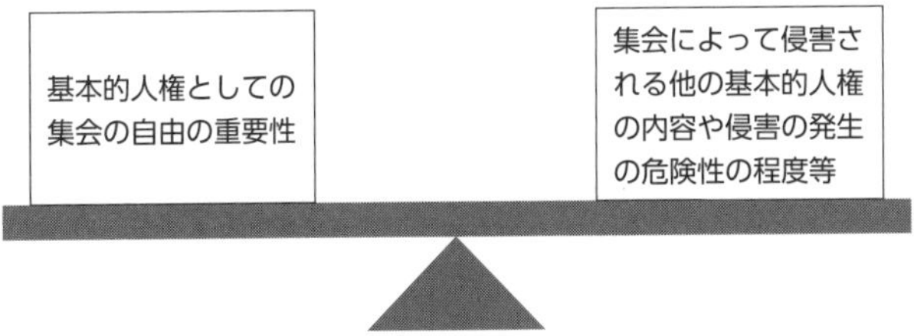

人権を比較衡量して、公の施設の利用制限の可否を判断する。

黒田係長◉そうだね。判決をもう少し見ていこうか。本件条例7条1号では、「公の秩序をみだすおそれがある場合」を本件会館の使用を許可してはならない事由として規定しているんだけれど、そのおそれについて、判決では「その危険性の程度としては」、「単に危険な事態を生ずる蓋然性があるというだけでは足りず、明らかな差し迫った危険の発生が具体的に予見されることが必要であると解するのが相当である」としている。さらに、「そのような事態の発生が許可権者の主観により予測されるだけではなく、客観的な事実に照らして具体的に明らかに予測される場合でなければならない」としているんだ。

中 村 君◉つまり、公の秩序をみだすおそれが明らかに差し迫っていることが客観的な事実から予測される場合でなければ、不許可にすることができないということですね。それで、この事案では、裁判所はどんな判断を示したんですか？

黒田係長◉判決では、「本件集会が本件会館で開かれたならば、対立する他のグループがこれを阻止し、妨害するために本件会館に押しかけ、本件集会の主催者側も自らこれに積極的に対抗することにより、本件会館内又はその付近の路上等においてグループ間で暴力の行使を伴う衝突が起こるなどの事態が生じ、その結果、グループの構成員だけでなく、本件会館の職員、通行人、付近住民等の生命、身体又は財産が侵害されるという事態を生ずることが、客観的事実によって具体的に明らかに予見された」として、不許可処分を認容したんだ。

　次は、上尾市福祉会館事件判決（注２）を見てみよう。泉佐野市の事件と比較すると勉強になるよ。

中 村 君◉これはどんな事件なんですか？

（注２）最判平成８年３月15日民集50巻３号549頁

黒田係長◉JR関係の労働者で組織する東日本旅客鉄道労働組合等が、帰宅途中に殺害された社員の合同葬を計画し、上尾市福祉会館大ホールの使用許可の申請をしたのだけれど、上尾市は上尾市福祉会館設置及び管理条例6条1項1号に規定する「会館の管理上支障があると認められるとき」に該当するとして申請を不許可とする処分をしたんだ。

中村君◉合同葬を行うことが、管理上支障があるっておかしくないですか？

黒田係長◉そうだよね。一般的な合同葬ならば問題なかったのだろうけれど、これが殺人事件として新聞報道されていたことから、「新聞に出ているような事柄での葬儀を執り行うことについては、本件会館を貸せない」、「合同葬は会館の使用にそぐわない」などとして申請を許可することができないとしたんだ。

中村君◉泉佐野市の事件でもそうでしたけれど、公の施設の使用許可申請を不許可にするには、合理的な理由が必要ですよね。

黒田係長◉そうだね。この事件でも、最高裁は公の施設の使用不許可の判断について、泉佐野市の事件と同様の基準を示して、集会の自由に対する不当な制限は許されないと判断をしているよ。

中村君◉でも泉佐野市の事件では、不許可が妥当と判断されましたよね。今回はどうだったのですか？

黒田係長◉結論は、泉佐野市の事件と違うんだ。この判決では、「本件合同葬のための本件会館の使用によって、本件条例6条1項1号に定める『会館の管理上支障がある』との事態が生ずることが、客観的な事実に照らして具体的に明らかに予測されたものということはできないから、本件不許可処分は、本件条例の解釈適用を誤った違法なものというべきである」という判断が示されたんだ。

中 村 君◉判断基準としては同様のものを示しながら、結論は異なるんですね。

黒田係長◉泉佐野市の事件では、この集会のための利用を許可すれば、職員、通行人、付近住民等の生命、身体、財産が侵害される事態が生じることが具体的に明らかに予見されると判断されたよね。これに対して、この上尾市の事件では、警察の警備等によりその他の施設の利用客に多少の不安が生ずることがあるとしても、会館の管理上支障が生ずるとの事態には当たらないと裁判所は判断したんだ。つまり、この2つの判決の結論が異なるのは、第三者等の人権侵害の危険性がどの程度予見されていたのかという点の違いだといえる。

中 村 君◉公の施設の使用に際して、何らかの混乱が生じる可能性がある場合には、その使用によって第三者等に危険が生じる可能性がどの程度具体的かなどを慎重に判断する必要がありますね。

黒田係長◉そうだね。様々なことを総合的に判断して人権を不当に制限することがないようにする。そこが自治体職員として真価を問われるところだよね。

最後に、呉市公立学校施設使用不許可事件（注3）を見てみよう。

中 村 君◉これも有名な判例ですよね。確か教育研究集会のために学校を使用しようとしたんでしたよね。

（注3）最判平成18年2月7日民集60巻2号401頁

黒田係長◉そうだね。公立小中学校教職員団体が、教育研究集会の会場として呉市立中学校の体育館等の使用を申請したところ、中学校の校長が不許可処分を行ったんだ。訴訟としては、この不許可処分について損害賠償を求めたものだよ。

中 村 君◉この件でも、集会の自由を重視すると先ほどの２つの判決と同じような判断になるんじゃないですか？

黒田係長◉確かに集会の自由という点は同じだけれど、この事案はこれまでの２つとは違うんだ。

中 村 君◉どの点が違うんですか？

黒田係長◉許可を求めた内容が違うよね。どこが違うのかな？施設の設置目的や性格を考えてみよう。

中 村 君◉え～と、先ほどの２つの判例では、対象となる施設は公の施設でしたし、この事案も学校だけど公の施設ですよね。そうか！ 学校は、児童や生徒が広く利用するという意味では公の施設ですが、市民会館等とは違って、一般市民の使用許可申請に基づいて広く使用を認めるような施設ではないですよね。

黒田係長◉そのとおり。いいところに気がついたね。学校施設を教育研究集会のために使用するのは、学校の本来の設置目的とは違うよね。そのような使用の許可を何というんだったかな？

中 村 君◉目的外使用許可ですね。

黒田係長◉そう。目的外使用許可だ。ちょっと地方自治法の条文を見てみよう。238条の４第７項で「行政財産は、その用途又は目的を妨げない限度においてその使用を許可することができる」と規定しているよね。これが目的外使用許可だよ。

中 村 君◉目的外使用許可の例はたくさんありますよね。うちの庁舎の1階に最近コンビニができましたけれど、あれも確か目的外使用許可ですよね。

黒田係長◉そうだね。庁舎にコンビニがあることで、職員はもちろん来庁する市民の人も便利だから、庁舎の使用、管理に支障がない範囲で許可しているんだよね。

この判決では、公の施設の使用許可申請と、目的外使用許可との違いを踏まえて「学校施設は、一般公衆の共同使用に供することを主たる目的とする道路や公民館等の施設とは異なり、本来学校教育の目的に使用すべきものとして設置され、それ以外の目的に使用することを基本的に制限されている（学校施設令1条、3条）ことからすれば、学校施設の目的外使用を許可するか否かは、原則として、管理者の裁量にゆだねられているものと解するのが相当である」と判断しているんだ。

中村君◉目的外使用許可については管理者の裁量にゆだねられているとされていますね。実際には、どんな場合に学校施設の目的外使用は許可されていたのでしょうか。

黒田係長◉呉市では、呉市立学校施設使用規則4条で、学校施設は、市教育委員会が必要やむを得ないと認めるときその他所定の場合に限り、その用途又は目的を妨げない限度において使用を許可することができるとしていたんだ。そして、5条において、施設管理上支障があるとき（1号）、その他市教育委員会が、学校教育に支障があると認めるとき（3号）等は、施設の使用を許可しない旨を定めていたんだ。

中村君◉管理上支障があるときは使用を許可しないという規定から見ると、さっき見た泉佐野市や上尾市の場合と、同じような内容じゃないですか。目的外使用の場合には、例外的な許可なんだから、許可を行うのはもっと限られた場合じゃないのですか。

黒田係長◉実際は公の施設の使用許可よりも厳しい基準で判断されているよ。判決では「学校教育上支障があれば使用を許可することができないことは明らかであるが、そのような支障がないからといって当然に許可しなくてはならないものではなく、行政財産である学校施設の目的及び用途と目的外使用の目的、態様等との関係に配慮した合理的な裁量判断により使用許可をしないこともできるものである。学校教育上の支障とは、物理的支障に限らず、教育的配慮の観点から、児童、生徒に対し精神的悪影響を与え、学校の教育方針にもとることとなる場合も含まれ、現在の具体的な支障だけでなく、将来における教育上の支障が生ずるおそれが明白に認められる場合も含まれる」として、許可をする場合を限定的にとらえているよ。

表　公の施設における使用許可と目的外使用許可

許可の種類	使用の内容	許可又は不許可の判断
使用許可	設置目的どおりの使用	自治体の裁量は小さく、原則として使用を許可しなければならない。不許可は例外。
目的外使用許可	設置目的以外の使用	許可、不許可に関して自治体の裁量は大きい。

中 村 君◉係長の説明を聞いてると、今回の事件では、学校施設の目的外使用許可が認められなくても仕方がないような気がします。

黒田係長◉しかし裁判所は、不許可処分は裁量権を逸脱したもので違法だと判断したんだよ。判決では、「事実関係等を考慮すると、本件中学校及びその周辺の学校や地域に混乱を招き、児童生徒に教育上悪影響を与え、学校教育に支障を来すことが予想されるとの理由で行われた本件不許可処分は、重視すべきでない考慮要素を重視するなど、考慮した事項に対する評価が明らかに合理性を欠いており、他方、当然考慮すべき事項を十分考慮しておらず、その結果、社会通念に照らし著しく妥当性を欠いたものということができる」としているよ。

中 村 君◉具体的には、どんな点が合理性を欠いているとされたんですか？

黒田係長◉まず、教育研究集会は、労働運動としての側面も強く有するけれど、教員らによる自主的研修としての側面をも有しているとした上で、市の判断においてこの点が十分に考慮されていないことが指摘されている。また、市が不許可の理由の１つとして、学校に右翼団体の街宣車が来て街宣活動を行うことによる混乱を挙げたんだ。

裁判所は、過去にそのような事実があったものの、今回は具体的な妨害の動きがあったことは認められないにもかかわらずその点を重視したことを理由に、裁量権の濫用だと判断したんだよ。

中 村 君◉公の施設の使用については、使用者以外の第三者による妨害行為が想定される場合もあり、周辺に与える影響等を考えると、許可すべきか、不許可にすべきか悩むことがあります。施設の性格、許可の種類、周辺に与える影響等を十分に考えて判断する必要があるんですね。その判断をするときには、今回の判例の考え方がとても役に立つと思います。

黒田係長◉この判例とは直接関係がないけれど、公の施設等の行政財産の使用許可等に関する処分について自治体職員として知っておいた方がいいことがあるんだ。それは審査請求についてなのだけれど、知っているかな？

中 村 君◉行政不服審査法は最近勉強したのですが、行政財産の使用許可についてですか？

黒田係長◉ちょっと難しかったかな。一般的に審査請求は最上級行政庁に対して行うこととされているけれど、公の施設等の行政財産の使用に関する処分については、自治体の長が最上級行政庁でない場合でも、自治体の長に対して審査請求を行うこととされているんだ。

このため、委員会や指定管理者が行った処分についても、自治体の長に審査請求を行うことになるね。自治体の長は、委員会や指定管理者の上級行政庁ではないのだけれどね。

もう１点は、その審査請求があったときは、自治体の長は議会に諮問して決定しなければならないとされていることだよ（地方自治法238条の７、244条の４）。

中 村 君◉行政財産の使用に関する審査請求について議会に諮問するということは、慎重な判断を求めることによって行政財産の使用権を保障する趣旨なんでしょうね。

黒田係長◉そうだね。それから、この議会への諮問に関する地方自治法が改正されたから、それも知っておいた方がいいよ。改正前は、行政財産の使用に関する処分についてすべての審査請求を議会に諮問しなければならなかったんだけれど、改正後は不適法で却下する場合には事前の諮問は不要になって、事後の報告を議会にすることに改正されたんだ（注４）。

（注４）平成29年法律25号（平成30年４月１日施行）

第6章　行政における情報管理

第14回：行政調査の手続、限界等

今回は、行政調査に関する判例を学ぶことにしましょう。行政調査とは、行政機関が行政活動のために必要な情報を収集することをいいます。行政調査は、条例立案や各種政策の前提となる情報を収集するもの、あるいは税の賦課のために所得に関する情報を収集するように、特定の相手方に対して行政処分を行うための情報を収集するものなど様々な目的で行われています。

行政調査とは？

黒田係長◉今回は、行政調査に関する判例を学ぶことにしよう。

中 村 君◉行政調査って、行政機関が行政目的を達成するために必要な情報を収集することですよね。

黒田係長◉そうだね。自治体でも税金を賦課したり、様々な行政サービスを提供したりするために非常に多くの情報を収集しているよね。行政機関が正しい情報を的確に収集することは、適正な行政運営につながるので、行政調査はとても重要なものだよ。

ちょっと解説

行政調査は、強制力の有無によって「任意調査」と「強制調査」とに分類することができます。

(1)　任意調査

任意調査は、相手方の同意の下に情報収集を行うものです。任意調査の最も代表的なものとして国勢調査やパブリックコメント等が挙げられます。このほかにも例えば水道法17条では水道事業者の職員が給水装置を検査するために立入調査をすることを規定していますが、この調査は強制的に行うことができないため任意調査のひとつといえます。

⑵　強制調査

強制調査は、相手方に対して強制力をもって情報収集を行うものです。強制調査には、①間接強制調査と②実力強制調査とがあります。

間接強制調査は、正当な理由なく調査を拒否した場合の罰則等が規定されているものをいいます。例えば、国税通則法74条の２第１項では、税務署等は、納税義務者等に質問し、帳簿書類等の物件を検査し、また提出を求めることなどができるとされています。そして、これを拒んだ場合には、同法128条２号の規定により１年以下の懲役又は50万円以下の罰金に処するとされています。このような調査が間接強制調査に当たります。

一方、実力強制調査は、調査を拒否した場合に行政機関が実力で調査を実現できるものをいいます。例えば、国税通則法132条では、国税庁等の職員が、犯則事件を調査するため必要があるときは、犯則嫌疑者等の身体、住居等の捜索、証拠物の差押え等をすることができ、相手方の意思に反しても実力を行使して調査を行うことができるとされています。ただし、この調査を行う場合は、地方裁判所又は簡易裁判所の裁判官が発する許可状が必要とされています。

行政調査と令状主義

中 村 君◉そういえば、大学の授業で習った覚えがあるのですが、憲法35条では令状主義を規定していて、捜索には令状が必要なはずです。行政調査にも令状は必要なのですか？　少なくとも強制調査には、令状がなければならないように思うのですが……。

黒田係長◉なかなかいい疑問だよね。そんなふうにいろいろな視点から考えることは大切なことだよ。確かに、憲法35条1項では「何人も、その住居、書類及び所持品について、侵入、捜索及び押収を受けることのない権利は、第33条の場合〔筆者注：現行犯逮捕の場合〕を除いては、正当な理由に基いて発せられ、且つ捜索する場所及び押収する物を明示する令状がなければ、侵されない」と規定しているね。

中 村 君◉それじゃ、やはり行政調査には令状が必要だということですか？

黒田係長◉その点に関しては、とても有名な判例があるんだ。川崎民商事件判決（注1）といわれるものだよ。

中 村 君◉その事件の名前は聞いた覚えがあります。でも詳しくは覚えていないんですよ。

黒田係長◉事案としては、川崎税務署が川崎民主商工会員である相手方に対して所得税確定申告に過少申告の疑いを抱いたために、その帳簿書類などを検査しようとしたんだ。ところが、相手方がこれを拒んだために、所得税法に規定される検査拒否罪で起訴され、1審、控訴審とも罰金1万円の判決がなされた。

（注1）最判昭和47年11月22日刑集26巻9号554頁

これに対して、相手方がこの調査は憲法35条等に違反するなどとして上告を行った事件の判決だよ。

中 村 君◉令状に基づかない調査は憲法35条に違反するから、その調査を拒んだからといって罰金が科されるのはおかしいということですね。確かに憲法35条の規定に基づけば、この調査には令状が必要だということになりますよね。

黒田係長◉この問題を考えるためには、まず憲法35条の趣旨を理解する必要があるんだ。そのためには、この35条だけではなく広く憲法を見る必要があるから、六法でこの憲法35条の前後の条文を見てみよう。31条から39条までを見て何か気づくことはないかな。

中 村 君◉31条には「刑罰を科せられない」、33条には「現行犯」、34条には「抑留又は拘禁」、36条には「残虐な刑罰」、37条には「刑事事件」、「刑事被告人」、それから39条には「刑事上の責任」とか、刑事事件に関係する言葉が多く出てきますね。

黒田係長◉さすが中村君だね。そうなんだ。この31条から39条までは、主に刑事手続に関する人権保障を規定していると解されているんだ。

中 村 君◉ということは、憲法35条の規定は、刑事手続だけに適用があって、行政調査には適用がないということですか？

黒田係長◉基本的にはそのように考えられているよ。

中 村 君◉どうして刑事手続に関してはこのような規定が設けられたのですか？

黒田係長◉それは、これまでの人権侵害の中でも捜査機関をはじめとして刑事手続において人権が不当に侵害されてきたことが多いため、特に憲法で規定を設けて刑事手続における人権侵害を抑止しようとしたからなんだ。

中 村 君◉そうすると、憲法のこれらの規定は私たちのような行政職の自治体職員が仕事をする上では、あまり意識する必要はないということですね。

黒田係長◉そうでもないんだ。さっきも「基本的には」っていったけど、35条の規定は刑事手続に限って適用されるわけではないと考えられている。この判決でも、「憲法35条1項の規定は、本来、主として刑事責任追及の手続における強制について、それが司法権による事前の抑制の下におかれるべきことを保障した趣旨であるが、当該手続が刑事責任追及を目的とするものでないとの理由のみで、その手続における一切の強制が当然に右規定による保障の枠外にあると判断することは相当ではない」としているよ。

中 村 君◉この裁判で争われた所得税に関する調査について裁判所は、どのような判断を示したんですか？

黒田係長◉この判決の結論としては、次の4点の理由で、この行政調査の根拠となる所得税の規定は違憲ではないとしている。ちょっと長いけれどしっかり見ておこう。1点目は、この「収税官吏の検査は、もつぱら、所得税の公平確実な賦課徴収のために必要な資料を収集することを目的とする手続であつて、その性質上、刑事責任の追及を目的とする手続ではない」こと。2点目、この「検査が、実質上、刑事責任追及のための資料の取得収集に直接結びつく作用を一般的に有するものと認めるべきことにはならない」こと、3点目が、「この場合の強制の態様は、……間接的心理的に右検査の受忍を強制しようとするものであり、かつ、右の刑罰が行政上の義務違反に対する制裁として必ずしも軽微なものとはいえないにしても、その作用する強制の度合いは、それが検査の相手方の自由な意思をいちじるしく拘束して、実質上、直接的物理的な強制と同視すべき程度にまで達しているものとは、いまだ認めがたい」こと、そして最後が、「国家財政の基本となる徴税権の適正な運用を確保し、所得税の公平確実な賦課徴収を図るという公益上の目的を実現するために収税官吏による実効性のある検査制度が欠くべからざるものであることは、何人も否定しがたいものであるところ、その目的、必要性にかんがみれば、右の程度の強制は、実効性確保の手段として、あながち不均衡、不合理なものとはいえない」ことが、挙げられている。これらを根拠として、憲法35条の適用はなく、令状の必要はないと判断しているんだ。

表　行政調査、犯則調査、犯罪捜査の比較

<table>
<tr><th></th><th>実施主体</th><th>法的根拠</th><th>目的</th></tr>
<tr><td>行政調査</td><td>行政機関</td><td>強制調査には個別法の規定が必要</td><td>行政処分等の判断</td></tr>
<tr><td>犯則調査</td><td>行政機関</td><td>個別法の規定が必要</td><td rowspan="2">刑事責任の追及</td></tr>
<tr><td>犯罪捜査</td><td>捜査機関</td><td>刑事訴訟法</td></tr>
</table>

中 村 君◉少し難しいですが、主な理由としては、刑事責任の追及を目的としていないこと、強制の程度がそれほど強くないこと、そして調査の目的が所得税の公平確実な賦課徴収を図ることだという点なんですね。先ほど係長が説明されたように、判決によれば行政手続であっても必ずしも令状主義の枠外にあるわけではないということだと思いますが、どんな場合に行政機関が行う調査に関しても令状主義が適用されるのでしょうか？

黒田係長◉この判決の趣旨から考えると、刑事手続に結びつくよ

図１　租税における行政調査と犯則調査との関係

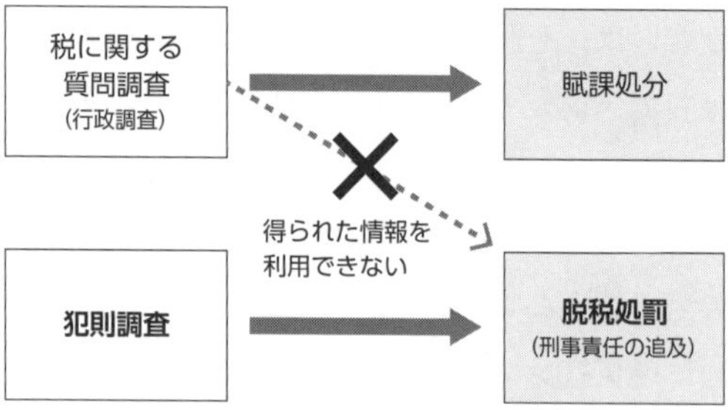

うな調査は令状が必要になると思うよ。例えば国税通則法に基づく調査は刑事責任の追及のために行われる場合もあるし、強制力を伴うから、裁判所の許可状が必要だとされているね（同法132条等）。

中村君◉そうすると、令状主義がとられていないような行政調査に基づいて集めた資料等は、犯罪捜査に用いてはならないということにもなりますよね。

黒田係長◉なかなか鋭いね。そのとおりだよ。例えば地方税法26条１項では徴税吏員に道府県民税に関する調査に係る質問検査権を認めているけれど、同条５項で「徴税吏員の権限は、犯罪捜査のために認められたものと解釈してはならない」と規定しているのもそのためだよね。

ちょっと解説

行政機関が様々な調査を行うためには、法律や条例の根拠が必要かということが問題となりますが、次のように考えられています。

まず、強制調査については、法律による行政の原理に関する侵害留保説（第３章第６回参照）や、義務を課し又は権利を制限するには法律又は条例によらなければならないとする地方自治法14条２項の規定から、法律か条例の根拠が必要だと考えられています。

これに対して、相手方の同意の下で行う任意調査には、法律や条例の根拠は不要だと考えられます。

行政調査の実施可否、範囲等

中 村 君◉今の判例から考えると、純粋な行政調査には、令状が必要ないということですね。そうすると、行政調査の実施については裁判所等があらかじめチェックすることはないから、調査を行う行政機関の裁量ということになるのですか？

黒田係長◉その点についても判例があるんだ。荒川民商事件（注2）といわれている。事件の内容としては、プレス加工業を営む人が、税務署職員からの所得税確定申告調査の質問や帳簿書類の呈示等の求めを拒んだことが所得税法に違反するとされた事件だよ。

中 村 君◉この事件では、どんなことが争われたのですか？

黒田係長◉この事件では、行政調査実施の可否と行政調査に際して事前の通知の必要性などが争われたんだ。

中 村 君◉最初の行政調査実施の可否っていうのは、どんな場合に行政調査を行うことができるかということですか？　それは自治体職員にとっても大切なポイントですよね。

（注２）最決昭和48年７月10日刑集27巻７号1205頁

ちょっと解説

荒川民商事件は最高裁の決定（最決）ですが、上告審においては定められた期間内に上告理由書（刑事では上告趣意書）が提出されなかった場合だけでなく、上告の申立ての理由が明らかに法定の上告理由に当たらないときなどには、決定で終了することも多くあります（上告理由については5章第12回参照）。なお、判決を言い渡す場合には、原則として、弁論を開いて当事者に意見を述べる機会を設けることになりますが、上告に理由がないときなどには、弁論を開かないで終わることもあります。

図2　最高裁における審理の流れ

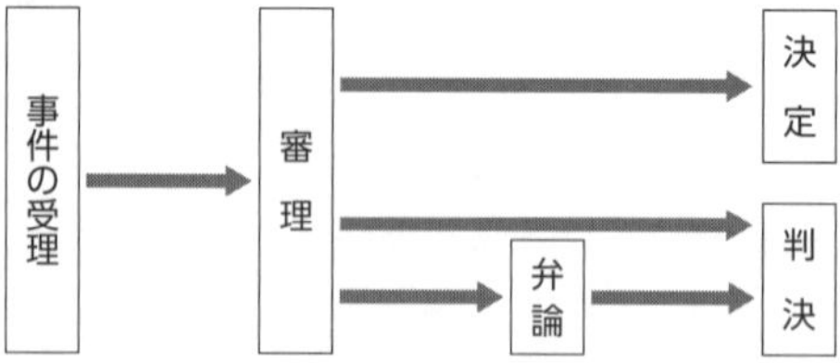

黒田係長◉この決定では、税務職員の質問調査権について、「当該調査の目的、調査すべき事項、申請、申告の体裁内容、帳簿等の記入保存状況、相手方の事業の形態等諸般の具体的事情にかんがみ、客観的な必要性があると判断される場合には、前記職権調査の一方法として、同条１項各号規定の者に対し質問し、またはその事業に関する帳簿、書類その他当該調査事項に関連性を有する物件の検査を行なう権限を認めた」ものだとしているよ。

中 村 君◉それぞれの事案の具体的事情を踏まえて、客観的な必要性がある場合には、行政調査を行うことができるということですね。行政機関の裁量がすごく広いんですね。

黒田係長◉どんなに裁量が広いからといって必要性がなければならないのだから、自治体職員としてはきちんとその必要性を説明できなければならないよ。

中 村 君◉どのような場合に調査を行うことができるかということについては分かりましたが、調査の内容についても裁量が広く認められているのでしょうか？

黒田係長◉この決定では、調査の範囲についても判断が示されているよ。「質問検査の範囲、程度、時期、場所等実定法上特段の定めのない実施の細目については、右にいう質問検査の必要があり、かつ、これと相手方の私的利益との衡量において社会通念上相当な限度にとどまるかぎり、権限ある税務職員の合理的な選択に委ねられている」と、この点についても裁量権が広く認められているね。

中 村 君◉先ほど係長は、この決定のポイントとしてもう１点、行政調査に際して事前の通知が必要かということについての判断も示されたと説明されましたが、その点はどのような判断がされたのでしょうか。行政手続法が制定されて以来、行政手続の適正さも非常に重要になっていますが、その意味では事前の通知も必要なのではないでしょうか。

黒田係長◉その点についてこの決定では、「実施の日時場所の事前通知、調査の理由および必要性の個別的、具体的な告知のごときも、質問検査を行なううえの法律上一律の要件とされているものではない」として、必ずしも必要とされているものではないとしているね。

中村君◉最近は、行政手続の適正さという点も重要になっているので、昭和48年の裁判所の判断に従っているだけで十分なのか少し不安ですね。

黒田係長◉中村君のいうとおり適正な手続もとても重要だよね。この決定では行政調査の際に事前通知等が法律の要件とされていないといっているだけで、適正な手続という観点からは事前通知等を行うべき場合もあると思うよ。例えば、成田新法に基づく工作物等使用禁止命令取消等請求事件判決（注3）では、川崎民商事件判決と同様に、行政調査については刑事手続ではないとの理由のみで当然に憲法31条による保障の枠外にある

図3　行政調査の強制力

強い強制力 ↑

強制立入調査（臨検、捜索） ←裁判所の許可状や事前告知が必要 ・相手方の意思に反して実力を行使しての立入りや物件の押収が可能。	実力強制調査	強制調査
刑事罰を担保とする調査 ・行政調査に協力しない場合に刑事罰が予定されている。 ・実力を行使しての調査はできない。	間接強制調査	強制調査
行政上の制裁を担保とする調査 ・行政調査に協力しない場合に行政上の制裁（例：給付拒否・相手方主張事実の真実擬制）が予定されている。	間接強制調査	強制調査
相手方の任意の協力によってのみ可能な調査 ・根拠規範（行政調査の権限の規定）に基づく調査 ・組織規範（所掌事務規定）のみに基づく調査	任意調査	

出典：原田大樹『グラフィック行政法入門』（新世社、2017年）121頁をもとに一部修正加筆

（注3）最判平成4年7月1日民集46巻5号437頁

と判断することは相当ではないとした上で、行政手続に憲法31条による「保障が及ぶと解すべき場合であっても、一般に、行政手続は、刑事手続とその性質においておのずから差異があり、また、行政目的に応じて多種多様であるから、行政処分の相手方に事前の告知、弁解、防御の機会を与えるかどうかは、行政処分により制限を受ける権利利益の内容、性質、制限の程度、行政処分により達成しようとする公益の内容、程度、緊急性等を総合較量して決定されるべきものであって、常に必ずそのような機会を与えることを必要とするものではない」と判断しているね。

中 村 君◉この判決の基準だけではなかなか判断できませんが、行政調査に当たっても事前告知等をしなければならない場合もあるということには注意が必要ですね。

黒田係長◉このような最高裁の判断を踏まえて、法律で事前告知を規定している場合もあるんだ。税務調査については、平成23年度の税制改正において、納税者に対し調査の開始日時・開始場所・調査対象税目・調査対象期間などを事前に通知することが規定されているよ（国税通則法74条の9）。

中 村 君◉個別法において、事前通知等が規定されることもあるから、調査に当たっては根拠法令を十分に確認しておかなければならないですね。

行政調査による賠償責任

中 村 君◉もし違法な調査を行った場合にはどうなるのですか？

　自治体職員として、行政調査を行う際に適法に行わなければならないことは当然なのですが、もしその調査が裁量権を超えて違法となった場合に、どうなるのかということは知っておいた方がいいと思うんですよ。

黒田係長◉違法な行政調査を行ったら、国家賠償法に基づく損害賠償を行わなければならない場合もあるよ。実際に判例もあるんだ。国税調査官が、被調査者の不在を確認する目的で、被調査者の意思に反して同店舗内の内扉の止め金を外して同店舗兼作業場に立ち入ったのだけれど、これらの違法行為により、社会的信用、営業上の信用を失墜し精神的損害を被ったとして被調査者が損害を求めた事件なんだ（注４）。

　判決では「国税調査官が税務調査のため本件店舗に臨場し、被上告人の不在を確認する目的で、被上告人の意思に反して同店舗内の内扉の止め金を外して……立ち入つた行為は、所得税法234条１項に基づく質問検査権の範囲内の正当な行為とはいえず……、国家賠償法１条１項に該当する」ということができると判断を示している。

中　村　君◉行政調査で賠償責任を負うこともあるんですね。ところで、結果的にいくら賠償することになったのですか？

黒田係長◉賠償額についてこの判決の控訴審判決（注５）で、社会的信用や営業上の信用の失墜による損害賠償は認められなかったけれど、精神的苦痛に対しては10万円の損害賠償責任を認めている。

中　村　君◉うちの市でも多くの行政調査を実施していますが、係長から説明していただいた判例を踏まえて、損害賠償を行うようなことがないように注意しなきゃならないですね。

（注４）最判昭和63年12月20日裁判集民155号477頁
（注５）大阪高判昭和59年11月29日訟月31巻７号1559頁

第15回：情報公開制度の基本　公開請求権―非公開事由

今回から２回にわたって、情報公開に関する判例を取り上げます。情報公開制度については、国においては「行政機関の保有する情報の公開に関する法律」（情報公開法）に基づき、自治体においては各自治体の条例に基づき行われています。情報公開制度の目的は「国民に説明する責務」や「知る権利の保障」とされており、民主主義の根幹となるものということができます。

条文の重要性

黒田係長◉今回は、情報公開制度に関する判例を取り上げることにしよう。

中 村 君◉情報公開請求は様々なものがあって窓口でも対応に困ることも多いので、すごく関心があったんですよ。

黒田係長◉情報公開に関する判例はとてもたくさんあるので、順に見ていくことにしよう。最初は、兵庫県レセプト公開請求事件（注１）だよ。この事件は、情報公開条例に基づいて、請求者自身の診療報酬明細書の公開を求めた事件なんだ。

中 村 君◉自分自身の情報ならば、個人情報保護条例に基づいて公開を求めればよいのではないですか？

黒田係長◉今ならば確かにそうだけれど、この事件の当時の兵庫県では、まだ個人情報保護条例が制定されていなかったんだ。

中 村 君◉それならば仕方ないですよね。自分自身の情報なんだから、公開するのが当たり前じゃないですか。

（注１）最判平成13年12月18日民集55巻７号1603頁

黒田係長◉そんなに単純な話ではないんだ。兵庫県の情報公開条例では、「特定の個人が識別され得るもののうち、通常他人に知られたくないと認められるもの」は非公開とされている。診療報酬明細書は個人が識別される情報だから、本来はこの規定に基づき非公開とされるのではないかな。その非公開情報を本人請求したら公開できるかということが問題になるんだ。

中　村　君◉確かに同じ情報を本人以外の第三者が請求したら、公開できないですよね。裁判所はどんな判断をしたのですか？

黒田係長◉判決では、「個人情報保護制度が採用されていない状況の下において、情報公開制度に基づいてされた自己の個人情報の開示請求については、そのような請求を許さない趣旨の規定が置かれている場合等は格別、当該個人の上記権利利益を害さないことが請求自体において明らかなときは、個人に関する情報であることを理由に請求を拒否することはできないと解するのが、条例の合理的な解釈というべきである」として、自己情報の公開請求を認めたんだ。

中　村　君◉なかなか興味深い判決ですね。でも、今ではどこの自治体も個人情報保護条例を制定しているから、この判例の意味はあまりなくなってしまいましたね。

黒田係長◉ただ、この判決は、もう１点、情報公開請求権に関する重要な考え方を示しているんだ。

中　村　君◉重要な考え方って気になりますね。

黒田係長◉この判決では、情報公開請求権について「地方公共団体が公文書の公開に関する条例を制定するに当たり、どのような請求権を認め、その要件や手続をどのようなものとするかは、基本的には当該地方公共団体の立法政策にゆだねられているところである」としているんだ。当たり前のことをいっているようだけれど、とても重要だよ。つまり、情報公開請求権の内容は、どこの自治体でも同じものではなく、各自治体の情報公開条例等によって決まるという考えを示しているんだよ。

ちょっと解説

開示と公開

　この判決では「開示」という言葉を使っていますが、自治体の情報公開条例ではこの判決と異なり、「公開」と規定するものもあります。ただし、情報公開制度では、「開示」と「公開」は、ほぼ同様の意味で使用されています。

中 村 君◉情報公開請求については、それぞれ自治体の条例を踏まえて考えなければならないですね。

黒田係長◉もちろん同様の規定を設けている他の自治体や国の判例や考え方を参考にすることはできるけれど、そのためにはまず条文を踏まえて考えなければならないよ。この点については、大阪地裁の判決（注２）でも「憲法21条は、国民の表現の自由を保障するところ、その実効性を担保するためには、国民の知る権利も保障する必要がある。しかしながら、憲法上認められる知る権利は、それ自体では抽象的な権利であり、特定の情報ないし文書の開示を請求するためには、これに具体的権利性を与える実定法上の根拠が必要であると解される。してみれば、

（注２）大阪地判平成16年９月８日（裁判所ウェブサイト）

開示請求権の内容や範囲も、当該実定法の目的や趣旨を参考として、当該実定法の文言に即して判断すべきこととなる」としているね。

中　村　君◉この実定法というのは、本市の情報公開条例ですね。法律の解釈では条文は重要ですけれど、情報公開制度では特に条文を意識して判断する必要がありますね。

黒田係長◉そのことに関してすごく興味深い裁判例があるよ。枚方市教育委員会が実施した市立小中学校学力診断テストの学校別一覧の公開請求に対して、その一部を非公開とする旨の決定を行った。そこで請求者は、その取消しを求めて訴訟を提起したんだ（注3）。

中　村　君◉教育委員会は、条例のどんな規定に基づいて一部を非公開としたのですか。

黒田係長◉枚方市の情報公開条例では、「市又は国等が行う取締り、監督、立入検査、入札、交渉、渉外、争訟、試験、人事その他の事務事業に関する情報であって、公開することにより、当該事務事業の目的を著しく失わせ、又はこれらの事務事業の適正若しくは公正な執行を著しく妨げると認められるもの」を非公開とすることができることが規定されていたんだ。

中　村　君◉興味深いって、どんな点なのですか？

黒田係長◉枚方市が第一審（注4）で主張した理由のひとつなのだけれど、「文部科学省に設置された『全国的な学力調査の実施方法等に関する専門家検討会議』の平成18年4月25日付け『全国的な学力調査の具体的な実施方法等について（報告)』に

（注3）大阪高判平成19年1月31日判自296号60頁
（注4）大阪地判平成18年8月3日判タ1235号183頁

よれば、全国的な学力調査の公表の具体的方法について、個々の単位の状況まで公表すると序列化や過度の競争につながるおそれがあるとして、公表する場合も、全国的な学力調査の結果に基づいて順位付けがなされることや過度な競争をあおらないよう細心の注意を払う必要があること、得られた調査データは、情報公開法５条６号イ又はハ〔筆者注：公開により、事務、事業の適正な遂行に支障がある情報〕に該当するものとして取り扱うことが適当と考えられる」とされていて、枚方市もその考え方を踏まえて非公開にしたということなんだ。

中 村 君◉自治体が国の意見を参考にすることってよくありますよね。専門家が非公開とすべきといっているのなら、自治体も非公開にするのは当然ではないのですか。

黒田係長◉さっきの平成16年の大阪地裁判決をもう一度振り返ってみてほしいな。公開請求権の内容や範囲は実定法の文言に即して判断すべきだとされていたよね。ここで問題となるのは、国の情報公開法と枚方市の情報公開条例との規定の違いだよ。

中 村 君◉法律と条例の規定はどう違ったのですか？

黒田係長◉情報公開法５条６号は、非公開情報として、事務事業の性質上、その適正な遂行に支障を及ぼすおそれがあるものを非公開とできる旨が規定されている。一方、枚方市の条例では、事務事業の目的を著しく失わせ、又はこれらの事務事業の適正若しくは公正な執行を著しく妨げると認められるものを非公開とできる旨が規定されている。

中 村 君◉ほとんど同じような規定じゃないですか？

黒田係長◉ちゃんと見なきゃダメだよ。情報公開法は、「おそれ」

とされているけれど、枚方市の方は「著しく」という言葉が使われているね。つまり枚方市は、単に事務の執行を妨げるだけではなくて、著しく妨げる場合でなければ非公開にすることができないんだよ。

中村君◉判決もその点を踏まえて判断をしたのですか？

黒田係長◉「情報公開法5条6号は、不開示情報として、事務事業の性質上、その適正な遂行に支障を及ぼすおそれがあるものなどと規定しており、本件条例6条7号と比較した場合、事務支障の『おそれ』があれば足りるとしている点、事務支障の程度が『著し』いことを要件としていない点の2点において、不開示情報の範囲が広げられているのであるから、情報公開法上の不開示情報への該当可能性があることをもって、本件条例の非公開情報への該当性を基礎づけることはできない」として、法律と条例の規定が異なることを指摘している。その上で、「専門家検討会議の意見を考慮したとしても、本件情報を非公開とする理由を基礎づけるに足りず、本件情報を公開することにより、本件学力テストの目的を著しく失わせ、その適正若しくは公正な執行を著しく妨げるとは認められない」として、枚方市の条例では非公開にできないと判断したんだ。

中村君◉やはり、情報公開条例の条文をきちんと見て判断しなければならないですね。

黒田係長◉情報公開請求の対象となる文書の範囲について判断した裁判例もあるよ。事案としては、神奈川県議会議長に対して、議長・副議長の米国訪問に関する「訪問日程表」の公開を求めたところ、当該文書は不存在であると決定をしたんだ。そこで、その決定の取消し及び公開決定の義務付けを求めた訴訟（注5）

ちょっと解説

情報公開制度の基本構造

情報公開制度は、自治体の住民への説明責任、あるいは住民の知る権利を担保するため、自治体が保有する公文書の公開を請求する権利を保障するものです。

行政文書は、原則として公開すべきことが規定されていますが、個人に関する情報等については、例外的に非公開とされます。情報公開制度の運用に当たっては、この非公開の範囲をどのように判断するかが最も重要です。判例等においてもその点が主要な争点になっています。

対象となる行政文書（情報）	
公開（原則）	非公開（例外） ①個人に関する情報 ②法人などに関する情報 ③公共の安全などに関する情報 ④審議・検討などに関する情報 ⑤行政の事務事業に関する情報 ⑥法令秘情報

だよ。

中 村 君◉対象となる文書の範囲はとても大切ですよね。

黒田係長◉この請求の対象文書は電磁的記録（データ）として残されていたのだけれど、神奈川県側はその記録は組織的に保存されたものではないため、情報公開制度の対象となる行政文書に当たらないと主張したんだ。

（注５）横浜地判平成23年３月16日判自362号48頁

中 村 君◉情報公開制度の対象となる文書としては、職員がその事務に関して職務上作成し、又は取得したものであって、自治体において管理されている文書、と一般的に規定されていますよね。

黒田係長◉そのとおりだよ。組織共用文書といわれるね。これに対して、職員が個人的に作成、保有する文書は情報公開制度の対象とならないよ。

中 村 君◉この判決では、情報公開制度の対象文書について判断基準を示しているのですか。

黒田係長◉この判決では、明確な考え方を示しているよ。「公的に支配され、組織的に利用可能な状態におかれているものといえるか否かについては、①文書の作成又は取得の状況（職員個人の便宜のためにのみ作成又は取得するものであるかどうか、直接的又は間接的に当該行政機関の長等の管理監督者の指示等の関与があったものであるかどうか）、②当該文書の利用の状況（業務上必要な文書として他の職員又は部外に配布されたものであるかどうか、他の職員がその職務上利用しているものであるかどうか）、③保存又は廃棄の状況（専ら当該職員の判断で処理できる性質の文書であるかどうか、組織として管理している職員共用の保存場所で保存されているものであるかどうか）などを総合的に考慮すべきである」という考え方を示している。

中 村 君◉もし、情報公開制度の対象となるかどうかに悩んだら、この判決が示した①から③までの基準に基づいて判断すればいいですよね。

非公開とされる個人情報

中 村 君◉情報公開制度の中で特に問題になるのが、個人情報だと思います。個人情報に関しても参考になる判例はありますか？

黒田係長◉情報公開を行う場合にも個人情報の保護は大切だからね。ところで中村君、個人情報って何だろうね？　最近よく個人情報というけれど、情報公開制度で非公開とされる個人情報って、いったい何なのだろう。

中 村 君◉個人情報ですか？　あまり考えたことがなかったのですが、個人に関する情報ですか……。

黒田係長◉そのとおりだね。最高裁は、「『個人に関する情報』については、『事業を営む個人の当該事業に関する情報』が除外されている以外には文言上何ら限定されていないから、個人の思想、信条、健康状態、所得、学歴、家族構成、住所等の私事に関する情報に限定されるものではなく、個人にかかわりのある情報であれば、原則として同号にいう『個人に関する情報』に当たる」としているね（注６）。

中 村 君◉つまり、個人に関する情報であれば個人情報に当たり、非公開になるということですね。

黒田係長◉個人情報に関しては、もうひとつ重要なポイントがあるよ。それは、非公開にされる個人情報の範囲については、２つのパターンの条例があるということだよ。ひとつは「個人に関する情報であって特定の個人を識別することができるもの」を非公開とするもので、個人識別型といわれている。もうひと

（注６）最判平成15年11月11日民集57巻10号1387頁

図　個人情報に関する個人識別型とプライバシー保護型との比較

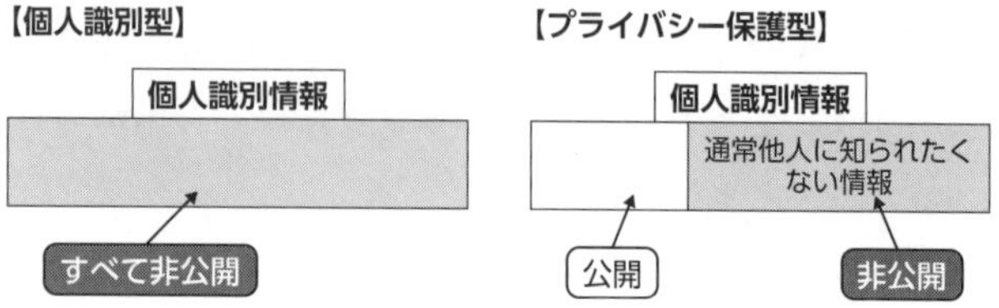

つは、「特定の個人を識別することができるもののうち通常他人に知られたくないと認められるもの」を非公開とするもので、プライバシー保護型といわれているよ。

中 村 君◉それぞれの条例に基づいて自治体ごとに非公開の範囲が異なることになるのですね。

黒田係長◉例えば、プライバシー保護型の名古屋市情報公開条例に関する判例では、「私事に関する情報のうち性質上公開に親しまないような個人情報が記録されている公文書の公開をしないことができるとしているものと解される」とした上で、土地開発公社が市の委託により先行取得した土地の取得価格については、「公社が個人から取得した土地の取得価格に関する情報であり」、「個人の所得又は財産に関する情報であって、特定の個人が識別され得るものであるということができる」とするものの、「一般人であればおおよその見当をつけることができる一定の範囲内の客観的な価格であるということができる」ことから「取得価格をもって公社に土地を買収されたことは、個人地権者にとって、私事としての性質が強いものではなく」、「性質上公開に親しまないような個人情報であるということはできない」として、個人情報であっても公開しても本人の不利益にはならないとして公開すべきものとする判断を示しているよ（注７）。

中 村 君◉これがもし個人識別型の条例だったら、結論はどうなっていたのでしょうか？

黒田係長◉土地の売買価格は、この判例がいうように「個人の所得又は財産に関する情報であって、特定の個人が識別され得る」から、非公開になると思うよ。

非公開とされる審議、検討情報

中 村 君◉もうひとつ非公開情報として気になるのが、審議、検討などに関する情報なんですよ。本市の情報公開条例では「審議、検討又は協議に関する情報であって、公にすることにより、率直な意見の交換が不当に損なわれるおそれがあるもの」が非公開とすべき事由として規定されていますよね。

黒田係長◉国や自治体の事務・事業について意思決定が行われるまでには、様々な検討や協議打合せが行われる。それ以外にも、有識者などによる審議会等での審議を行う場合もあるよね。このような情報は、公開することによって支障がある場合には非公開にすることができるよね。

中 村 君◉公開によってどんな支障があるのでしょうか？

黒田係長◉審議会での発言がすべて公開されると思うと、委員が自由に意見が言えない場合もあるよね。そのほかにも、まだ検討中の未成熟な情報が自治体から外部に出ることによって、住民に混乱が生じる場合もある。

（注７）最判平成17年７月15日裁判集民217号523頁

中 村 君◉どんな情報が、審議、検討又は協議に関する情報として、非公開にすることができるのでしょうか？

黒田係長◉この点については、判例もたくさんあるから、いくつかの事例を見てみよう。例えば、監査委員が自治体職員から事情聴取をした内容を記録した文書の公開請求に関して、最高裁は「意思決定それ自体を妨げることのほか、将来における同種の意思決定の障害となることも含まれるものと解するのが相当である。そして、当該情報を公開することにより、今後行われることのあるべき同種の意思決定のための資料の収集に支障を生ずることも、これに含まれると解される」として、非公開とすることを比較的広く認めているよ（注８）。

中 村 君◉広く認められるといっても、なかなか判断は難しいですね。ほかにはどんな判例があるのですか？

黒田係長◉有名なところでは、京都府鴨川ダムサイト情報公開請求事件（注９）があるね。学識経験者等の意見を聞く目的で京都府知事の設置した協議会に治水対策案補足資料として提出されたダムサイト候補地選定位置図の公開請求に関する判決だよ。

中 村 君◉協議会ということは、意思決定前の情報なんですよね。情報公開はとても重要ですが、意思決定前の審議、検討の段階の情報をすべてオープンにすることは、やはり抵抗がありますよ。

黒田係長◉判決では、このダムサイト候補地選定位置図は、「ダ

（注８）最判平成11年11月19日民集53巻８号1862頁
（注９）大阪高判平成５年３月23日判タ828号179頁、最判平成６年３月25日判時1512号22頁

ムサイト候補地選定の重要な要素となる地質・環境等の自然条件や用地確保の可能性等の社会的条件について検討を経ない段階で、協議会のダム構想検討の資料とするため、京都府土木建築部河川課が鴨川流域において貯水が可能な地形を２万5000分の１の地形図から読み取り、それを流域図に示したものにすぎず、いわば協議会の意思形成過程における未成熟な情報であり、公開することにより、府民に無用の誤解や混乱を招き、協議会の意思形成を公正かつ適切に行うことに著しい支障が生じるおそれのあるものといえる」と判断をしたんだ。

中 村 君◉審議会等では、たたき台として未成熟な資料を提出することもありますが、それが外部に出て独り歩きしてしまうと、混乱を招きかねないですよね。ところで、この判決や情報公開条例で使われている「支障が生じるおそれ」ってどんなことを意味するのでしょうか？

黒田係長◉この「おそれ」の判断についても、裁判例（注10）があるよ。その判決では、「行政機関等の意思決定前の情報だからといって、当該事項に関する情報を全て不開示にすることになれば、政府がその諸活動を国民に説明する責務を全うするという情報公開法の理念と相反することになりかねない。そこで、上記の『おそれ』は単なる確率的な可能性ではなく、法的保護に値する蓋然性がなければならないと解すべきである」としている。

中 村 君◉可能性と蓋然性って、何となく雰囲気は分かるのですが、違いを説明するのは難しいですね。

（注10）東京地判平成23年８月２日判時2149号61頁

黒田係長◉そうだね。可能性は、たとえ１％でも起こることがありうるならば可能性があるということになるね。蓋然性は、起こることの確からしさ、起こる方の確率が高いことと言い換えればいいかな。

中 村 君◉つまり、その情報を公表することによって、ある程度の確率で事務に支障が生じる場合に非公開にすることができるということですね。

第16回：情報公開制度の基本　濫用的な請求、損害賠償責任

前回は、情報公開に関する基本的な判例を取り上げましたが、今回は、情報公開制度における濫用的な大量請求や損害賠償に関する判例を取り上げることにします。これらの点については、近年、問題となっている自治体も増えていることから、特に注意が必要です。

大量な情報公開請求

黒田係長◉今回も情報公開に関する判例だけど、まず濫用的といえるほど大量な情報公開請求に関するものを取り上げることにしよう。

中　村　君◉大量な公開請求をされると職員は大変ですよね。請求された文書のすべてを確認して非公開事由が含まれていないかを確認しなきゃならないし、もし部分公開の場合には原本をコピーして非公開部分だけを黒塗りしなきゃならない場合もありますね。

黒田係長◉事務的には本当に大変だよね。請求者が自治体職員を困らせる目的で請求している場合もあるんだ。まさに請求権の濫用だね。ただし、注意しなければならないのは、情報公開請求権は主権者である住民にとって非常に重要な権利だから、広く住民に保障されなければならないということだよ。いくら大量な文書でも、請求されれば原則として公開しなければならない。

中　村　君◉それはそのとおりですが、いくら情報公開請求権が保障されているといっても、限界があるんじゃないですか？

黒田係長◉もちろんどんな権利も無制限ではないよ。濫用的な公開請求に対して公開を拒否した例もいくつかあるよ。

中　村　君◉やはり情報公開請求権にも限界があるんですよね。でも、どんな根拠で公開を拒否したのですか？

黒田係長◉大きく分けると２つの根拠に基づいているよ。まず１つは、大量な公開請求については、請求されている文書の特定が十分になされていないと考えるんだ。もう１つは、請求権の濫用だとする考え方だよ。ただ、このような根拠で自治体が非公開決定等を行ったことに対して、訴訟になった事案もあるんだ。

中　村　君◉自治体職員にとっては重要な問題だから、裁判所の判断が気になりますね。

文書の特定について

黒田係長◉それじゃ、まず文書の特定についての裁判所の判断を見ていこう。大量な公開請求がされた場合には、どんな文書の公開を求めているか分からない場合もあるよね。

中　村　君◉確かに公開請求を受けた行政機関の側としては、どんな文書の公開を求めているかが特定できなければ、公開、非公開の判断もできないから、文書の特定って重要ですよね。

黒田係長◉濫用的な大量請求に関してはいくつかの裁判例があるけれど、東京高判の裁判例（注１）が比較的分かりやすいと思うよ。この事案は、情報公開の請求者が、行政機関の保有する情報の公開に関する法律（情報公開法）に基づいて、会計検査

（注１）平成23年11月30日訟月58巻12号4115頁

院事務総長に対して平成11年度から平成13年度の各年度における総理府又は内閣府に係る一般会計証明書類の公開請求をしたのだけれど、この各公開請求に係る事案の移送を受けた警察庁長官が、①公開請求に係る行政文書の特定が不十分であること、②公開請求権本来の目的を逸脱するもので権利の濫用に当たることを理由として、不開示の決定をしたんだ。そこで請求者が、この決定の取消しを求めた訴訟だよ。

ちょっと解説

移送

公開請求の対象である行政文書が、公開請求を受け付けた機関と異なる機関で作成、保存されている場合などは、公開請求を受け付けた機関から、文書を作成、保存する機関に対して公開決定等の事務処理を移すことがあります。このような手続を移送といいます。情報公開法では12条で規定されていますが、自治体の条例でも同様の規定が設けられているのが一般的です。

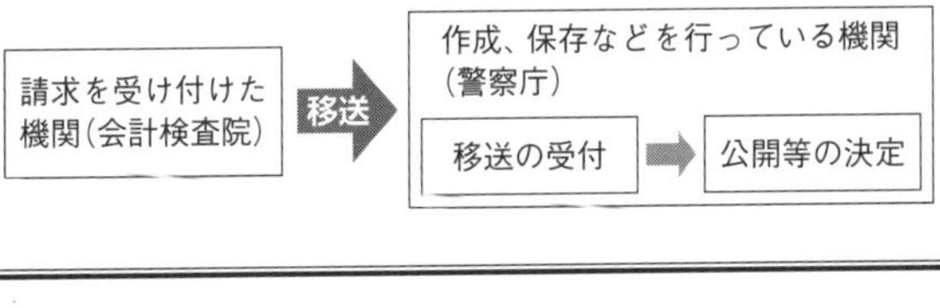

中 村 君◉文書が特定されていないこと、そして請求権の濫用という２つの理由で非公開にしているのですね。裁判所はそれぞれの理由について、どう判断したのでしょうか？

黒田係長◉裁判所の判断を順に見ていこう。まず文書の特定については、「情報公開法及びその委任を受けた施行令は、対象文書が著しく大量である場合について開示決定等の期限の特例を設けていること（情報公開法11条）、開示請求手数料に関して行政文書ファイルにまとめられた複数の行政文書を1件の行政文書として取り扱うこと（法施行令13条2項1号）を予定していることからすれば、」「複数の行政文書が著しく大量で多種多様なものであったとしても、文書の範囲は、形式的・外形的には明確であり、『開示請求に係る行政文書を特定するに足りる事項』の記載があるということもできないでは」ないとしている。

中 村 君◉確かにいくら大量の文書の公開を求めていたとしても、どんな文書の公開を求めているかが分かれば特定されているといえますよね。請求対象の文書が大量だから特定されていないということにはならないのですね。例えば、総務課の文書全部が請求されたら、大量だけど、特定されていますね。

黒田係長◉そうなんだ。判決でもいっているように、大量な文書の請求について意識しなければならないのは、情報公開法11条の規定だよ。11条では、「開示請求に係る行政文書が著しく大量であるため、開示請求があった日から60日以内にそのすべてについて開示決定等をすることにより事務の遂行に著しい支障が生ずるおそれがある場合には、（略）行政機関の長は、開示請求に係る行政文書のうちの相当の部分につき当該期間内に開示決定等をし、残りの行政文書については相当の期間内に開示決定等をすれば足りる」としているんだ。

中 村 君◉そうなんですね。この11条の規定は、そもそも大量な文書の公開請求を想定しているんですよね。ということは、どれだけ大量な文書の公開請求があったとしても、公開しなければならないということになるんじゃないですか？

黒田係長◉裁判所は、そうは考えていないんだ。「開示請求に係る行政文書が著しく大量であっても、事務の遂行に著しい支障を生じさせることなく、『相当の部分』（略）について開示決定等をすることができ、残りの部分についても30日以内に開示決定等をする期限を区切ることができることを想定しているのであり、自ずから期間内の事務処理が可能な量的な制限が想定されており、かつ相当の人員を配置しても同期限を年余の先とせざるを得ない場合を想定しているとは考えられない」としているんだ。また、「開示請求者が通常の期間に閲覧をし得ない程の著しく大量の行政文書を指定することは、形式的に識別可能であっても、同法の要求する行政文書の特定の方法としてはなお不十分であると考えられる」という判断も示しているんだ。

中　村　君◉判決の考え方は、難しくてなかなか理解できないですよ。

黒田係長◉ちょっと難しいね。この判決を理解するためには、11条の後段を意識する必要があるんだ。11条後段では、11条前

図　情報公開法11条の手続

開示請求があった日から60日以内にそのすべてについて開示決定等をすることにより事務の遂行に著しい支障が生ずるおそれがある場合の手続

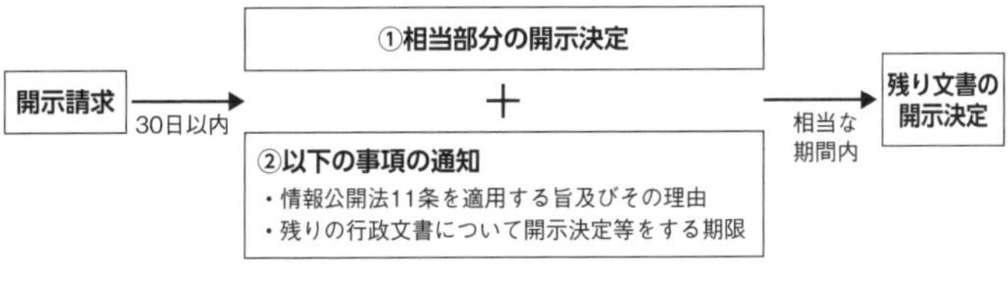

段に基づいて段階的に開示を行う場合には、30日以内に①本条を適用する旨及びその理由、②残りの行政文書について開示決定等をする期限を通知しなければならないと規定しているんだ。

中村君◉そうか。11条がいくら大量な公開請求を想定しているとはいえ、最終的な公開決定の期限を示すことができないほど大量の文書の請求は想定していないということですね。

黒田係長◉そうだね。判決では「特定種類の公文書を包括請求する趣旨の記載は、特段の事情のない限り、『開示請求に係る行政文書を特定するに足りる事項』の記載には当たらないと解すべきである。特段の事情のある場合とは、『開示請求に係る行政文書を特定するに足りる事項』が必要的記載事項とされた趣旨を没却しないような例外的な事情がある場合、例えば、請求者が真に特定部署の公文書全部の閲覧等を希望しており、かつ、請求対象公文書の全部の閲覧等を相当期間内に実行することのできる態勢を整えており、行政機関をいたずらに疲弊させるものでないような場合に限られるものというべきである」として、包括的な請求については原則的に特定に足りるものではないとしているんだ。

中村君◉いくら求めている文書が明確に記載されていても、包括的な記載がされている場合には、原則として文書の特定がなされていないということになるのですね。

請求権の濫用について

中村君◉文書の特定の問題は理解できましたが、権利の濫用の点についてはどんな判断が示されたのですか？

黒田係長◉東京高裁の判決では、権利の濫用の点については、基本的に第１審（注２）の判断に基づいているんだ。

中　村　君◉第１審ではどんな判断がされたのですか？

黒田係長◉「権利の行使といっても、常に例外なしに無制限に認められるというわけではなく、民法１条３項の『権利の濫用は、これを許さない。』との規定に表象される法の一般原理としての権利の濫用に該当する場合には、外形上権利の行使のように見えても、権利の行使として是認することができない」として、例外的にだけれど権利の濫用となる場合を認めているよ。

中　村　君◉どんな場合に権利の濫用になると判断しているのですか？

黒田係長◉判決ではまず、「対象文書の開示に相当な時間を要することが明らかである場合であっても、そのことのみを理由として、開示請求を拒むことは原則としてできないというべきである」としている。これは注意すべき点だね。

中　村　君◉係長が何度もいわれているように、情報公開請求権は住民にとって非常に重要な権利だから、原則として公開請求は拒めないということですね。

黒田係長◉そうなんだ。裁判所もこの点を踏まえて、情報公開請求権「にも限界はあり、対象文書が余りに大量であるため、開示請求を受けた行政機関が、開示決定に至るまでの処理を行うことにより当該行政機関の通常業務に著しい支障を生じさせる場合であって、開示請求者が、専らそのような支障を生じさせることを目的として開示請求をするときや、より迅速・合理的

（注２）東京地判平成23年５月26日訟月58巻12号4131頁

な開示請求の方法があるにもかかわらず、そのような請求方法によることを拒否し、あえて迂遠な請求を行うことにより、当該行政機関に著しい負担を生じさせるときなど例外的な場合には、当該開示請求を権利濫用として不開示とすることができる」という考え方を示しているんだ。

中 村 君◉権利濫用だとして非公開とすることができるとしても、具体的な判断は難しいですよね。

黒田係長◉例えば、今回取り上げた裁判例の事案では、請求者は職員から対象文書の数が極めて膨大であること等を告げられ、対象文書を限定できないかなどと促され、そのままでは迅速・合理的な公開を受けられないことを十分認識しながら、これには応じなかったんだ。

さらに、職員から、対象文書の特定が不十分であり、公開請求に形式上の不備があるとして繰り返し対象文書を具体的に特定すべき旨の補正を求められた際にも応じなかった。裁判所は、この点を踏まえて「迅速・合理的な開示請求の方法によることを拒否してされたものといわざるを得ない」と判断している。

中 村 君◉この点は、参考になりますね。職員としても、大量の請求等があった場合には、相手方に対して一定の協力を求めることも大切なのですね。

情報公開制度と損害賠償

中 村 君◉本市でも、毎日とても多くの公開請求を受け付けているようなのですが、公開、非公開の判断が難しいものも結構あるようです。自治体が行った公開決定や非公開決定が間違っていた場合には、損害賠償責任を負うことになるのでしょうか？

黒田係長◉損害賠償が問題になる場面として、大きく分けると２つの場面が考えられるね。まず、請求を受けて公開した文書に第三者の情報が含まれていた場合には、プライバシーの侵害等として第三者に対して損害賠償責任を負うことがある。もう１つは、非公開決定等が違法だった場合には、請求者に対して損害賠償責任を負うこともあるよね。

中　村　君◉公開した場合にも、公開しなかった場合にも損害賠償責任を負うことがあるということですね。それぞれ、どんな判例があるのですか？

黒田係長◉公開決定に関して自治体の賠償責任を認めた裁判例として、次のようなものがある。愛媛県大洲市が、住民投票条例制定請求に関する署名収集委任届出書を情報公開請求に基づいて公開したところ、その届出書に氏名等が記載されていた人たちがプライバシーの権利を侵害されたとして、市に対し国家賠償法１条１項に基づき損害賠償を請求した事件だよ（注３）。

中　村　君◉情報公開条例では、個人情報は非公開とされているから、公開することは許されないですよね。

黒田係長◉この判決では、当該書類が地方自治法に基づく直接請求の文書だった点を重視しているんだ。つまり、「署名活動に対する萎縮的効果が生じ、その結果、本件のような条例制定請求を含め、地方公共団体等における住民等による直接請求権の行使全般が困難となって、いわゆる住民自治の見地から住民等による直接請求の制度を認めた法の趣旨を没却することになるという観点からしても、本件制定請求における受任者であると

（注３）高松高判平成16年４月15日判タ1150号125頁

いう情報の要保護性は極めて高いものといわなければならないこと、以上のような本件個人情報についてのプライバシー権の要保護性の程度、これに対する侵害の態様、これによる不利益の内容、程度等を総合考慮すると、本件情報公開は、国家賠償法上の違法性を有する」としている。

中村君◉今の裁判例とは逆に、非公開決定等が違法だった場合に、公開請求者に対して自治体が損害賠償責任を負った事例もあるのでしょうか？

黒田係長◉その例もいくつかあるよ。例えば、公共工事の予定価格等の公文書について非公開と決定をしたことに対して6万円（弁護士費用相当額）の賠償責任を認めた事案（注4）や新築マンション工事に関する情報公開請求に対して非公開決定をしたことについて6万円（慰謝料5万円、弁護士費用相当額1万円）の賠償責任を認めた事案（注5）などがあるよ。

中村君◉公開を行う場合でも、条例で規定されている期限を過ぎてしまうこともあると思いますが、そんな場合にも賠償責任が認められることもあるのでしょうか？

黒田係長◉情報公開法にも情報公開条例にも公開決定の期限が設けられているよね。それを過ぎてしまうと損害賠償責任が問われることもあるんだ。

例えば、公開請求があってから112日から232日後に公開決定を行った事案（注6）において、裁判所は「請求後公開決定まで15日以内、延長を入れて30日以内として、公開決定後速

（注4）岐阜地判平成14年9月26日判時1804号90頁
（注5）大阪地判平成9年12月26日判時1653号128頁
（注6）秋田地判平成9年3月27日判自168号50頁

やかに開示する旨定めた本件条例の趣旨を著しく没却するものであることは明らかであるし、通常の取り扱いにおいては、1か月ないし1か月半程度で公開が実現されていたことと比較すると、本件各公文書の公開までかなりの長期間に及んでいるといわざるを得ない。したがって、本件各不作為が本件条例8条、9条〔筆者注：公開決定、期限等に関する規定〕に違反することは明らかである」としているよ。

中 村 君◉やむを得ず期限までに決定できない場合もありますが、こんなに遅くなったのなら賠償責任が認められても仕方がないですよね。いくらの賠償責任が認められたのですか？

黒田係長◉この事案の判決では、30万円（慰謝料20万円、弁護士費用相当額10万円）の賠償責任を認めているんだ。

中 村 君◉最近、国の機関で公文書が廃棄されていたことが問題になっていましたが、行政文書が保存すべき期間を経過していないにもかかわらず違法に廃棄されてしまった場合にも、情報公開請求に関して損害賠償責任を負うことになるのでしょうか？

黒田係長◉そんな事案の裁判例もあるんだよ。世田谷区長の交際費に係る領収書が文書管理規程に反して廃棄されたために、情報公開請求権が侵害されたとして住民が損害賠償を求めた事案なんだ（注7）。

この判決では、「本件領収書が既に具体的な情報公開請求の対象となっていたと認めるに足りる証拠がない以上、本件領収書の破棄が直ちに原告の具体的な情報公開請求権を侵害する行

（注7）東京地判平成6年8月10日判自133号25頁

為に当たるとはいえないというべきである」として、損害賠償責任は否定されているんだ。ただ、判決の中で「情報公開制度の趣旨にかんがみれば、現に具体的な情報公開請求の対象となっていない文書等についても、例えば、文書等の管理者が、将来における情報公開請求の可能性を考慮し、専らその公開を回避する目的で文書等の破棄を行ったような特別の事情がある場合には、文書等の破棄行為が、私人の情報公開に関する法的利益を侵害するものとして、国家賠償法上の違法な行為となり得る可能性がある」ということも指摘している。

自治体職員としては、当然のことだけれど、この判決の趣旨も十分に理解し、公開請求を回避するような文書の廃棄は決して行ってはならない。

中 村 君◉公文書は最近いろいろ問題になっているので、適正に保管しなきゃならないですね。さっき濫用的な公開請求の話がありましたが、濫用的な請求に対しては自治体側が損害を被るような場合もあると思うのですが、自治体側から損害賠償請求を行ったような事案はないのですか。

黒田係長◉実はそんな事案もあるんだ。情報公開請求を多数回にわたって濫用的な態様で行ったり、質問文書の送付や架電等による不当な要求行為を繰り返したりして、市の平穏に業務を遂行する権利を侵害した事案で、大阪市が請求者に対して損害賠償を求めた事案だよ（注８）。

中 村 君◉自治体が住民に対して損害賠償請求を行うなんて本当に珍しいですね。よほど問題があったのでしょうね。

（注８）大阪地判平成28年６月15日判時2324号84頁

黒田係長◉これは、大阪市が、情報公開に関して求められていた面談強要行為等の差止めを求めるとともに、不法行為に基づく損害賠償請求として190万9,540円の支払を求めた事案なんだ。

中村君◉面会強要差止めと190万円も賠償請求を行うって、本当にひどい状況だったのでしょうね。裁判所はどんな判断をしたのですか？

黒田係長◉裁判所は、相手方住民が行った「行為は、いずれもその権利行使としての側面を有するものということができる」としたものの、「その頻度や態様等に照らすと、正当な権利行使として認められる限度を超えるものであって、（略）その業務に従事する者に受忍限度を超える困惑・不快を与え、その業務に及ぼす支障の程度が著しいもので、今後も、このような行為が繰り返される蓋然性が高いということができる」とした。そして、結論として、「職員に対し、電話での対応や面談を要求して被告の質問に対する回答を強要したり、大声を出したり、罵声を浴びせたりする行為の差止め」を認めたほか、80万円（弁護士費用相当額を含む）の損害賠償請求を認めたんだ。

中村君◉情報公開請求は権利だというものの、請求者の態度等があまりにもひどい場合には損害賠償責任を負うこともあるのですね。全国的に濫用的な情報公開請求も増えているようなので、自治体職員としては判例をきちんと理解して毅然とした態度で臨むことが必要ですよね。

第17回：個人情報保護制度の基本

今回は、個人情報保護制度に関する判例を取り上げることにしましょう。プライバシーに対する意識の高まりに伴い、個人情報の保護はますます重要になっています。また、個人情報保護制度では、情報公開制度と同様に開示請求が設けられていますが、制度の趣旨は異なります。個人情報保護制度の趣旨や基本的な内容を、判例を通じて学びましょう。

制度の対象は生存する人の個人情報

黒田係長◉今回は、個人情報保護制度に関する判例を学ぶことにしよう。まず、この制度の対象となる個人情報の範囲を考えてみよう。行政機関の保有する個人情報の保護に関する法律や個人情報保護条例の対象は、一般的に「生存する個人に関する情報」とされているんだ。

中 村 君◉生存している人に限るのですか？　死亡した人の個人情報も保護する必要はあるんじゃないですか？

黒田係長◉生存する個人に関する情報に限っているのは、死亡した人が公開請求や削除請求などの主体となることができないからだよ。

中 村 君◉それじゃ死亡した人の個人情報については、相続人も公開請求できないんですね。

黒田係長◉死亡した人の個人情報について相続人が行った公開請求については、訴訟で争われたこともある。

中 村 君◉先ほど係長が説明されたように、死亡した人の個人情報が制度の対象とならないのなら、公開を求めることもできないじゃないですか？

黒田係長◉文理上はそうなんだけどね……。じゃあ、裁判例を見ていこう。事案としては、死亡したＡさんの相続人Ｂさんが、Ａさんが入院していた市民病院における診療記録について情報公開条例に基づき開示を求めた。新湊市（現在の射水市）が不開示決定をしたために、Ｂさんが訴訟でその取消しを求めた事案なんだ（注１）。

中 村 君◉個人情報保護条例に関する判決ではないんですね。

黒田係長◉そうだね。でも、考え方は共通するから、個人情報保護制度の運用の参考にもなると思うよ。新湊市情報公開条例15条１項では個人識別情報を不開示とされていたけれど、例外として個人識別情報であってもその情報により識別され得る個人、つまり本人から開示請求があった場合には開示すべき旨が規定されていたんだ。

中 村 君◉確かに、本人なら開示してもプライバシーの侵害にならないからでしょうね。そうすると、この裁判では、Ａさんの個人情報が相続人であるＢさん自身の情報であるといえるか、つまり本人からの開示請求といえるかが問題となったんですね。

黒田係長◉そのとおりだよ。その判断が個人情報保護制度と共通するといえるよね。

中 村 君◉一般的に考えれば、Ｂさんがいくら相続人であっても、Ａさんとは別人である以上、Ａさんの情報はＢさんの個人情報とはならないんじゃないですか。

（注１）名古屋高金沢支判平成16年４月19日判タ1167号126頁

黒田係長◉ただ、この点について判決では、「『当該情報』により直接に識別され得る個人に該当する者が死亡した場合において、『当該情報』が同時にその死亡した者の相続人にとっての個人識別情報に該当する場合には……、その相続人も本条例15条１項にいう『本人』に該当し、当該情報について、同項に基づき開示請求をすることができるものというべきである」としている。

中 村 君◉相続人が条例15条１項にいう「本人」に該当するって、どんな場合なんですか？

黒田係長◉そうだね。この判決では「例えば、ある者の財産に関する情報がその者の個人識別情報である場合において、その者の死亡により、上記財産に関する情報は、死亡した者の個人識別情報であるとともに、死亡した者を相続して当該財産を取得した相続人の個人識別情報でもあることがある」という例を挙げているよ。

中 村 君◉基本的な考え方は理解できましたが、今回の事案について裁判所はどんな判断をしたのですか？

黒田係長◉判決の結論として、Ａさんの診療に関する記録である本件診療記録は、Ａさんの「死亡により、その子として同人を相続した控訴人〔筆者注：Ｂさん〕自身の個人識別情報でもあるため、控訴人が、本件診療記録の『本人』として、同項により開示請求権を有するものと認めるのが相当である」としているよ。

中 村 君◉結論は分かりますが、具体的にはどんな理由で死亡した人の情報が相続人本人の情報になるのですか？

黒田係長◉判決では、主に次の３点の理由を挙げている。

① 個人識別情報は、それが個人識別情報に係る「本人」以外の者に開示される場合には、当該本人のプライバシーを侵害し、あるいは、これを侵害するおそれがあるものの、当該「本人」に開示する分には、そのような侵害やそのおそれは存在しない。
② 死者はプライバシーの権利又は法的利益を享受する法的地位を有しないため、個人識別情報に係る「本人」が死亡した場合には、死亡した当該「本人」についてプライバシーの保護を配慮する必要はない。
③ 診療記録は、本人の個人識別情報を記録した文書であるとともに、控訴人〔筆者注：相続人〕の損害賠償請求権又は慰謝料請求権の存否に密接な関連を有する情報を記録した文書として、控訴人自身の個人識別情報でもある。

中 村 君◉判決の結論は、よく分かりました。でも、そもそも条例で、死者の個人情報は、誰が公開請求等をできるかを決めておけばよかったんじゃないですか。

黒田係長◉確かに自治体によっては、そのような規定を設けている場合もあるね。例えば、三重県個人情報保護条例14条３項では、死者の保有個人情報については、当該死者の配偶者、二親等内の血族、その他の相続人に請求権を認めているよ。

中 村 君◉三重県のように条例で規定しておいた方が明確でいいですよね。

黒田係長◉条例で規定することによって明確になる。ただし、条例に規定されている人に請求権が認められるのは明確だけれど、それ以外の人に請求権が認められないかどうかは、解釈の余地があると思うよ。

中 村 君◉条例で規定されている以外の人にも請求権が認められ

ることもあるということですね。その点については、先ほどの判決の考え方が参考になりますよね。

ところで、ちょっと気になることがあるのですが、係長の最初の説明だと、死亡した人の個人情報は条例の対象外だから、個人情報保護条例に基づいて保護されないということになるように思われるのですが……。

黒田係長◉そうだね。この判決でも「死者は法的主体足り得ないのであるから、プライバシーの権利又は法的利益を有するものと解することはできない」としているね。ただし、「死亡した者についてのプライバシーは、その者の死後においても、死亡した者の配偶者や子、さらには両親などの一定の身分関係にあった者にとっては、親族間の扶助義務や相続制度等を介して、社会通念上、自らの個人識別情報の一部とも観念される関係にある場合があるため、個人識別情報に係る『本人』が死亡した場合であっても、本条例7条2号本文にいう個人識別情報として、なお、プライバシー保護の対象となり得る」ともいっているよ。

中 村 君◉死亡した人のプライバシーは、相続人のプライバシーとして保護されるということなんですね。

ちょっと解説

個人情報保護制度のポイント

個人情報保護制度は、「自治体の義務」と「住民の権利」の側面とがあり、それぞれの面から理解しておくことが重要です。

自治体の義務

- **個人情報の収集制限**……事務の目的の範囲内で本人から直接に収集する。
- **個人情報の利用・提供制限**……事務の目的の範囲内で個人情報を利用・提供する。
- **個人情報の適正な管理**……個人情報を正確で最新のものに保ち、個人情報の漏えい、滅失等がないよう必要な措置を講じる。
- **登録簿の作成**……個人情報取扱事務の概要、目的を登録簿に登録する。

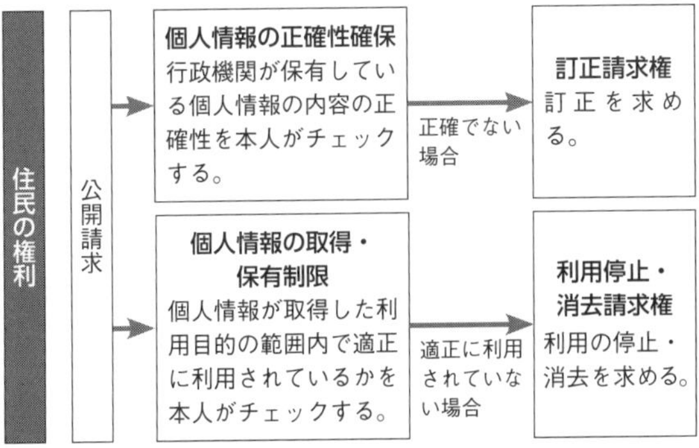

個人情報の利用・提供の制限

黒田係長◉次に、個人情報の適正管理という点で問題となった裁判例を見てみよう。どんな場合に問題となると思う？　中村君。

中 村 君◉様々な場面があると思いますが、個人情報の適正管理については、利用や提供の制限が気になります。

黒田係長◉重要なポイントだよね。じゃあ、この点に関する裁判例を見てみよう。事案としては、呉市が運営するバスの路線を私企業（広島電鉄）へ移譲するに当たり、同市交通局・呉市営バスの運転手として勤務していた人たちの人事に関する個人情報を当該私企業へ提供したんだ。この点が、条例で規定する提供の制限に抵触するとして損害賠償を求めた訴訟だよ（注２）。

中　村　君◉人事情報は、個人情報の中でも特に慎重に扱うべきですよね。その意味では、外部に提供したことは、問題だと思います。

黒田係長◉確かに呉市の個人情報保護条例10条１項でも、「実施機関は、利用目的以外の目的のために保有個人情報……を当該実施機関の内部で利用し、又は当該実施機関以外のものに提供してはならない」と規定している。

中　村　君◉その規定から考えれば、いくらバス事業を譲渡するからといっても、職員の個人情報を提供することは許されないんじゃないですか。

黒田係長◉そうだね。判決でも「職員の人事考課情報等は、交通局が、その組織を維持し、業務の効率的遂行を図り、職員の適正な配置・処遇・育成を図ることを利用目的としている」ものであり、「これを広島電鉄に引き継いで運転士の研修指導に役立ててもらうことなどがその利用目的に含まれるとは認めるに足りない」としている。結論としては、「人事考課情報等を広島電鉄へ提供したことは、本件条例10条１項に違反する」と判断しているよ。

中　村　君◉条例に違反して目的外に提供したということですね。そういえば、この事件は、損害賠償請求でしたよね。呉市にはどんな責任があるとされたのですか？

黒田係長◉裁判所は、「地方公共団体という公的な機関として、個人情報を適正に取り扱うことにより、市政の適正かつ円滑な

（注２）広島高判平成26年８月６日労働判例ジャーナル32号13頁

運営を図るだけでなく、個人の尊厳に係る基本的人権を擁護すべき責務を負っている（本件条例1条、3条参照）」とした上で、「人事考課情報等を広島電鉄に提供したのであって、これにより、自らの知らないところで広範な個人情報を流出された1審原告b〔筆者注：職員〕の精神的損害は軽視できない。これに対する慰謝料は30万円が相当である」と判断をしたんだ。

個人情報の削除請求

黒田係長◉次は、個人情報の削除請求に関する裁判例を見てみよう。枚方市教育委員会が入学式の国歌斉唱時、起立しなかった教職員の氏名及びその理由等の調査を行い、市立小中学校の各校ごとに起立しなかった教職員の氏名及びその理由等を一覧にして記載した文書を作成し、保管していたことに関する事案なんだ。教職員が教育委員会に対し自らの個人情報の削除を求めたのだけれど、教育委員会が削除しないとの決定をしたため、その取消しを求めた訴訟だよ（注3）。この判決では、削除請求権の根拠について触れているので、その点から見てみよう。

中　村　君◉個人情報保護制度は条例に基づくものですから、削除請求権も条例に基づいて認められるんですよね？

黒田係長◉これは情報公開制度についても説明したことだけれど、自治体における個人情報保護制度は、原則としてその自治体の条例に基づくものだよ。この判決でも「行政機関が個人情報を保有している場合、その情報の内容や収集・管理の方法、その情報を保有する必要性は多種多様であるから、自己情報コ

（注3）大阪地判平成19年4月26日判タ1269号132頁

ントロール権の具体的な範囲や内容は、基本的には、具体的な法律や条例によって明らかにされるべきもの」としているね。

中 村 君◉そうですよね。やはり条例の根拠に基づくものなんですよね。

黒田係長◉この判決で問題となった削除請求権についても「枚方市は、本件条例を制定し、その18条で、『何人も、実施機関に対し、第7条又は第8条第1項若しくは第2項の規定による制限を超えて、自己情報の収集がされたと認めるときは、その削除を請求することができる。』と規定し、行政機関に対する個人情報の削除請求の要件を具体的に定めているから、原告らは、少なくとも原則としては、この規定を通じて権利行使をすべきである」としているよ。

中 村 君◉条例に基づく権利である以上、条例の範囲でしか請求権が認められないということですね。

黒田係長◉ただし、この判決では「自己情報コントロール権が人格権に基礎を置く権利であり、その対象となる情報には、個人の尊厳に直結し、個人の人格的発展に不可欠な情報も含まれ得ることに照らせば、その行使や要件を具体的に定めた条例等の範囲でしか請求できないとまでの限定を設けるのは相当でない」としているね。

中 村 君◉条例の範囲を超えて、請求権が認められているということですか？

黒田係長◉そうなんだ。「条例等で定める手続によっては、個人情報の削除等が認められないような場合には、個人情報の性質・内容、その情報の収集方法・態様、その情報を削除しないことによって受けるべき当該個人の不利益並びにその情報を削除することによって受けるべき当該行政機関の不利益の有無・程度、公共の利益との関連などを勘案した上で、自己情報コントロール権に基づく削除請求を認める余地もあるというべきである」としているんだ。ただし、この事案では、条例８条１項を根拠として裁判所は判断しているんだけどね。

中　村　君◉８条１項ですか。この事案では、具体的にはどんな理由によって、削除が求められたのですか？

黒田係長◉教職員の側は、「本件条例８条１項によれば、実施機関は、個人情報を収集する場合は、その個人情報の収集目的及び記録項目を明らかにして、当該個人から直接収集しなければならないにもかかわらず、被告教育委員会はこの手続に従っていない」と主張し、直接に収集がなされていない点を問題としている。

中　村　君◉実際にはどんな手続で収集されたのですか？

黒田係長◉実際の手続の流れとしては、教育長が市立小中学校長に対して入学式の国歌斉唱時に起立しなかった教職員数及び氏名、教職員に対する国歌斉唱時の起立の指示をした日時、指示の場面及び内容、指示の仕方、当該教職員からの聴取による起立しなかった理由などについての報告を求めたんだ。これを受けた校長は、関係教員に対し確認、質問した上で教育委員会に報告をした。

中　村　君◉教育委員会は、個人情報を本人から直接収集していないから、本件条例８条１項に違反するということなんですね。教育委員会が校長を通じて調査することはよくあることなので、問題とは思えないのですが……。

黒田係長◉そうだね。判決でも「同条項〔筆者注：条例８条１項〕

の趣旨は、実施機関に本人からの直接の収集を義務付け、正当な理由なしに個人情報が収集されたり、不正確な個人情報が収集されたり、本人の知らないうちに個人情報が収集されたりすることを防止しようとする点にあると解されるから……、校長が原告らから直接に聴取することによっても、その趣旨はある程度全うできる」という考えも示しているね。

中 村 君◉確かに市立小中学校長は、広い意味では教育委員会の職員ともいえますよね。

黒田係長◉ただし、判決の結論としては、教育委員会が行うか、校長が行うかは違いがあると判断しているんだ。つまり、「本件情報を収集される原告らからすれば、本件情報収集の主体が勤務先の校長であるか、被告教育委員会であるかは、大きな違いであり、その聴取において、各校長が被告教育委員会からの調査依頼に基づく聴取であることを告げたことを窺わせる証拠はない以上、本人の知らないうちに被告教育委員会によって本件情報が収集されたことになるのであって、本件条例8条1項の上記趣旨が全うされたとはいえない」と、情報を収集される教職員の立場で考えれば違うっていっているね。

中 村 君◉この調査を教育委員会事務局の職員が行っていれば、問題がなかったのでしょうか？

黒田係長◉直接本人から収集するという意味では問題はなかったのだけれど、この判決では収集目的の明示という点も問題にしていて、「同条項〔筆者注：条例8条1項〕によって収集の際に明らかにされるべき収集目的（服務監督権限に基づく調査等の目的で収集すること）や記録項目（不起立の理由を記録すること）が各校長から原告らに明らかにされたことを認めるに足りる証拠はない」として、その点も含めて条例８条１項に違反すると判断しているんだ。

個人情報の訂正請求

黒田係長◉最後に、訂正請求に関する判例を見てみよう。Ａさんの診療に係る国民健康保険診療報酬明細書(いわゆるレセプト)に記録された個人情報の内容が実際に受けた診療内容と異なるとして、そのレセプトを保存している京都市に対し訂正の請求をしたんだ。京都市がこれを訂正しない旨の処分をしたために、その取消しを求めて訴訟が提起された（注４）。

中　村　君◉レセプトの訂正請求ですか。そもそも、レセプトって、誰が作成するのですか？

黒田係長◉その点は、判決で次のように示されているね。「〈１〉本件レセプトは、国民健康保険法に基づく療養の給付に関する費用を請求するために、診療報酬請求書に添付される明細書として、保険医療機関が自ら行ったとする診療の内容を記載して作成し、連合会〔筆者注：京都府国民健康保険団体連合会〕に提出したものであること、〈２〉連合会による審査の後に本件レセプトを取得した市は、これに基づき、連合会を通して保険医療機関に対して診療報酬の支払をしていること、〈３〉市においては、その支払の明細に係る歳入歳出の証拠書類として本件レセプトを保管しているものである」。

中　村　君◉つまり、保険医療機関が作成して連合会に提出し、連合会が審査した後に京都市が保管することになるんですね。こ

（注４）最判平成18年３月10日判時1932号71頁

図　レセプト及び支払の流れ

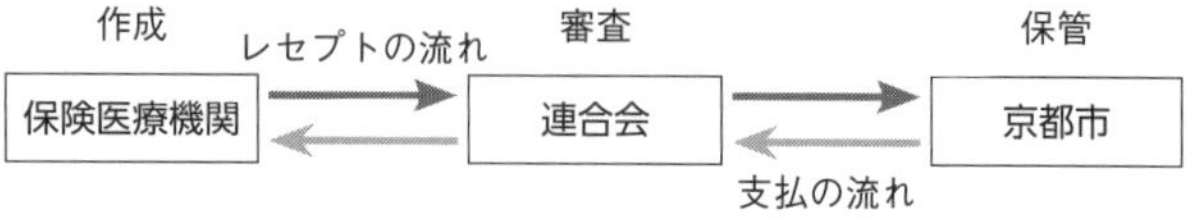

の判例では、京都市に対して訂正が請求されたんですよね？この訂正請求を受けると、京都市はどんな手続をとることになるのですか？

黒田係長◉京都市個人情報保護条例26条では、「実施機関は、訂正請求があった場合において、当該訂正請求に理由があると認めるときは、当該訂正請求に係る個人情報の利用目的の達成に必要な範囲内で、当該個人情報の訂正をしなければならない」とされている。また、27条1項では、訂正請求があったときは、実施機関は必要な調査を行うことも規定されているよ。

中　村　君◉京都市が調査を行うのですね。でも自治体は、外部に対しての調査権を一般的には持っていないですよね。

黒田係長◉そうだよね。この判決でも「実施機関に対してそのために必要な調査権限を付与する特段の規定を置いておらず、実施機関の有する対外的な調査権限におのずから限界がある」といっているね。

中　村　君◉レセプトの内容が実際に行われた診療内容と合っているかについて、京都市が調査することは、事実上不可能ですよね。

黒田係長◉そうなんだ。さらに、この判決では、「保険医療機関が自ら行った診療として本件レセプトに記載した内容が実際のものと異なることを理由として、実施機関が本件レセプトに記録された被上告人の診療に関する情報を誤りのある個人情報であるとして訂正することは、保険医療機関が請求した療養の給付に関する費用の内容等を明らかにするという本件レセプトの文書としての性格に適さないものというべきである」として、レセプトの性格からも訂正請求を否定しているんだ。

中 村 君◉確かに、自治体がレセプトを保有するのは療養の給付に関する費用の内容等を明らかにするためであって、診療内容がレセプトに正しく記載されているかを確認するためではないですよね。

第７章　自治体の条例制定権

第18回：条例制定権の限界―条例と法律との関係

今回は、条例制定権の限界に関して、条例と法律に関する判例を取り上げます。条例は自治体の行政運営において、とても重要な役割を果たしています。そのために、条例制定権について理解することは、自治体職員にとって不可欠なものということができます。条例制定権の限界については、大きく分けると、法律との関係と憲法が保障する人権との関係から問題となりますが、人権との関係については次回取り上げます。

「法律の範囲内」の意味

黒田係長◉今回は、条例制定権に関して、条例と法律に関する判例を取り上げることにしよう。

中　村　君◉条例と法律との関係は、大学の講義で習いましたよ。

黒田係長◉じゃあ、今日はまず中村君が説明してくれるかな。

中　村　君◉条例と法律との関係は、憲法で規定されています。日本国憲法94条では、自治体は、法律の範囲内で条例を制定することができることが規定されています。

黒田係長◉そのとおりだね。地方自治法14条でも自治体は、法令に違反しない限りにおいて条例を制定することができることが規定されているよね。

中　村　君◉憲法は「法律の範囲内で」で、地方自治法では「法令に違反しない限り」なんですね。どう違うのですか？

黒田係長◉憲法94条の「法律の範囲内で」というのは、法律と法律に基づく政令に抵触しない範囲でという意味だから、結局、地方自治法14条1項の「法令」と同じ意味だとされているよ。

中 村 君◉この法令に違反しないって、どんな意味なのですか？

黒田係長◉それじゃあ、この点に関する判例を見ていこう。最初は、徳島市公安条例事件（注1）という、とても有名な判決だよ。

中 村 君◉その事件の名前は聞いたことがあります。でも、詳しく覚えていないんですよ。

黒田係長◉仕方ないから僕が説明するよ。事件当時の道路交通法では、道路使用許可の条件に違反した場合、3月以下の懲役又は3万円以下の罰金に処する旨の罰則が定められていた。これに対して、徳島市の集団行進及び集団示威運動に関する条例では、1年以下の懲役若しくは禁錮又は5万円以下の罰金が規定されていたんだ。

中 村 君◉法律より重い罰則を条例で規定していたのですね。その条例は、法律の範囲内といえないように思いますが……。

黒田係長◉確かにそうだよね。裁判でもその点が争われたんだ。

中村君◉判決ではどんな考え方が示されたのですか？

黒田係長◉この判決では、法律と条例との関係について、いくつかの考えを示しているから順に見ていこう。最初に「条例が国の法令に違反するかどうかは、両者の対象事項と規定文言を対比するのみでなく、それぞれの趣旨、目的、内容及び効果を比較し、両者の間に矛盾抵触があるかどうかによつてこれを決しなければならない」という考えを示している。

（注1）最大判昭和50年9月10日刑集29巻8号489頁

中 村 君◉法令と条例との関係を考えるに当たっては、単に条文の文言だけではなく、それぞれの趣旨、目的、内容及び効果を比較して判断するんですね。形式的に条文だけを見ては、ダメだということですね。

黒田係長◉そうなんだ。法律の趣旨などを考えることは、法解釈でとても重要なポイントだよ。それじゃ、次を見てみよう。次は、条例と法律との関係について具体的な基準を示していて「ある事項について国の法令中にこれを規律する明文の規定がない場合でも、当該法令全体からみて、右規定の欠如が特に当該事項についていかなる規制をも施すことなく放置すべきものとする趣旨であると解されるときは、これについて規律を設ける条例の規定は国の法令に違反する」としている。

中 村 君◉関係する法令で規制していない事項でも、その法令全体の趣旨から見てその事項には法令で規制しない、つまり法規制を行わず国民、住民の自由を認める趣旨だと判断される場合には、その事項について条例で規制することはできないということですね。

表1　法令が規律していない事項

①　法令で規制しない趣旨と解される事項 ⇨条例で規制できない。	②　①以外の事項（法令の関与外） ⇨条例で規制できる。

黒田係長◉次は、「特定事項についてこれを規律する国の法令と条例とが併存する場合でも、後者が前者とは別の目的に基づく規律を意図するものであり、その適用によつて前者の規定の意図する目的と効果をなんら阻害することがないときや、両者が同一の目的に出たものであつても、国の法令が必ずしもその規

定によつて全国的に一律に同一内容の規制を施す趣旨ではなく、それぞれの普通地方公共団体において、その地方の実情に応じて、別段の規制を施すことを容認する趣旨であると解されるときは、……条例が国の法令に違反する問題は生じえない」ということだよ。

中 村 君◉今までのところはよく分かったのですが、ここはちょっと難しいですね。

黒田係長◉ここは、条例と法律が併存する場合について、2つのことをいっているよ。まず、ある事項を規律する法令と条例が併存する場合でも、条例と法令とが別の目的で、かつ、条例の適用によって法令の目的と効果を何ら阻害することがないときは、その条例は法令に抵触しないとしているよ。

表2　条例と法令の目的が異なる場合

条例の適用によって法令の目的と効果を阻害する場合 ⇨条例で規制できない。	条例の適用によって法令の目的と効果を阻害しない場合 ⇨条例で規制できる。

中 村 君◉係長の説明でよく分かりました。法令と条例が併存する場合には、まずそれぞれの目的が重要なんですね。判決ではもう1点、どんなことをいっているのですか？

黒田係長◉もう1点は、法令と条例とが同一の目的でも、国の法令が全国的に一律に同一内容の規制を施す趣旨ではなく、各自治体の実情に応じて、別の規制を施すことを容認する趣旨であるときは、条例は法令に違反しないとしているよ。

表3　条例と法令の目的が同一の場合

法令が全国一律に同一内容の規制を行う趣旨である場合 ⇨条例で規制できない。	法令が各地方公共団体の実情に応じた規制を行うことを容認する趣旨である場合 ⇨条例で規制できる。

中 村 君◉条例と法令が同じ目的でも条例で規制できる場合があるのですね。そういえば、以前、職員研修で公害問題の話をお聞きしたときに、大気汚染防止法では法律より厳しい規制を条例で規定することができると規定されているって聞いた覚えがあるんです。今、係長が説明された点はそれと同じ趣旨ですか。

黒田係長◉いいことに気がついたね。例えば、大気汚染防止法4条では、「都道府県は、当該都道府県の区域のうちに、その自然的、社会的条件から判断して、ばいじん又は有害物質に係る前条第一項又は第三項の排出基準によつては、人の健康を保護し、又は生活環境を保全することが十分でないと認められる区域があるときは、その区域におけるばい煙発生施設において発生するこれらの物質について、政令で定めるところにより、条例で、同条第一項の排出基準にかえて適用すべき同項の排出基準で定める許容限度よりきびしい許容限度を定める排出基準を定めることができる」（下線筆者）と規定しているね。これは、この判決で示された判断基準を法律で明確に規定したものだといえるね。

中 村 君◉判例が示した各地方公共団体の実情に応じて、別の規制を施すことを容認する趣旨といっても、なかなか分からないから、大気汚染防止法みたいに明文化してあるといいですね。

黒田係長◉そうだね。ほかにも都市計画法33条の開発許可の基準なども、大気汚染防止法と同様の規定を設けているよ。徳島

図1　法律と条例制定権との関係

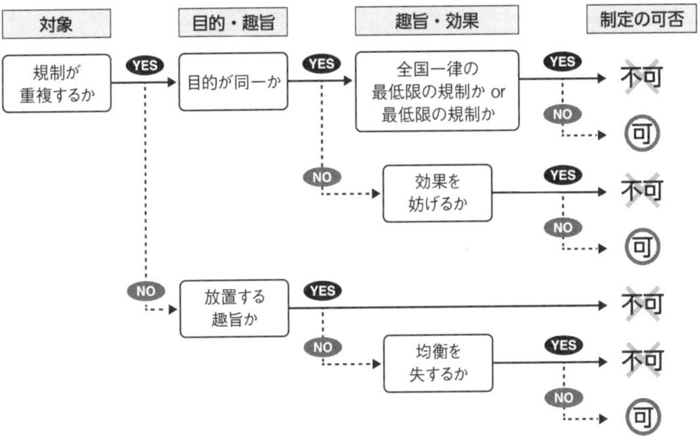

出典：礒崎初仁『自治体政策法務講義（改訂版）』（第一法規、2018年）204頁

市公安条例事件の最高裁の判断内容については、なかなか難しいと思うけれど、重要なことだから理解をしておいた方がいいよ。この点については、礒崎初仁教授が分かりやすくまとめているから、参考にするといいね。

中 村 君◉礒崎先生の図はとても分かりやすいですね。法令と条例との関係について、ほかにも判例はあるのですか？

黒田係長◉次の判例は、高知市普通河川等管理条例違反事件（注2）という判例だよ。

中 村 君◉徳島市の判決に比べると、あまり耳にしないですよね。どんな事件だったのですか？

黒田係長◉そうだね。高知市普通河川等管理条例に違反しているとして、河川の縄手（あぜ道）敷に設置した工作物の除去を命

（注2）最判昭和53年12月21日民集32巻9号1723頁

じられた人がいたのだけれど、その人がその命令は無効だとして争ったんだ。

中 村 君◉その人は、どんな理由で命令が無効だと主張したのですか？

黒田係長◉その前に、ちょっと河川法について整理しておこう。河川には、いくつかの区分があるけれど、普通河川と準用河川の違いって知っているかな？

ちょっと解説

ここで少し河川法の説明をしておきましょう。

河川法において、河川は１級、２級、準用河川に分類されています。それぞれ指定を受けることにより、その区分に応じた管理者が管理を行うことになります。例えば、１級河川は国土交通大臣が指定をして（河川法４条１項）、１級河川に関する規定に従い、国土交通大臣や都道府県知事等が管理をすることになります（同法９条）。

一方、普通河川については、市町村が管理をしていますが、河川法の適用はありません。ただし、市町村長が普通河川を準用河川と指定した場合には、準用河川として河川法の規定に従い、市町村長が管理することになります（同法100条１項）。

	指定者・管理者	河川法の適用
１級河川	・指定区間外区間……国土交通大臣 ・指定区間……都道府県知事	１級河川の規定を適用する。
２級河川	都道府県知事	２級河川の規定を適用する。
準用河川	市町村長	２級河川の規定を準用する。
普通河川	市町村長	河川法は適用・準用しない。

中 村 君◉どちらも管理者は市町村長だけれど、普通河川には河川法の適用も準用もありません。だから、高知市は、普通河川の管理について条例を制定したのですね。

黒田係長◉高知市普通河川等管理条例と河川法との関係について、さっきの徳島市公安条例事件の基準に照らすとどうなるのかな？

中 村 君◉「ある事項について国の法令中にこれを規律する明文の規定がない場合でも、当該法令全体からみて、右規定の欠如が特に当該事項についていかなる規制をも施すことなく放置すべきものとする趣旨であると解されるときは、これについて規律を設ける条例の規定は国の法令に違反する」という基準ですね。

黒田係長◉そうだよ。つまり、河川法は普通河川について規制をせず放置すべきだとする趣旨なのかどうかが問題になるね。

中 村 君◉判決では、どんな判断をしているのですか？

黒田係長◉まず、河川法が普通河川について規律していないことに関しては、「河川の管理について一般的な定めをした法律として河川法が存在すること、しかも同法の適用も準用もない普通河川であつても、同法の定めるところと同程度の河川管理を行う必要が生じたときは、いつでも適用河川又は準用河川として指定することにより同法の適用又は準用の対象とする途が開かれている」ということを指摘している。

つまり、普通河川であっても市町村長が必要と考えれば、河川法の適用又は準用を受ける河川に指定できるということだね。その上で、「河川法は、普通河川については、適用河川又は準用河川に対する管理以上に強力な河川管理は施さない趣旨であると解される」としているよ。

中 村 君◉ちょっと難しくてなかなか理解できないですよ。結局、判例ではどんなことをいっているのですか。

黒田係長◉普通河川は市町村が指定することによって、河川法の適用を受ける準用河川として管理することができるよね。だから、必要があれば準用河川に指定すればいいのだから、普通河川については河川法で決められている以上の強力な管理は行わないという法律の趣旨だということだよ。

中 村 君◉徳島市公安条例事件の基準だと、「当該事項についていかなる規制をも施すことなく放置すべきものとする趣旨」ということですね。

黒田係長◉そのとおりだよ。この判断をもとに、結論としては「普通地方公共団体が条例をもつて普通河川の管理に関する定めをするについても……、河川法が適用河川等について定めるところ以上に強力な河川管理の定めをすることは、同法に違反し、許されない」としているんだ。

中 村 君◉法律の様々な手続等を踏まえて、法律の趣旨を判断することになるのですね。

黒田係長◉最後に、神奈川県臨時特例企業税事件（注３）を見てみよう。神奈川県が外形標準課税を行おうとした事案だよ。中村君、外形標準課税って知っているかな。

中 村 君◉確か、外形標準課税とは、事業所の床面積や従業員数、資本金等及び付加価値など外観から客観的に判断できる基準に基づいて税額を算定する方式のことですよね。

（注３）最判平成25年３月21日民集67巻３号438頁

黒田係長◉そのとおりだよ。よく勉強しているね。じゃあ具体的に事案に入っていこう。神奈川県が、資金量５億円以上の法人の法人事業活動に対して、いわゆる外形標準課税を導入する条例を制定したことについて日本国憲法や地方税法に反するとして争われたんだ。

中 村 君◉どんな点が憲法等に反すると主張したのですか？

黒田係長◉憲法94条の「地方公共団体は、……法律の範囲内で条例を制定することができる」という規定と、地方税法２条の「地方団体は、この法律の定めるところによつて、地方税を賦課徴収することができる」という規定に反するとして争われたんだ。

中 村 君◉自治体は、独自の権能として、課税権があるといわれていますよね。その点はどのように考えればいいのでしょうか？

黒田係長◉確かにそうだよね。この判決でも、「普通地方公共団体は、地方自治の本旨に従い、その財産を管理し、事務を処理し、及び行政を執行する権能を有するものであり（憲法92条、94条）、その本旨に従ってこれらを行うためにはその財源を自ら調達する権能を有することが必要であることからすると、普通地方公共団体は、地方自治の不可欠の要素として、その区域内における当該普通地方公共団体の役務の提供等を受ける個人又は法人に対して国とは別途に課税権の主体となることが憲法上予定されているものと解される」として、自治体の課税権を認めているよ。

中 村 君◉そうすると、地方税法と自治体の税条例との関係は、どのように考えればいいのでしょうか？

図２　地方税法と税条例との関係

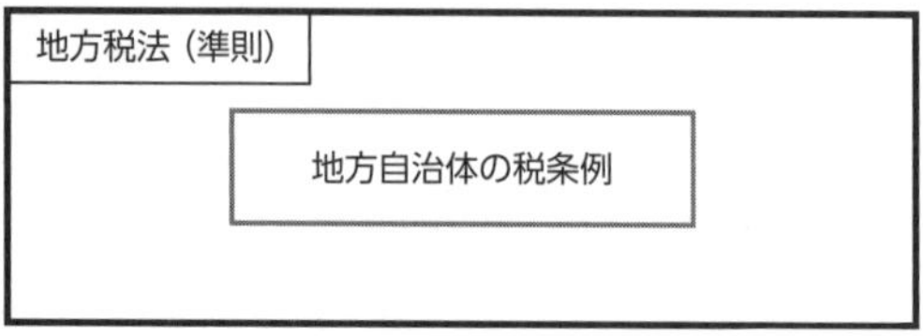

自治体の課税権（税条例の制定権）は、準則である地方税法の枠の中でのみ、行使することができます。

黒田係長◉その点について、この判決では「普通地方公共団体が課することができる租税の税目、課税客体、課税標準、税率その他の事項については、憲法上、租税法律主義（84条）の原則の下で、法律において地方自治の本旨を踏まえてその準則を定めることが予定されており、これらの事項について法律において準則が定められた場合には、普通地方公共団体の課税権は、これに従ってその範囲内で行使されなければならない」として、地方税法を税条例の準則としての性格を持つものとしている。

中　村　君◉自治体の課税権は、地方税法の範囲内でのみ認められるということですか。

黒田係長◉そうなんだ。確かに自治体には課税権が認められる。ただし、租税の賦課は国民の税負担全体の程度や国と地方の間の財源の配分等の観点からの調整が必要だから、準則としての地方税法の範囲内で自治体の課税権は認められるんだ。

中　村　君◉条例と法律の関係について、よく分かりました。これらの判例の考え方は、条例を制定するときはもちろんだけれど、条例を解釈、運用するときにも関係する法律に反してはならないという意味で、必要な知識ですね。

第19回：条例制定権の限界―憲法の人権保障と条例との関係

今回は、憲法で保障されている様々な人権と条例による規制に関する判例を学ぶことにしましょう。条例によって様々な規制を行う場合には、憲法で保障されている人権を制約することもあります。そのような場合には、条例の合憲性も意識しなければなりません。

水道料金の格差と平等権との関係

黒田係長◉今回は、憲法で保障されている人権と条例に関する判例を学ぶことにしよう。憲法では様々な人権を保障しているから、条例制定に際しても人権保障との関係で条例の合憲性が問題になることも多いんだ。

まず、給水条例無効確認等請求事件（注１）を見てみよう。高根町（現在の北杜市）が水道料金を改定するために条例改正を行ったんだけれど、それによって、住民基本台帳に記録されていない給水契約者つまり別荘の所有者等の基本料金が別荘以外の給水契約者の基本料金の3.57倍を超える金額になったんだ。それで別荘所有者等の給水契約者を不当に差別するものであると主張して、この条例の規定が無効であることの確認を求めた訴訟が起こされたんだよ。

中　村　君◉別荘の所有者は住民税を負担していないのに、行政サービスを受けるのだから、水道料金を多少高くしてもいいんじゃないですか。

（注１）最判平成18年７月14日民集60巻６号2369頁

黒田係長◉その気持ちも分からないではないね。ただ、水道事業は企業会計として行うこととされているんだけれど（地方公営企業法２条１項）、企業会計は、原則として、その経営に伴う収入をもって充てなければならないとされているんだ（同法17条の２第２項）。

つまり、水道事業は、原則として、独立採算で、税金を財源とする一般会計からの繰入れは認められないよ。この判決でも、「公営企業として営まれる水道事業において水道使用の対価である水道料金は原則として当該給水に要する個別原価に基づいて設定されるべき」だとしているね。

中　村　君◉水道料金は、原則として税金ではなく使用料で賄われているということですか。確かにそうですけれど、別荘の住民は夏だけ水道を利用するから、夏は水道の使用量が増えてしまいますよね。そのために水道の設備や維持コストが増えているんじゃないですか。

黒田係長◉なかなかいい指摘だね。判決でも、「夏季等の一時期に水道使用が集中する別荘給水契約者に対し年間を通じて平均して相応な水道料金を負担させるために、別荘給水契約者の基本料金を別荘以外の給水契約者の基本料金よりも高額に設定すること自体は、水道事業者の裁量として許されないものではない」としているよ。

中　村　君◉裁判所も、そのあたりはちゃんと認めているのですね。じゃあ、判決の結論も、別荘所有者の水道料金を高くすることが妥当だって判断したのですか。

黒田係長◉それは違うんだ。問題は、料金の格差なんだ。この料金改定では「別荘以外の給水契約者の１件当たりの年間水道料金の平均額と別荘給水契約者の１件当たりの年間水道料金の負担額がほぼ同一水準になるようにするとの考え方に基づいて別荘給水契約者の基本料金が定められた」んだ。

中 村 君◉１年を通してずっと住んでいる住民と、一定期間しか滞在しない別荘の住民の年間負担額がほぼ同じなんですか。それはさすがに不平等ですよね。

黒田係長◉そのとおりだね。判決でも、「本件改正条例における水道料金の設定方法は、本件別表における別荘給水契約者と別荘以外の給水契約者との間の基本料金の大きな格差を正当化するに足りる合理性を有するものではない」としているよ。

中 村 君◉別荘の住民が住民税を負担していないことは、結論に影響しないのでしょうか。

黒田係長◉その点について判決では「簡易水道事業のため一般会計から毎年多額の繰入れをしていたことなど論旨が指摘する諸事情は、上記の基本料金の大きな格差を正当化するに足りるものではない」として、この大きな格差を正当化するまでの理由にならないとしている。

中 村 君◉水道施設は公の施設ですから、住民に平等に利用させなければならないって地方自治法で規定されていますよね(244条３項)。

黒田係長◉それも重要なポイントだよ。判決でも「普通地方公共団体が経営する簡易水道事業の施設は地方自治法244条１項所定の公の施設に該当するところ、同条３項は、普通地方公共団体は住民が公の施設を利用することについて不当な差別的取扱いをしてはならない旨規定している」として、「本件改正条例による別荘給水契約者の基本料金の改定は、地方自治法244条

３項にいう不当な差別的取扱いに当たるというほかはない。……本件改正条例のうち別荘給水契約者の基本料金を改定した部分は、地方自治法244条３項に違反するものとして無効というべきである」と判断しているんだ。

ちょっと解説　公の施設は、自治体が、住民の福祉を増進する目的をもって、住民の利用に供するために設置する施設です（地方自治法244条１項）。このために、自治体は、正当な理由がない限り、住民が公の施設を利用することを拒んではならないとされています（同条２項）。また、住民が公の施設を利用することについて、不当な差別的取扱いも禁止されています（同条３項）。

参政権と条例

黒田係長◉次は、参政権に関する判例を見てみよう。府中市議会議員政治倫理条例では、議員の２親等以内の親族が経営する企業は市の工事等の請負契約等を辞退しなければならず、当該議員は当該企業の辞退届を徴して提出するよう努めなければならない旨を定めていたんだ。

この条例に違反したとして市議会から辞職勧告決議を受けた議員が、この条例は議員活動の自由や経済活動の自由を侵害するもので違憲無効であるとして、国家賠償法１条１項に基づき府中市に対して損害賠償の支払を求めたんだ（注２）。

中 村 君◉議員活動の自由も、広い意味で参政権として保障されると思うのですが、条例で制限することができるのでしょうか。

黒田係長◉この判決では、この条例の規定が「憲法21条1項に違反するかどうかは、2親等規制による議員活動の自由についての制約が必要かつ合理的なものとして是認されるかどうかによるものと解されるが、これは、その目的のために制約が必要とされる程度と、制約される自由の内容及び性質、具体的な制約の態様及び程度等を較量して決するのが相当である」として、いくつかの要素を較量して判断するとしていて、条例による制限の可能性を認めているね。

中 村 君◉目的や制約される自由の内容及び性質などを幅広く較量するのですね。ところで判決では憲法21条について判断をしていますが、これは表現の自由の保障ですよね。参政権も含まれるのですか。

黒田係長◉憲法21条は、政治的表現の自由、つまり政治活動の自由も保障しているとされているんだ。

中 村 君◉そうなんですね。判決では制約が必要かつ合理的かについてはどのように判断したのですか。

黒田係長◉まず判決では、「議員が実質的に経営する企業であるのにその経営者を名目上2親等以内の親族とするなどして地方自治法92条の2の規制の潜脱が行われるおそれや、議員が2親等以内の親族のために当該親族が経営する企業に特別の便宜を図るなどして議員の職務執行の公正が害されるおそれがあることは否定し難」いとしている。

中 村 君◉確かにそうですけれど、それは地方自治法が92条の

（注2）最判平成26年5月27日判時2231号9頁

２で既に規制していることで、それ以上に条例で規制することは人権を不当に侵害することにならないのですか。

黒田係長◉判決では、「議員の当該企業の経営への実質的な関与の有無等の事情は、外部の第三者において容易に把握し得るものではなく、そのような事実関係の立証や認定は困難を伴い、これを行い得ないことも想定されるから、仮に上記のような事情のみを規制の要件とすると、その規制の目的を実現し得ない結果を招来することになりかねない」として、地方自治法の規定だけでは、議員の職務執行の公正性が十分に確保されない可能性があると指摘している。

中　村　君◉議員活動の自由が制約される理由については分かりましたが、先ほど較量すべきと示された「具体的な制約の態様及び程度等」については、どのように判断されたのでしょうか。

黒田係長◉その点については「議員に対して２親等内親族企業の辞退届を提出するよう努める義務を課すにとどまり、辞退届の実際の提出まで義務付けるものではないから、その義務は議員本人の意思と努力のみで履行し得る性質のものである。また、議員がこのような義務を履行しなかった場合には、本件条例所定の手続を経て、警告や辞職勧告等の措置を受け、審査会の審査結果を公表されることによって、議員の政治的立場への影響を通じて議員活動の自由についての事実上の制約が生ずることがあり得るが、これらは議員の地位を失わせるなどの法的な効果や強制力を有するものではない」として、その制約の内容がそれほど強いものではないと判断しているね。

中　村　君◉判決の考えはよく分かりました。ただ、この条例は、制定したのは市議会で、辞職勧告を受けたのは市議会議員。議会内部に関するものですよね。一般住民の人権を制約する条例とは違うのでしょうね。

黒田係長◉そのとおりだよ。判決でもその点を踏まえて「本件条例は地方公共団体の議会の内部的自律権に基づく自主規制としての性格を有しており、このような議会の自律的な規制の在り方についてはその自主的な判断が尊重されるべき」としているね。

中　村　君◉それで、結論としては、条例は憲法に反しないということだったんですよね。

黒田係長◉判決の結論は「２親等規制に基づく議員の議員活動の自由についての制約は、地方公共団体の民主的な運営におけるその活動の意義等を考慮してもなお、前記の正当な目的を達成するための手段として必要かつ合理的な範囲のものということができる」としている。

中　村　君◉この条例によって、議員の親族が経営する企業の経済活動の自由も制限することになると思うのですが、その点についてはどんな判断がされたのですか。

黒田係長◉その点については、「規制の対象となる企業の経済活動は上告人の工事等に係る請負契約等の締結に限られるところ、２親等内親族企業であっても、上記の請負契約等に係る入札資格を制限されるものではない上、本件条例上、２親等内親族企業は上記の請負契約等を辞退しなければならないとされているものの、制裁を課するなどしてその辞退を法的に強制する規定は設けられておらず、２親等内親族企業が上記の請負契約等を締結した場合でも当該契約が私法上無効となるものではないこと等の事情も考慮する」と「２親等内親族企業の経済活動についての制約は、前記の正当な目的を達成するための手段として必要性や合理性に欠けるもの」ではないとしているね。

ちょっと解説

自治体の議員は、議員以外に他の職業に従事することも多くあります。そのような場合であっても、議員としての職責を果たすための妨げとなるような職を兼ねることは、地方自治法92条の２の規定により禁止されています。具体的には、議会の議員は、その自治体に対して自ら請負を行ったり、自治体からの請負を主要な事業とする会社の取締役等になったりすることはできないとされています。

条例の規制内容の明確性

黒田係長◉次は広島市暴走族追放条例違反被告事件判決（注３）を見てみよう。

中 村 君◉その事件は覚えています。確か条例の規制内容が不明確だということが訴訟で争われたんですよね。

黒田係長◉そうだね。この条例では、公共の場所において所有者等の承諾又は許可を得ないで、特異な服装をしたり、顔面を覆い隠したり、円陣を組んだりして威勢を示して行われる集会を広島市長による中止・退去命令の対象としている。そして、この命令に違反した者に対しては、刑罰を科すこととされているんだ。

（注３）最判平成19年９月18日刑集61巻６号601頁

中 村 君◉この条例に違反して集会が行われたんですよね。裁判では、どんな点が問題になったのですか。

黒田係長◉「集会」や「特異な服装」の文言が不明確だから、この条例は憲法21条1項（集会の自由）や31条（適正手続の保障）に違反するとして争われたんだ。

中 村 君◉「集会」はともかく「特異な服装」といっても、個人の価値観で変わってしまいますよね。

黒田係長◉この条例は、題名にもあるように、本来はいわゆる暴走族を対象としているんだ。でも、判決は「暴走族の定義において社会通念上の暴走族以外の集団が含まれる文言となっていること、禁止行為の対象及び市長の中止・退去命令の対象も社会通念上の暴走族以外の者の行為にも及ぶ文言となっていることなど、規定の仕方が適切ではなく、本条例がその文言どおりに適用されることになると、規制の対象が広範囲に及び、憲法21条1項及び31条との関係で問題がある」と、条例の問題点を指摘している。

中 村 君◉憲法31条は、適正手続の保障ですね。これは覚えていますよ。条例で規制される対象が不明確なんて、根本的に問題ですよね。条例は違憲とされたのですか。

黒田係長◉判決では、「条例の全体から読み取ることができる趣旨、さらには本条例施行規則の規定等を総合すれば、本条例が規制の対象としている『暴走族』は」、「暴走行為を目的として結成された集団である本来的な意味における暴走族の外には、服装、旗、言動などにおいてこのような暴走族に類似し社会通念上これと同視することができる集団に限られる」としている。

　その上で「このように限定的に解釈すれば、本条例16条1

項1号、17条、19条の規定による規制は、広島市内の公共の場所における暴走族による集会等が公衆の平穏を害してきたこと、規制に係る集会であっても、これを行うことを直ちに犯罪として処罰するのではなく、市長による中止命令等の対象とするにとどめ、この命令に違反した場合に初めて処罰すべきものとするという事後的かつ段階的規制によっていること等にかんがみると、その弊害を防止しようとする規制目的の正当性、弊害防止手段としての合理性、この規制により得られる利益と失われる利益との均衡の観点に照らし、いまだ憲法21条1項、31条に違反するとまではいえない」と判断したんだ。

中 村 君◉最高裁は、かなり苦しい判断をしているように思えるのですが……。

黒田係長◉そうだね。限定的に解釈して合憲だと判断したんだね。この判決には反対意見が付されていて、例えば藤田宙靖裁判官は「多数意見のような解釈は、広島市においてこの条例が制定された具体的な背景・経緯を充分に理解し、かつ、多数意見もまた『本条例がその文言どおりに適用されることになると、規制の対象が広範囲に及び、憲法21条1項及び31条との関係で問題があることは所論のとおりである』と指摘せざるを得なかったような本条例の粗雑な規定の仕方が、単純に立法技術が稚拙であることに由来するものであるとの認識に立った場合に、初めて首肯されるものであって、法文の規定そのものから多数意見のような解釈を導くことには、少なくとも相当の無理がある」としているんだ。

中 村 君◉自治体職員にとっては、かなり厳しい意見ですね。でも、これから条例を制定するに当たっては、この意見を念頭に置いて条文を検討することが大切ですね。

条例制定と適正手続

黒田係長◉最後に、紀伊長島町水道水源保護条例事件判決（注４）を見てみよう。ある事業者が、産業廃棄物中間処理施設の設計を計画したところ、紀伊長島町（現在の紀北町）がその施設を水道水源保護条例の規制対象事業場と認定する旨の処分をしたんだ。これに対して、この事業者が認定処分の取消しを求めた訴訟だよ。

中　村　君◉その条例に基づいて、規制対象事業場と認定すると、どんな効果があるのですか。

黒田係長◉規制対象事業場に認定されると、水源保護地域に指定された区域に設置できなくなる（条例12条）。さらに、これに違反した場合には、１年以下の懲役又は10万円以下の罰金に処することとされているよ（条例20条）。

中　村　君◉そうすると、実際には設置を制限する効果があるのですね。訴訟では、どんな点が問題になったのですか。

黒田係長◉この事業者が三重県知事に対して行った施設設置許可申請の事前協議手続の過程で紀伊長島町が施設計画を知ったんだ。町は、事前協議手続で知った後で、この条例を制定したんだけれど、そのことが問題になったよ。

中　村　君◉たまたま設置計画を知ったからって、狙い撃ちの条例を制定するなんて、おかしいですよね。

黒田係長◉そうだよね。判決でも、すでに設置計画を進めていた

（注４）最判平成16年12月24日民集58巻９号2536頁

ことを重視していて、町は事業者が「本件条例制定の前に既に産業廃棄物処理施設設置許可の申請に係る手続を進めていたことを了知しており、また、同手続を通じて本件施設の設置の必要性と水源の保護の必要性とを調和させるために町としてどのような措置を執るべきかを検討する機会を与えられていた」ということを指摘しているんだ。

中 村 君◉それならこの認定は適正になされたということはできないと思いますが、最終的に判決ではどんな判断がなされたのですか。

黒田係長◉判決の判断としては、「本件処分をするに当たっては、本件条例の定める上記手続において、上記のような上告人〔筆者注：事業者〕の立場を踏まえて、上告人と十分な協議を尽くし、上告人に対して地下水使用量の限定を促すなどして予定取水量を水源保護の目的にかなう適正なものに改めるよう適切な指導をし、上告人の地位を不当に害することのないよう配慮すべき義務があったものというべきであって、本件処分がそのような義務に違反してされたものである場合には、本件処分は違法となる」としている。

中 村 君◉最高裁は、この事案の特殊性を踏まえて、適正な手続を求めているのですね。憲法の規定でいうと、31条ですね。ところで、産業廃棄物処理施設の設置については、廃棄物の処理及び清掃に関する法律（廃棄物処理法）で規制がなされていたと思うのですが、今回の条例とこの法律との関係については争われなかったのですか。

黒田係長◉中村君、ちゃんと条例と法律との抵触関係についても忘れていなかったね。もちろん、その点も争われているよ。控訴審の名古屋高裁では、この法律は「産業廃棄物の排出を抑制し、産業廃棄物の適正な処理によって、生活環境の改善をはかることを目的とするのに対し、」「住民の生命と健康を守るため、安全な水道水を確保する目的で同町が制定した本件条例とではその目的、趣旨が異なるのであるから、本件条例が前記廃棄物処理法に反して無効ということはできない」と判断している（注５）。ただし、最高裁はその点については判断をせずに、手続が不適正だという点から判断をしているんだ。

（注５）名古屋高判平成12年２月29日民集58巻９号2621頁

第8章　国家補償制度

第20回：自治体の賠償責任─国賠法1条

今回は、国家賠償法1条に基づいて自治体の損害賠償責任等が争われた判例を取り上げることにしましょう。自治体が損害賠償責任を負うことを避けるためにも、判決を理解することはとても重要なことです。

公務員個人は損害賠償責任を負うか？

黒田係長◉自治体が違法なことを行って損害賠償責任を負うことがあるけれど、今回はその責任が争われた判例を取り上げることにしよう。

中 村 君◉国家賠償法の問題ですね。損害賠償責任を負うようなことは、本来あってはならないことですが、とても多くの判例があるように思います。

黒田係長◉そうだね。自治体が違法なことを行うと国家賠償法1条に基づいて損害賠償責任を負うことになるけれど、そんな判例はとてもたくさんあるね。今回は、そんな判例の中から興味深いものをいくつか取り上げることにしよう。

　まず、農地委員会解散命令慰藉料等請求事件判決（注1）を見てみよう。

中 村 君◉国や自治体の損害賠償責任についての判決ですか？どんな事案なんだろう。

（注1）最判昭和30年4月19日民集9巻5号534頁

黒田係長◉今回の事案は、熊本県湯前町農地委員会の委員が起こした訴訟で、県知事が行った農地委員会解散処分が無効であることの確認を求めるとともに、当時知事又は県農地部長の地位にあった者に対して損害賠償を請求した事案なんだ。

中　村　君◉係長、六法を確認させてください。国家賠償法１条では、「国又は公共団体の公権力の行使に当る公務員が、その職務を行うについて、故意又は過失によつて違法に他人に損害を加えたときは、国又は公共団体が、これを賠償する責に任ずる」と規定されていますよね。「国又は公共団体が、これを賠償する」って規定されているのに、「知事又は県農地部長」に損害賠償請求をしたのですか？

黒田係長◉中村君、いいところに気がついたね。確かに条文どおりなら「国又は公共団体」が責任を負うことになるよね。国家賠償法１条の公共団体とは、この事案の場合には地方公共団体、つまり自治体である熊本県だから、あくまで熊本県の損害賠償責任が問題となるはずなんだ。

中　村　君◉確かに国家賠償法の条文では熊本県の損害賠償責任が問題になりますが、民間企業ならば従業員が第三者に損害を与えた場合には、従業員本人は民法709条で損害賠償責任を負い、その従業員の使用者である会社は民法715条に基づいて損害賠償責任を負うことになっていたと思いますが……。

黒田係長◉民間企業の場合にはそうだね。従業員は民法709条による損害賠償責任を、その使用者は民法715条の損害賠償責任を、それぞれ負うことになるよね。この事件で最高裁は、「被上告人等〔筆者注：知事及び県農地部長〕の職務行為を理由とする国家賠償の請求と解すべきであるから、国または公共団体

図1　国家賠償法と民法の使用者責任との違い

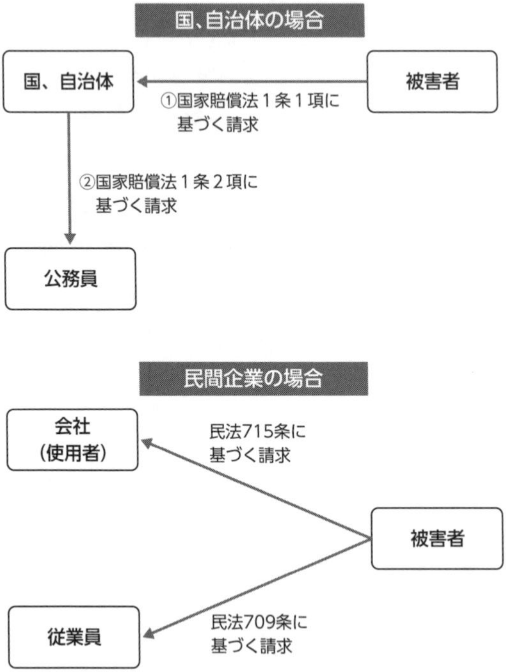

が賠償の責に任ずるのであつて、公務員が行政機関としての地位において賠償の責任を負うものではなく、また公務員個人もその責任を負うものではない」と判断しているね。

中村君◉確かに条文どおりならばそんな判断になると思うのですが、公務員が会社員よりも優遇されているみたいですよ。そもそも何で国家賠償法は公務員個人ではなく、国や公共団体が損害賠償責任を負うと規定したのでしょうか？

黒田係長◉公務員の個人責任を認めない理由を最高裁は示していないけれど、国家賠償法の立法過程では次のような説明がされているんだ。つまり、公務員個人の損害賠償責任を認めると、公務員が萎縮して適正果敢な公務の執行が抑制されることが懸念されるから個人責任を否定する考え方なんだ。

中 村 君◉何となく分かる気はしますし、公務員としてはありがたいのですが、市民感覚として、公務員が損害賠償責任を負わないことは釈然としないような気がします。

黒田係長◉確かに、公務員個人の損害賠償責任の問題については争いがあって、下級審では個人責任を認めた事案もあるんだ(注２)。この最高裁判例を機械的に当てはめるのではなくて、事案に即して考える必要があるだろうね。

公務員が行った行為が犯罪的な違法行為の場合には、個人責任を問うべきこともあるのだろう。ここで注意が必要なのは、争われているのは、被害者が公務員個人に対して直接に損害賠償請求を行うことができるかということだよ。公務員個人が一切損害賠償責任を負わないと主張されているわけではないよ。

中 村 君◉あっ！　そうですよね。国家賠償法１条２項ですね。

黒田係長◉ちゃんと気がついたね。国家賠償法１条２項では「公務員に故意又は重大な過失があつたときは、国又は公共団体は、その公務員に対して求償権を有する」って規定されているからね。

中 村 君◉そうですよね。公務員個人が一切責任を問われないわけではなくて、故意や重過失の場合には、自治体が被害者に損害賠償した後で、公務員個人に求償するんですよね。

(注２) 東京地判昭和40年３月24日判時409号14頁、札幌地判昭和46年12月24日判時653号22頁等

事務を委託した場合の損害賠償責任

黒田係長◉次は、民営児童養護施設における損害賠償請求事件判決（注3）だよ。

中 村 君◉民営児童養護施設なのに、国家賠償法が問題となったのですか？

黒田係長◉そうなんだ。事案は、社会福祉法人が運営する養護施設に入所していた児童が、施設の職員等が監督義務、安全配慮義務を怠ったため、他の児童から暴行を受けて傷害を負ったとして、愛知県が損害賠償を請求された事案なんだ。

中 村 君◉社会福祉法人って、国や公共団体ではなく民間ですよね。どんな理由で、国家賠償法が問題となったのですか？

黒田係長◉この施設は、民営の児童養護施設だけど、愛知県から委託されて入所児童の養育監護行為を行っていた。それに、この被害を受けた児童は、母親が病気療養のため家庭での養育が困難になったことから、県による児童福祉法に基づく入所措置によってこの施設に入所していたんだ。

中 村 君◉確かに県とこの施設はとても密接な関係にあったのだとは思いますが、あくまで民間の施設ですよね。その職員が違法行為を行ったからといって、県が損害賠償責任を負うことはないように思いますが……。国家賠償法1条では「公務員」が、その職務を行う際について、他人に損害を与えたときは国又は公共団体がこれを賠償する責に任ずるってされていますよね。そうすると加害行為を行った人が公務員でなければ、国や地方公共団体は損害賠償責任を負わないのではないですか？

（注3）最判平成19年1月25日民集61巻1号1頁

黒田係長◉判決の判断の前提として、児童福祉法が「保護者による児童の養育監護について、国又は地方公共団体が後見的な責任を負うことを前提に、要保護児童に対して都道府県が有する権限及び責務を具体的に規定する一方で、児童養護施設の長が入所児童に対して監護、教育及び懲戒に関しその児童の福祉のため必要な措置を採ることを認めている」ことが重要なポイントになっているんだ。

中 村 君◉確かに児童福祉法は、国又は地方公共団体が後見的な責任を負うとしていますが、あくまで後見的な立場であって、本来の責任は児童養護施設を運営する社会福祉法人にあるように思えますが……。

黒田係長◉最高裁は特に前段を踏まえて「入所後の施設における養育監護は本来都道府県が行うべき事務であり、このような児童の養育監護に当たる児童養護施設の長は、……本来都道府県が有する公的な権限を委譲されてこれを都道府県のために行使する」として、本来的には都道府県の事務だとしているね。その上で、「社会福祉法人の設置運営する児童養護施設に入所した児童に対する当該施設の職員等による養育監護行為は、都道府県の公権力の行使に当たる公務員の職務行為」だと判断しているんだ。

中 村 君◉つまり、児童養護施設に入所した児童に対する養育監護は都道府県の事務だから、それを社会福祉法人に委託した場合には社会福祉法人の職員が県の事務を処理していることになり、その職員が公権力の行使に当たる公務員になるということですね。

黒田係長◉委託したからといって、都道府県の事務でなくなるわけではないからね。

中 村 君◉ところでこの社会福祉法人の損害賠償責任は、どうなったのですか？　先ほどもありましたが、この場合、民間の社会福祉法人だから、民法715条の使用者責任として使用者である社会福祉法人の損害賠償責任も認められるのではないですか？

黒田係長◉その点について最高裁の判断としては、国家賠償法は「国又は公共団体がその被害者に対して賠償の責めに任ずることとし、公務員個人は民事上の損害賠償責任を負わないこととしたものと解される……。この趣旨からすれば、国又は公共団体以外の者の被用者が第三者に損害を加えた場合であっても、当該被用者の行為が国又は公共団体の公権力の行使に当たるとして国又は公共団体が被害者に対して同項に基づく損害賠償責任を負う場合には、被用者個人が民法709条に基づく損害賠償責任を負わないのみならず、使用者も同法715条に基づく損害賠償責任を負わない」として、この事件では県が損害賠償責任を負うことになり、職員の使用者である社会福祉法人は民法715条に基づく損害賠償責任を負わないと判断しているよ。

民間機関が行政処分を行う場合の損害賠償責任

黒田係長◉では、次の判例を見てみよう。今の事件と少し似ているけれど、指定確認検査機関の建築確認に関する損害賠償請求事件判決（注４）を取り上げよう。

中 村 君◉指定確認検査機関って、建築基準法に基づいて建築確

（注４）最判平成17年６月24日裁判集民217号277頁

認等を行う民間の機関ですよね。指定確認検査機関の建築確認については、構造計算書の偽造が社会問題にもなったこともありましたね。

黒田係長◉この事件もそんな一連の問題の中で訴えが起こされたんだ。

中 村 君◉この事件もさっきの社会福祉法人と同様に、民間の指定確認検査機関が行った行為なのに自治体の損害賠償責任が問題となったのですか？　どんな事件だったのですか？

黒田係長◉この事件では、指定確認検査機関によって建築確認を受けた建築物の周辺に居住する住民が、この建築物が建築されることによって生命、身体の安全等が害されるなどと主張して、建築確認の取消しを求める訴えを提起した。しかし、訴訟が終わる前に建築物が完成してしまったから、住民が行政事件訴訟法21条1項の規定に基づいて、建築確認の違法を原因として横浜市に対する損害賠償を求める訴えに変更することの許可を申し立てた事案なんだ。

中 村 君◉行政事件訴訟法21条1項って、どんな規定なのですか？

黒田係長◉行政事件訴訟法21条1項では、「裁判所は、取消訴訟の目的たる請求を当該処分又は裁決に係る事務の帰属する国又は公共団体に対する損害賠償その他の請求に変更することが相当であると認めるときは、請求の基礎に変更がない限り、口頭弁論の終結に至るまで、原告の申立てにより、決定をもつて、訴えの変更を許すことができる」と規定しているんだ。ちょっと難しいけれど、指定確認検査機関が行った建築確認の事務が横浜市に帰属し、国家賠償法に基づく損害賠償責任を負うべき立場となるかということが争われたんだ。

中 村 君◉先ほどは、児童の養育監護が都道府県の事務だから、その事務に携わる人は公権力の行使に当たる公務員になるとされていますが、この事件では裁判所はどんな判断をしたのですか？

黒田係長◉判決では、「建築主事による確認に関する事務は、地方公共団体の事務であり……同事務の帰属する行政主体は、当該建築主事が置かれた地方公共団体である」としている。

中 村 君◉やはりその事務がもともと自治体の事務であるということが重要なのですね。

黒田係長◉もちろんそうだけど、それだけではないんだ。指定確認検査機関が行った建築確認に関する自治体の権限を重視しているんだ。

中 村 君◉指定確認検査機関が建築確認を行った場合でも、自治体は何か権限を持っているのですか？

黒田係長◉建築基準法では、指定確認検査機関が確認済証の交付をしたときは、その旨を特定行政庁に報告しなければならないとされている。

中 村 君◉特定行政庁ですか？

黒田係長◉特定行政庁とは、建築主事を置く自治体のことだよ。特定行政庁は、指定確認検査機関から確認済証の交付をしたことの報告を受けた場合に、その建築物の計画が建築基準関係規定に適合しないと認めるときは、当該建築物の建築主及び当該確認済証を交付した指定確認検査機関にその旨を通知しなければならないとされている。そして、その通知をした場合には、当該確認済証はその効力を失うとされていて、特定行政庁に指

図２　指定確認検査機関と特定行政庁との関係

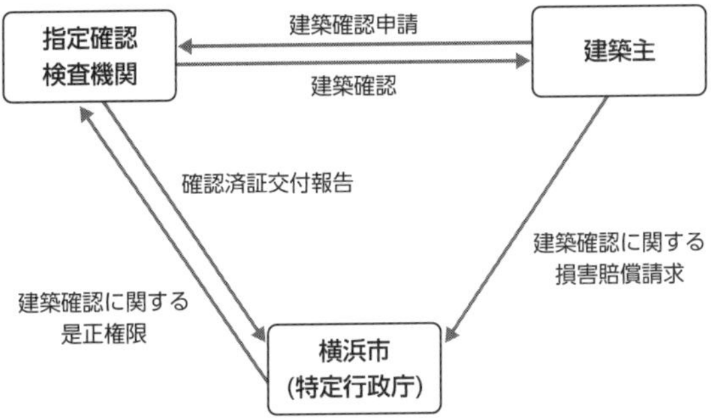

定確認検査機関の確認を是正する権限が付与されているんだ。

中 村 君◉民間の指定確認検査機関が建築確認を行うといっても、自治体には是正する権限が付与されているのですね。

黒田係長◉そうなんだ。だから最高裁の判断としては、建築基準法は「建築物の計画が建築基準関係規定に適合するものであることについての確認に関する事務を地方公共団体の事務とする前提に立った上で、指定確認検査機関をして、上記の確認に関する事務を特定行政庁の監督下において行わせることとした」のだから、「指定確認検査機関による確認に関する事務は、建築主事による確認に関する事務の場合と同様に、地方公共団体の事務であり、その事務の帰属する行政主体は、当該確認に係る建築物について確認をする権限を有する建築主事が置かれた地方公共団体である」としているんだ。

中 村 君◉そうすると、指定確認検査機関が行った建築確認であっても、それは横浜市に帰属する事務であるということですね。

黒田係長◉そうだよ。判決では「指定確認検査機関の確認に係る建築物について確認をする権限を有する建築主事が置かれた地方公共団体は、指定確認検査機関の当該確認につき行政事件訴訟法21条1項所定の『当該処分又は裁決に係る事務の帰属する国又は公共団体』に当たる」として、横浜市に対する損害賠償請求に訴えを変更することを認めているよ。ただし、指定確認検査機関が行った建築確認に関して、実際に自治体が損害賠償責任を負うかということについては、裁判所の判断は分かれているんだ。平成17年の裁判例（注5）では、自治体が国家賠償法1条の「公共団体」に当たるとしているけれど、平成24の裁判例（注6）では、自治体が国家賠償法上の責任は負わないとしている。後で確認しておいてほしいな。

中 村 君◉従来は行政機関が行っていた事務を民間機関が行うことも増えているので、重要な問題ですよね。後で判例集で確認しておきます。

自治体の政策変更と損害賠償責任

黒田係長◉それじゃ、最後の事案を見てみよう。今までの事例とはかなり違うけれど、自治体の政策変更によって損害が生じたとして損害賠償請求があった事案（注7）だよ。

中 村 君◉自治体は、様々な情勢の変化によって、政策を変更することもあるので、これも重要な判決ですね。

黒田係長◉沖縄県宜野座村の前村長が推進した企業誘致政策に基づいてある企業が工場建設に着手したところ、工場建設に反対

（注5）横浜地判平成17年11月30日判自277号31頁
（注6）横浜地判平成24年1月31日判時2146号91頁
（注7）最判昭和56年1月27日民集35巻1号35頁

の立場をとる人が村長選に当選したんだ。そして新しく就任した村長が工場建設に対する協力を拒否した結果、工場建設が不可能となったため、宜野座村に対して損害賠償を請求した事案なんだ。

中 村 君◉企業誘致に基づいて工場をつくろうとしていたのに、村長が代わったからといって、工場が建設できなくてなってしまったら、その企業には迷惑な話ですよね。

黒田係長◉ただ、最高裁は「地方公共団体の施策を住民の意思に基づいて行うべきものとするいわゆる住民自治の原則は地方公共団体の組織及び運営に関する基本原則であり、また、地方公共団体のような行政主体が一定内容の将来にわたつて継続すべき施策を決定した場合でも、右施策が社会情勢の変動等に伴つて変更されることがあることはもとより当然」だとしてるね。

中 村 君◉最高裁のいうように、工場建設に反対の立場をとる人を選挙で住民が選んだから、原則としてはその住民の意思を反映するというのが住民自治だというのも分かります。ただ、だからといって企業に損害を被らせていいのでしょうか？

黒田係長◉そうなんだ。この企業は、工場敷地の一部として予定された村有地の耕作者らに土地明渡しに対する補償料を支払い、工場に備え付ける機械設備の発注をし、工場敷地の整地工事にも着手していたんだ。

中 村 君◉そこまで進んでいたのなら、単に自治体の政策変更だから了解してほしいという問題ではないですよね。

黒田係長◉そうだよね。最終的に最高裁は「施策が変更されることにより、前記の勧告等に動機づけられて前記のような活動に入つた者がその信頼に反して所期の活動を妨げられ、社会観念上看過することのできない程度の積極的損害を被る場合に、地方公共団体において右損害を補償するなどの代償的措置を講ずることなく施策を変更することは、それがやむをえない客観的事情によるのでない限り、当事者間に形成された信頼関係を不当に破壊するものとして違法性を帯び、地方公共団体の不法行為責任を生ぜしめる」としているね。

中　村　君◉そうですよね。住民自治も大切ですが、相手方に損害を被らせてはいけないですよね。

黒田係長◉最高裁は住民自治のことにも触れていて「住民自治の原則も、地方公共団体が住民の意思に基づいて行動する場合にはその行動になんらの法的責任も伴わないということを意味するものではないから、地方公共団体の施策決定の基盤をなす政治情勢の変化をもつて……やむをえない客観的事情にあたるものとし、……相手方の信頼を保護しないことが許されるものと解すべきではない」として、住民自治に基づいて行動しても損害賠償等法的責任を負うことがあることもいっているね。

中　村　君◉今日はありがとうございました。国家賠償法１条の問題って、本当に幅広いですね。さっき係長から見ておくようにいわれた裁判例も含めて、もっと勉強しようと思います。

第21回：自治体の賠償責任―国賠法２条

今回は、国家賠償法２条に基づいて自治体の損害賠償責任が争われた判例を取り上げることにしましょう。施設の適正な管理のためにも、どのような場合に自治体が損害賠償責任を負うかについて理解しておくことは、とても重要なことです。

道路の設置、管理の瑕疵

黒田係長◉前回は、自治体が違法な行為を行った場合の損害賠償責任に関する判例を説明したけれど、今回は、自治体が管理する施設が原因で損害が生じた場合の責任に関する判例を見てみよう。

中 村 君◉国家賠償法２条ですね。

黒田係長◉中村君、よく知っているね。じゃあ、国家賠償法２条１項を読んでみてくれるかな。

中 村 君◉はい。国家賠償法２条１項は「道路、河川その他の公の営造物の設置又は管理に瑕疵があつたために他人に損害を生じたときは、国又は公共団体は、これを賠償する責に任ずる」って規定されていますね。ところで、設置又は管理の瑕疵ってどんなことなのですか？

黒田係長◉その点に関する判例を見てみよう。

この事件では、被害者が道路を通過中に、突然道路上方から転落した岩石の直撃を受けて死亡してしまったんだ。被害者の両親が、この事故は、営造物の設置、管理に瑕疵があったことが原因だとして道路管理者である高知県等に対して、国家賠償法に基づいて損害賠償を請求した事案なんだ（注１）。

中 村 君◉道路の上から岩石が落ちてきたって、本当にひどい事故ですね。でも、自然災害の場合もあるし、どんな場合だと道路施設に瑕疵があることになるのでしょうか？

黒田係長◉その点については「国家賠償法２条１項の営造物の設置または管理の瑕疵とは、営造物が通常有すべき安全性を欠いていること」という判断が示されているよ。

中 村 君◉「通常有すべき安全性を欠いていること」という判断は分かりますが、具体的にはなかなか難しいですね。

黒田係長◉そうだね。その安全性は、施設ごと、あるいは事案ごとに異なることになるね。

中 村 君◉この道路はどんな管理をしていたのですか？　もし以前から落石があったのなら、それに対して十分な対策を講じていなければならないですよね。

黒田係長◉その点について判決では、「本件道路には従来山側から屡々落石があり、さらに崩土さえも何回かあつたのであるから、いつなんどき落石や崩土が起こるかも知れず、本件道路を通行する人および車はたえずその危険におびやかされていたにもかかわらず、道路管理者においては、『落石注意』等の標識を立て、あるいは竹竿の先に赤の布切をつけて立て、これによつて通行車に対し注意を促す等の処置を講じた」だけだったとしているよ。

中 村 君◉それではダメでしょ。これまでにも落石があったのなら、防護柵を設置するなどの対策が必要だったのではないですか？

（注１）高知落石事件判決・最判昭和45年８月20日民集24巻９号1268頁

黒田係長◉この判決でも示されているけれど、防護柵や防護覆を設置したり、金網を張るとか、常時山地斜面部分を調査して落下しそうな岩石があるときは除去するとか、崩土の起こるおそれのあるときは事前に通行止めをする等の措置がとられたことは全くなかったんだ。

中　村　君◉それなら、道路管理者である高知県が損害賠償責任を負うのは当然ですね。ただ、防護柵の設置等には膨大な経費がかかる場合もありますよね。自治体としても、予算の制約から十分に対処できないこともあるのではないですか。そんな場合でも損害賠償責任を負うことになるのですか？

黒田係長◉いい質問だね。その点は控訴審でも問題となったんだ。この点について最高裁は、「道路における防護柵を設置するとした場合、その費用の額が相当の多額にのぼり、上告人県としてその予算措置に困却するであろうことは推察できるが、それにより直ちに道路の管理の瑕疵によつて生じた損害に対する賠償責任を免れうるものと考えることはできないのであり、その他、本件事故が不可抗力ないし回避可能性のない場合であることを認めることができない」としている。

中　村　君◉つまり、予算がないからといって、責任を免れることはできないのですね。

河川の管理の瑕疵

黒田係長◉次の事案は、大東水害訴訟判決（注２）といわれる有名な判決だよ。

（注２）最判昭和59年１月26日民集38巻２号53頁

中 村 君◉名前ぐらいは聞いたことがあります。

黒田係長◉河川の瑕疵に関する重要な判決だよ。事案としては、豪雨のために床上浸水の被害を受けた大阪府大東市の住民らが、河川管理者である国等に対して国家賠償を求めた事案だよ。

中 村 君◉自然災害なのに国等に損害賠償請求をしたのですか？

黒田係長◉原告は、河川が通常有すべき安全性に欠けていたことが浸水被害の原因だといって、損害賠償を求めたんだ。

中 村 君◉さっきの落石事故の判決から考えると、いくら豪雨とはいっても浸水被害が生じたのなら、河川が通常有すべき安全性が欠けているといえるのではないですか？

黒田係長◉この判決では、さっきの道路に関するものとは違う前提に立っているんだ。つまり、「河川は、本来自然発生的な公共用物であつて、管理者による公用開始のための特別の行為を要することなく自然の状態において公共の用に供される物であるから、通常は当初から人工的に安全性を備えた物として設置され管理者の公用開始行為によつて公共の用に供される道路その他の営造物とは性質を異にし、もともと洪水等の自然的原因による災害をもたらす危険性を内包している」といって、道路と河川との違いを指摘しているよ。

中 村 君◉河川は自然にでき上がるけれど、道路は人工的に設置されるものだから、そもそも違うのですね。確かに道路は安全にも配慮してつくられるけれど、河川は自然にあるから安全性を備えていない場合もあるということですね。

黒田係長◉そのとおりだよ。さらに判決では、「河川の管理は、道路の管理等とは異なり、本来的にかかる災害発生の危険性をはらむ河川を対象として開始されるのが通常であつて、河川の通常備えるべき安全性の確保は、管理開始後において、予想される洪水等による災害に対処すべく、堤防の安全性を高め、河道を拡幅・掘削し、流路を整え、又は放水路、ダム、遊水池を設置するなどの治水事業を行うことによつて達成されていくことが当初から予定されている」としている。

中村君◉この判決の指摘はよく分かります。河川は護岸を整備したりして徐々に改良して安全性を高めていかなければならないですよね。そのためには、工事費も多額になるから、予算の制約だってありますよね。判決では、河川が有すべき安全性については、道路とは異なる基準を示しているのですか？

黒田係長◉そうだね。判決の結論としては、「河川の管理についての瑕疵の有無は、過去に発生した水害の規模、発生の頻度、発生原因、被害の性質、降雨状況、流域の地形その他の自然的条件、土地の利用状況その他の社会的条件、改修を要する緊急性の有無及びその程度等諸般の事情を総合的に考慮し、前記諸制約のもとでの同種・同規模の河川の管理の一般水準及び社会通念に照らして是認しうる安全性を備えていると認められるかどうかを基準として判断すべきである」としているよ。

表１　人工公物と自然公物との対比

	公用開始の時期	安全性確保の基準	安全性に対する制約要因
人工公物（道路等）	設置後の公用開始行為	当初から通常予想される災害に対応する安全性を備えたものでなければならない。	人工的に設置するものであるため、制約要因は少ない。
自然公物（河川等）	自然発生的な開始（設置・公用開始行為はない）	過渡的な安全性で足りる（もともと危険性を内包しているため）。	財政的・技術的・社会的制約が存在する。

中 村 君◉河川については、道路の場合よりも様々な条件等を踏まえて、瑕疵の判断がされるのですね。よく分かりました。

　そういえば、うちの近くの河川で改修工事をしていました。河川は、整備済みと整備がまだ済んでいない河川など様々なものがあるのではないですか？

黒田係長◉改修工事。いい点に気がついたね。まさにこの判決の重要なポイントだよ。

中 村 君◉たまたまこの前、目にしたことをいっただけですが、重要なことだったのですか？

黒田係長◉そうなんだ。この河川はまだ未改修だったから、そのことが問題になったんだ。判決では、この点について「すべての河川について通常予測し、かつ、回避しうるあらゆる水害を未然に防止するに足りる治水施設を完備するには、相応の期間を必要とし、未改修河川又は改修の不十分な河川の安全性としては、右諸制約のもとで一般に施行されてきた治水事業による河川の改修、整備の過程に対応するいわば過渡的な安全性をもつて足りるものとせざるをえない」としているんだ。

中 村 君◉確かに道路と違って河川は自然にあるから、順次改修を進めていますよね。だから「過渡的な安全性をもつて足りる」ということなのですね。ただ、改修の優先順位の問題はあると思います。この河川を優先的に改修していれば、水害は起きなかったのではないですか？

黒田係長◉一般的に河川は計画に基づいて改修を進めているから、その計画の合理性の問題だね。判決ではその点について、「既に改修計画が定められ、これに基づいて現に改修中である河川については、右計画が全体として右の見地からみて格別不合理なものと認められないときは、その後の事情の変動により当該河川の未改修部分につき水害発生の危険性が特に顕著となり、当初の計画の時期を繰り上げ、又は工事の順序を変更するなどして早期の改修工事を施行しなければならないと認めるべき特段の事由が生じない限り、右部分につき改修がいまだ行われていないとの一事をもつて河川管理に瑕疵があるとすることはできない」としているんだ。

中 村 君◉よく分かりました。計画が不合理でなければ、通常は管理に瑕疵がないということですね。この判決は未改修の河川についてのものですよね。改修が終わった河川で水害が起こった場合には、管理に瑕疵があったことになるのではないですか？

黒田係長◉その点については、多摩川水害訴訟の上告審判決があるよ（注３）。

中 村 君◉多摩川は改修済みだったのですね。最高裁は、改修済みの河川の瑕疵については、どんな基準を示したのですか。

黒田係長◉「改修、整備がされた河川は、その改修、整備がされた段階において想定された洪水から、当時の防災技術の水準に照らして通常予測し、かつ、回避し得る水害を未然に防止するに足りる安全性を備えるべきものであるというべきであり」、「河川の改修、整備の段階に対応する安全性とは、同計画に定める規模の洪水における流水の通常の作用から予測される災害の発生を防止するに足りる安全性をいう」としている。

中 村 君◉公の営造物の設置、管理の瑕疵って、それぞれの施設

（注３）最判平成２年12月13日民集44巻９号1186頁

表2　大東水害訴訟判決と多摩川水害訴訟判決の比較

1　未改修河川 大東水害訴訟（最判昭和59年1月26日）は、次のように判断した。 ①　人工公物である道路と自然公物である河川との違いを強調し、河川管理の瑕疵には最判昭和45年8月20日（道路落石事件判決）の射程が及ばない。 ②　河川管理には財政的・技術的・社会的制約が伴うことから、過渡的安全性で足りる。 ③　未改修河川については、改修計画が不合理でないときは、特段の事由がない限り、管理の瑕疵は認められない。
2　改修済河川 多摩川水害訴訟（最判平成2年12月13日）は、次のように判断した。 ①　河川管理には財政的・技術的・社会的制約が伴うことから、河川の改修・整備の段階に対応する安全性で足りる。 ②　改修河川に関する上記安全性とは、計画高水流量規模の流水の通常の作用から予測される災害の発生を防止するに足りる安全性をいう。 改修済みの河川の瑕疵について具体的な基準を示した。

や状況によって大きく異なるのですね。道路も河川も同じようなものだと思っていましたけれど、それぞれの性質や成り立ちを考えて設置、管理の瑕疵を判断しなければならないですね。

黒田係長◉もちろん自治体職員としては、公の営造物が原因で住民に被害が生じるようなことがあってはならないことだけれど、予算も職員も限られる中で、設置、管理の瑕疵が原因ということにならないように、最高裁の判断基準を意識して事業を進めることも重要だね。

テニスの審判台が転倒した場合の責任

黒田係長◉それでは次の判例を見てみよう。次の事案は、町立中学校のテニスコートに設置してあった審判台で遊んでいるうちに審判台とともに倒れて死亡した幼児の両親が、本件審判台を設置、管理する町に対して、国家賠償法2条1項に基づく損害賠償を請求した上告審だよ（注4）。

中 村 君◉審判台ごと倒れたって、審判台なんて普通倒れないですよね。何か瑕疵があったのではないですか。

黒田係長◉そうでもないんだ。亡くなった幼児は、審判台に昇って審判台の後部から降りようとしたんだ。そのために審判台が後方に倒れたから、この幼児はそのまま仰向けに倒れて審判台の下敷きになってしまったんだよ。

中 村 君◉その子には気の毒ですけれど、審判台は後ろから降りることを想定してつくられていないですよね。

黒田係長◉そうだね。判決でも「国家賠償法２条１項にいう『公の営造物の設置又は管理に瑕疵』があるとは、公の営造物が通常有すべき安全性を欠いていることをいい、右の安全性を欠くか否かの判断は、当該営造物の構造、本来の用法、場所的環境及び利用状況等諸般の事情を総合考慮して具体的、個別的に判断すべきである」としている。

中 村 君◉やはり本来の用法、普通の使い方をしたかどうかも重要ですよね。

黒田係長◉そうなんだ。この判決でもいっているけれど、「審判台の前部階段を普通に昇り降りするという本来の用法に耐えられないほど本件審判台の重心の位置が後部に偏っていたわけではなく、本件審判台が設置されてから本件事故が発生するまでの20年余の間、人身事故が発生したことは一度もなく、……本来の用法に従って利用する限り、転倒の危険を有する構造のものではなかった」ということなんだ。

中 村 君◉それなら仕方がない気もしますが、校庭が一般市民に

（注４）最判平成５年３月30日民集47巻４号3226頁

開放されていたのなら、幼児が遊びにくることだってあるのだから、もっと安全にも配慮すべきではなかったのですか？

黒田係長◉その点について判決では、「公立学校の校庭が開放されて一般の利用に供されている場合、幼児を含む一般市民の校庭内における安全につき、校庭内の設備等の設置管理者に全面的に責任があるとするのは当を得ないことであり、幼児がいかなる行動に出ても不測の結果が生じないようにせよというのは、設置管理者に不能を強いるものといわなければならず、これを余りに強調するとすれば、かえって校庭は一般市民に対して全く閉ざされ、都会地においては幼児は危険な路上で遊ぶことを余儀なくされる結果ともなろう」としているよ。

中　村　君◉確かにそうかもしれませんね。幼児がどんな行動に出ても安全に配慮しろといわれると、校庭は開放しないなんてことにもなりかねないですよね。

学校事故に関する費用負担者

黒田係長◉最後は、費用負担者の国家賠償法に基づく賠償責任についての判例を見てみよう。事案としては、郡山市立中学校の教諭の体罰によって生徒が受けた損害を国家賠償法１条１項、３条１項に従い、福島県が賠償した後に、国家賠償法３条２項に基づいて県が市に賠償額全額を求償した事案なんだ（注５）。

中　村　君◉国家賠償法は１条と２条しか見たことがなかったです。３条ってどんな規定なのですか？

黒田係長◉仕方がないな。ちゃんと六法で確認しておかなきゃ。

（注５）最判平成21年10月23日民集63巻８号1849頁

国家賠償法

第３条　前２条の規定によつて国又は公共団体が損害を賠償する責に任ずる場合において、公務員の選任若しくは監督又は公の営造物の設置若しくは管理に当る者と公務員の俸給、給与その他の費用又は公の営造物の設置若しくは管理の費用を負担する者とが異なるときは、費用を負担する者もまた、その損害を賠償する責に任ずる。

2　前項の場合において、損害を賠償した者は、内部関係でその損害を賠償する責任ある者に対して求償権を有する。

中 村 君◉１項で、公務員の選任・監督あるいは公の営造物の設置、管理に当たる者と公務員の給与等や公の営造物の設置、管理の費用を負担する者とが異なるときは、費用を負担する者も損害賠償責任を負うのですね。それから、２項は、損害を賠償した者は、損害賠償責任がある者に対して求償権を有するとしているのですね。

黒田係長◉この事件では、どういう状況なら福島県が損害賠償責任を負うことになるのかな？

中 村 君◉国家賠償法１条の原因となった公務員の給与等を福島県が負担している場合ですよね。

黒田係長◉中村君、そもそも市立中学校の先生の給料はどこが支払っているか知っているかな？

中 村 君◉都道府県費負担教職員っていう言葉を聞いたことがあるので、都道府県が支払っているのですよね。

黒田係長◉よく知っているね。そのとおりだよ。市町村立学校職員給与負担法という法律があって、その1条で市町村立の小中学校の教諭その他同条所定の職員の給料その他の給与は、都道府県の負担とする旨を規定している。

中 村 君◉よく分かりました。だから福島県は、郡山市立中学校の先生の体罰についての損害賠償を行ったのですね。でも3条2項の求償関係についてはよく分かりません。郡山市は福島県に支払わなければならないのですか？

黒田係長◉その点については、この判決も指摘しているように学校教育法と地方財政法に規定があるんだ。「学校教育法5条は、学校の設置者は、法令に特別の定めのある場合を除いては、その学校の経費を負担する旨を、地方財政法9条は、地方公共団体の事務を行うために要する経費については、同条ただし書所定の経費〔筆者注：義務教育職員の給与、生活保護に要する経費等〕を除いては、当該地方公共団体が全額これを負担する旨を、それぞれ規定する」とされているから、「市町村が設置する中学校の経費については、原則として、当該市町村がこれを負担すべきもの」ということになるんだ。

中 村 君◉小中学校の先生の給料は都道府県が負担するけれど、学校の経費は市町村が全額負担するということですね。

黒田係長◉そうだよ。だから、この事故の「損害を賠償するための費用については、法令上、当該中学校を設置する市町村がその全額を負担すべきものとされているのであって、当該市町村が国家賠償法3条2項にいう内部関係でその損害を賠償する責任ある者として、上記損害を賠償した者からの求償に応ずべき義務を負う」ということになるんだね。

第22回：自治体の損失補償

今回は、損失補償に関する判例について取り上げることにしましょう。損失補償は憲法29条３項や土地収用法等の個別法で規定されていますが、どのような場合にどのような内容の補償が必要かということは、自治体職員にとって重要な知識です。

損失補償に関する憲法、法律の規定

黒田係長◉前回までは、自治体の公務員が違法な行為を行った場合や公の営造物に瑕疵があった場合の損害賠償責任に関する判例を説明したけれど、今回は自治体の適法な行為によって生じた損失を補償した事例を取り上げることにしよう。

中村君◉憲法29条３項ですね。

黒田係長◉そうだね。条文を見てみよう。

> **日本国憲法**
>
> 第29条　財産権は、これを侵してはならない。
>
> 2　財産権の内容は、公共の福祉に適合するやうに、法律でこれを定める。
>
> 3　私有財産は、正当な補償の下に、これを公共のために用ひることができる。
>
> （下線筆者）

中村君◉自治体の賠償責任については、国家賠償法という法律がありますが、損失補償については、憲法29条３項以外に法律はないのですか？

黒田係長◉いいところに気がついたね。損失補償については、国

家賠償法のように一般的な原則を規定する法律はなくて、個別法に規定が設けられているんだ。

中 村 君◉じゃあ、個別の法律を見ていかなきゃならないですね。

黒田係長◉その個別法について判例を見ていこう。最初の事案は、国道の交差点に地下横断歩道が新設された結果、消防法等の規制によって、この交差点に面するガソリンスタンドに埋設されていたガソリンタンクを移転しなければならなくなったものなんだ。このタンクの移転費用が道路法70条の補償の対象となるかどうかが争われた事案だよ（注１）。

中 村 君◉道路法70条ってどんな規定ですか？

黒田係長◉道路を新設又は改築したことによって、道路に面する土地について通路の新築などをするやむを得ない必要があると認められる場合には、道路管理者は、これに要する費用の全部又は一部を補償しなければならないという規定なんだ。

中 村 君◉条文の文言から考えると、「通路の新築などをする必要がある場合」にその費用を補償するっていう意味ですよね？

黒田係長◉そのとおりだよ。判決でも「補償の対象は、道路工事の施行による土地の形状の変更を直接の原因として生じた隣接地の用益又は管理上の障害を除去するためにやむを得ない必要があつてした前記工作物の新築、増築、修繕若しくは移転又は切土若しくは盛土の工事に起因する損失に限られる」としているよ。

中 村 君◉そうすると、この事案のように、ガソリンタンクを移転する場合は補償の対象にならないように思いますが……。

（注１）最判昭和58年２月18日民集37巻１号59頁

黒田係長◉よく分かっているね。これまで、中村君に判例の解説をしてきたかいがあるよ。

この判決では、「警察法規が一定の危険物の保管場所等につき保安物件との間に一定の離隔距離を保持すべきことなどを内容とする技術上の基準を定めている場合において、道路工事の施行の結果、警察違反の状態を生じ、危険物保有者が右技術上の基準に適合するように工作物の移転等を余儀なくされ、これによつて損失を被つたとしても、それは道路工事の施行によつて警察規制に基づく損失がたまたま現実化するに至つたものにすぎず、このような損失は、道路法70条1項の定める補償の対象には属しない」としているね。

中 村 君◉何となく判決の趣旨は分かるのですが、警察法規ってどんな法規を意味するのですか？

黒田係長◉警察法規は、主に国民の生命、健康に対する危険を防止、除去するために設けられたもののことだよ。警察法規による規制は、社会の安全等を守るためになされているものであっ

図1　財産権における内在的制約と特別の犠牲

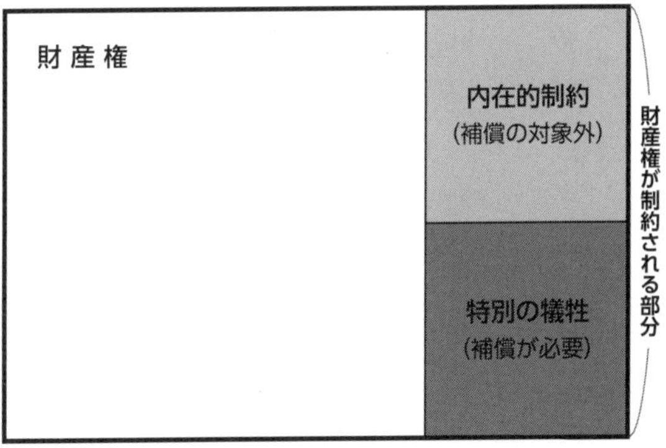

て、財産権がもともと有している内在的制約だから補償は不要だと解されているんだ。

中 村 君◉社会の安全を守るためには、財産権も一定の制約を受けるのは当然だから、その制約に対して補償する必要はないということですね。ガソリンタンクを移転しなければならないのも、警察法規に基づくものだから補償は不要だということなのですね。

黒田係長◉そうなんだ。道路工事の施行に伴い、地下貯蔵タンクの設置状況が消防法等の定める技術上の基準に適合しなくなって別の場所に移設せざるを得なくなったとしても、その損失は「まさしく先にみた警察規制に基づく損失にほかならず、道路法70条1項の定める補償の対象には属しないといわなければならない」と判断している。

都市計画決定と損失補償

黒田係長◉次の判例は、都市計画決定された道路の区域内に所有地の一部が含まれる土地の所有者が、所有地に建築物の建築制限を課せられたことによって損失を受けているとして、憲法29条3項に基づき補償請求した事案なんだ（注2）。

中 村 君◉都市計画決定によって、その土地はどんな制約を受けることになったのですか？

黒田係長◉「特別の事由があるとして行政官庁の許可を受けない限りそこに建築物を突出させることができないこと」になったんだ。

（注2）最判平成17年11月1日裁判集民218号187頁

中 村 君◉それは大きな制約ですよね。その土地自体が自由に使えなくなるのだから、さっきのガソリンタンクの移転よりも大きな制限ですよね。

黒田係長◉確かに制限の大きさという意味ではそうだけれど、この事件では期間の長さも問題だったんだ。

中 村 君◉期間の長さって、どんなことですか？

黒田係長◉都市計画決定の後、60年間にわたって権利制限を受け続け、また、いつ事業が施行されるか分からないという不安定な権利状態に置かれたんだ。

中 村 君◉確かにそんな長い間、土地を利用する権利が制限されるって、問題だと思うのですが……。

黒田係長◉ただ、判決では、さっきと同じように、この土地利用制限による損失は、「一般的に当然に受忍すべきものとされる制限の範囲を超えて特別の犠牲を課せられたものということがいまだ困難であるから、上告人らは、直接憲法29条３項を根拠として上記の損失につき補償請求をすることはできない」と判断しているよ。

中 村 君◉所有権に対する内在的制約って幅広く、なかなか損失補償は認められないのですね。

使用許可の取消しと損失補償

黒田係長◉次の事案を見てみよう。Ａさんが、東京都が中央卸売市場内に所有する土地（行政財産）について、使用目的をレストラン、喫茶店等を営むため建物を建築所有することと定めて行政財産の目的外使用許可を受けていたんだ。その後、市場業務の拡大に伴う市場内の混雑激化の解消のため特別の必要があって許可を取り消したため、Aさんは立退きを余儀なくされた。そこで、Aさんは、損害賠償又は損失補償を請求したんだ(注3)。

中 村 君◉確か、普通財産については、公用又は公共用に供するため必要を生じたときは契約を解除することができるけれど、それによって生じた損失を補償しなければならないって地方自治法で規定されていましたよね。

黒田係長◉よく覚えているね。地方自治法238条の5第4項と第5項だね。では、行政財産はどうなんだろうね。

中 村 君◉行政財産の目的外使用許可には損失補償について、地方自治法では規定していなかったと思います。

黒田係長◉そのとおりだね。ただし、行政財産であっても貸付けの場合には、地方自治法238条の5第4項と第5項の規定を準用するとされているから注意が必要だよ。行政財産の目的外使用許可の取消しについて地方自治法に規定がないということは、どうなるのかな？

中 村 君◉貸付けについては損失補償が規定されているのに、目的外使用許可には損失補償が規定されていないということは、目的外使用許可を取り消しても損失補償の必要はないということだと思います。

黒田係長◉そうだね。判決も「都有行政財産たる土地につき使用許可によつて与えられた使用権は、それが期間の定めのない場合であれば、当該行政財産本来の用途または目的上の必要を生じたときはその時点において原則として消滅すべきものであ

(注3) 最判昭和49年2月5日民集28巻1号1頁

り、また、権利自体に右のような制約が内在しているものとして付与されている」っていっているね。

中村君◉権利であっても、そもそも一定の制約が内在するって、さっきも出てきましたけれど、内在的制約ですね。大学の憲法の講義で習った覚えがあります。

黒田係長◉確かに内在的制約があるのだけれど、ただし、この判決では例外的に損失補償の必要がある場合もあるって判断しているから、注意が必要だよ。

中村君◉行政財産本来の用途又は目的上の必要を生じたときは、使用権は原則として消滅するっていっているのに、損失補償が必要な場合があるのですか？

黒田係長◉そうなんだ。この判決では、「使用権者が使用許可を受けるに当たりその対価の支払をしているが当該行政財産の使用収益により右対価を償却するに足りないと認められる期間内に当該行政財産に右の必要を生じたとか、使用許可に際し別段の定めがされている等により、行政財産についての右の必要にかかわらず使用権者がなお当該使用権を保有する実質的理由を有すると認めるに足りる特別の事情が存する場合」には損失補償が必要だと判断している。

国家賠償と損失補償との谷間

黒田係長◉次は、国家賠償と損失補償との谷間ともいうべき問題に関する判例を見てみよう。

中村君◉国家賠償と損失補償との谷間って、何か難しそうですね。どんな意味ですか？

黒田係長◉中原先生の本の図が分かりやすいから見てみよう。

図2　国家賠償と損失補償との谷間

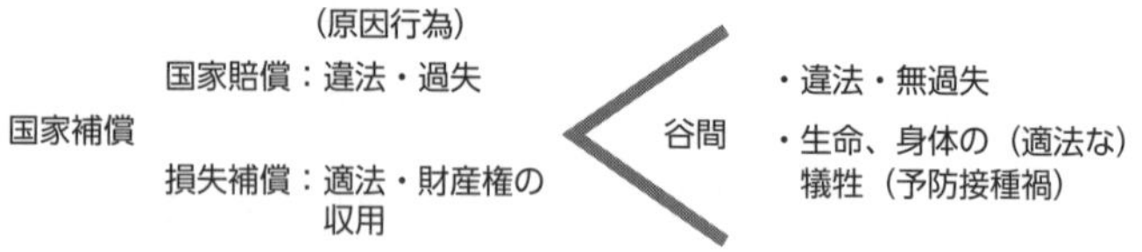

出典：中原茂樹『基本行政法〈第３版〉』（日本評論社、2018年）453頁

中　村　君◉そうですね。国家賠償と損失補償には、まさに谷間という部分があるのですね。国家賠償は、国や自治体の違法な行為で過失か故意がある場合に賠償責任を負うし、損失補償は国や自治体の適法な行為によって財産権を収用するような場合に補償することになりますよね。

黒田係長◉だから、その谷間、つまり、違法だけれど無過失とか、生命、身体の適法な犠牲の場合には、国家賠償にも損失補償にも当たらない可能性があるんだ。

中　村　君◉判例としてはどんなものがあるのですか？

黒田係長◉生後６か月の乳児が、保健所で予防接種法に基づく痘そうの予防接種を受けたところ、脳炎及び脊髄炎を発症し、下半身麻痺による運動障害及び知能障害の後遺症が残ってしまったんだ。これに対して本人と両親が、この後遺症は予防接種担当医の予診義務違反によるものであるなどとして、国、市等に対し国家賠償を求めた事案だよ（注４）。

中　村　君◉最高裁も国家賠償と損失補償との谷間の問題と考えたのですか？

（注４）最判平成３年４月19日民集45巻４号367頁

黒田係長◉最高裁はそうではなくて、基本的に国家賠償の問題として処理しているよ。

中 村 君◉そうなのですか。ただ、国家賠償と考えると予防接種を行った医者の過失の有無が問題になるけれど、過失があったかどうかってなかなか分からないですよね。

黒田係長◉そこが問題だよね。そのため最高裁は、「予防接種によって右後遺障害が発生した場合には、禁忌者を識別するために必要とされる予診が尽くされたが禁忌者に該当すると認められる事由を発見することができなかったこと、被接種者が右個人的素因を有していたこと等の特段の事情が認められない限り、被接種者は禁忌者に該当していたと推定するのが相当」だとして、医師の注意義務を広くとらえて、被害者の救済を図ろうとしている。

中 村 君◉いくら注意義務を広くとらえても、個々の医師の過失を認定するのは難しい場合もあるのではないでしょうか。

黒田係長◉そうだね。この他にも実際に予防接種を行った個々の医師の過失ではなく、「厚生大臣には、禁忌該当者に予防接種を実施させないための充分な措置をとることを怠った過失がある」として予防接種の手続全体をとらえて組織的な過失を認定した裁判例（注５）もあるよ。

中 村 君◉最高裁が国家賠償で処理をしているということは、谷間の問題じゃないのですか？

黒田係長◉これとは別の事案で、損失補償を認めたものもあるんだ。さっきと同じように予防接種法によって実施された予防接

（注５）東京高判平成４年12月18日判タ807号78頁

種を受け、副作用が生じた事案で両親らが民法上の債務不履行責任、国家賠償法上の責任又は憲法上の損失補償責任を追及した事件なんだ（注６）。

中　村　君◉最高裁は、国家賠償法に基づく損害賠償の観点から判断していますが、この判決はどのような構成で損失補償の判断をしていたのですか？

黒田係長◉判決では、予防接種によって「各被害児及びその両親の蒙つた特別犠牲に対し、その余の一般的国民は、……各予防接種によつて伝染の虞がある疾病の発生及びまん延を予防され、よつて、予防接種法が目的としている国民一般の公衆衛生の向上及び増進による社会的利益を享受している」としているんだ。

中　村　君◉被害を受けた人たちには申し訳ないけれど、予防接種のおかげで伝染病のまん延が防止されていますよね。以前聞いたことがあるのですが、予防接種法では、伝性病の発生やまん延を予防することも予防接種の目的である旨が規定されているそうですね。

黒田係長◉中村君のいうとおりだよ。予防接種法１条では、「この法律は、伝染のおそれがある疾病の発生及びまん延を予防するために公衆衛生の見地から予防接種の実施その他必要な措置を講ずることにより、国民の健康の保持に寄与するとともに、予防接種による健康被害の迅速な救済を図ることを目的とする」と規定されているよ。

中　村　君◉予防接種を受けることは、公共のためでもあるから、

（注６）東京地判昭和59年５月18日判タ527号165頁

損失補償を認めているのですか？

黒田係長◉そうだね。判決では「各予防接種の結果蒙つた各被害児及びその両親らの特別の犠牲は、予防接種を行うという国民全体の利益のために、已むを得ない犠牲であると解すべきか、……いわば個人の犠牲は、国民全体の負担において、これを償うべきものと解すべきかの一つの政策の問題に帰着する」とした上で、「生命、身体に対して特別の犠牲が課せられた場合においても、右憲法29条３項を類推適用し、かかる犠牲を強いられた者は、直接憲法29条３項に基づき、被告国に対し正当な補償を請求することができる」と判断したんだ。

中 村 君◉予防接種の副作用による被害について、最高裁は国家賠償の観点から、東京地裁は損失補償の観点から救済を図ろうとしていますが、まさに両制度の谷間ともいうことができますね。

損失補償の内容

中 村 君◉どんな場合に損失補償を行うかということは、何となく分かってきたのですが、その補償の額ってどうやって決めるのですか？　同期の職員が、土地収用をするっていっていたのですが、土地を収用された人は損しないのかなって気になっていたのです。

黒田係長◉それも重要な点だよね。じゃあ、それに関する判例を見てみよう。鳥取県が個人所有の土地を倉吉都市計画街路事業の用に供するため収用したのだけれど、収用委員会で決定された損失補償額が低すぎるとして、収用を受けた人が訴えた事案だよ（注７）。

中 村 君◉収用って、自分の土地の所有権が強制的に自治体等に移されることですよね。それなら、その価格に納得できないこともありそうですよね。

黒田係長◉損失補償の内容について、この判決では、「土地収用法における損失の補償は、特定の公益上必要な事業のために土地が収用される場合、その収用によつて当該土地の所有者等が被る特別な犠牲の回復をはかることを目的とするものであるから、完全な補償、すなわち、収用の前後を通じて被収用者の財産価値を等しくならしめるような補償をなすべき」としている。

中 村 君◉公共のためとはいえ自分の土地が奪われてしまうのですから、完全な補償は当然ですよね。ただ、お金で補償を受けるときの積算は、どうなるのでしょうか？

黒田係長◉いい質問だね。補償は金銭でなされるから、その積算は重要だよね。判決では「金銭をもつて補償する場合には、被収用者が近傍において被収用地と同等の代替地等を取得することをうるに足りる金額の補償を要する」という判断を示しているよ。

中 村 君◉ちょっと気になる点があります。先ほどもありましたが、都市計画決定を行うとその対象区域は、建築制限を受けるんですよね。制限を受けることによって土地の価格が下がることもあると思うのですが、補償額の積算は、その下がった価格をベースに行うことになるのですか？　もしそうなら、やはり収用を受けると損をする気がします。

黒田係長◉その点もこの判決で考えが示されているよ。「被収用

（注7）最判昭和48年10月18日民集27巻9号1210頁

地については、街路計画等施設の計画決定がなされたときには建築基準法44条2項に定める建築制限が、また、都市計画事業決定がなされたときには旧都市計画法11条、同法施行令11条、12条等に定める建築制限が課せられているが、前記のような土地収用における損失補償の趣旨からすれば、被収用者に対し土地収用法72条によつて補償すべき相当な価格とは、被収用地が、右のような建築制限を受けていないとすれば、裁決時において有するであろうと認められる価格をいうと解すべきである」という判断なんだ（下線筆者）。

中 村 君◉そうですよね。都市計画事業が円滑に進むように建築制限がかけられているのだから、収用のときは建築制限によって土地の価格が下がった分も含めて補償されるべきですよね。とてもよく分かりました。ありがとうございます。

第9章　地方自治制度

第23回：ふるさと納税制度の経緯

今回から２回にわたっては、地方自治制度に関する重要な判決を取り上げることにします。まず最初は、国と自治体の間で争われた事案について取り上げることにします。いわゆる地方分権改革によって国と自治体は対等協力の関係と位置付けられています。こうした中でも、国には国全体として視点から、自治体は地方の視点から、様々な行政活動が行われています。その結果、対立が生じ、司法の判断を求める場合もあります。今回の事案は、自治体職員として、国との関係を考える重要なものです。

ふるさと納税制度の経緯

黒田係長◉今回は、地方自治制度を考えるために、ふるさと納税に関する判例について説明することにしよう。この事案では、国と地方公共団体が訴訟当事者となったもので、地方自治の観点からとても重要な意味を持つよ。

中村君◉ふるさと納税制度って、自分の選んだ自治体に寄附を行った場合に、寄附額のうち2,000円を超える部分について、所得税と住民税から原則として全額が控除される制度ですよね。

黒田係長◉そうだね。ふるさと納税といわれているけど、税の制度上は寄附金控除だよね。この訴訟の当事者となったのは、大阪府泉佐野市だよ。

中村君◉ふるさと納税に関する泉佐野市の事件なら知っていま

すよ。確か、地方税法が改正され、総務大臣の指定を受けた自治体に対する寄附のみが控除の対象になることになりましたよね。でも、泉佐野市は指定を受けられなかったため、訴訟を提起したという事件です。

黒田係長◉指定を受けられなければ寄附金控除の対象にならないから、その自治体にふるさと納税をする人がいなくなる可能性があるということで、泉佐野市にとっては大問題だったんだ。じゃあ、少し詳しく見ていこう。この問題は、ふるさと納税に対する返礼品が大きくかかわっているんだ。

中　村　君◉ふるさと納税をするとその自治体からお礼の品が届くのですよね。ふるさと納税を獲得するために、返礼の割合が高い返礼品を提供する自治体が増えて、返礼品合戦のような状況になっていましたよね。

黒田係長◉その返礼品合戦が、ふるさと納税の本来の趣旨から離れてきてしまっていたので、総務省は何度も通知を出して、寄附金に占める返礼品割合を３割以下とすることや返礼品をいわゆる地場産品に限ることを求めたんだ。ただし、この通知は、地方自治法245条の４第１項の技術的な助言としてなされたもので強制力はなかったので、従わない自治体もあったんだ。

中　村　君◉技術的助言ですか？

黒田係長◉助言とは、客観的に妥当性のある行為又は措置を実施するように促したり、又はその行為等を実施するために必要な事項を示したりすることだよ。あくまで助言だから自治体は、従う義務はない。その点が重要だね。

中　村　君◉そうなんですね。そういえば、泉佐野市は，従来の返礼品に加えて寄附金額の10～40％相当のアマゾンギフト券を交付するキャンペーをしているってネットで見ましたよ。

黒田係長◉そうだね。そんな泉佐野市の姿勢が今回の訴訟の遠因になっている。この訴訟で争われた直接の原因は、地方税法改正により令和2年6月1日以降、ふるさと納税に係る指定制度が創設されたことなんだ。さっき山下君が言ったように、総務大臣が法定の基準に適合した自治体をふるさと納税(特例控除)の対象として指定する仕組みだよ。指定対象外の団体に対して行った寄附金については、特例控除の対象外とならないこととされた。

中 村 君◉その指定を受けるための法定の基準でどんなものなんですか？

黒田係長◉すべての自治体に関する基準として、寄附金の募集の適正な実施に係る基準として総務大臣が定める基準を満たす必要があるとされている。さらに、返礼品等を提供する自治体については、次の2つの基準も満たす必要があるとされている。

返礼品等を提供する場合の基準

① 自治体が提供する返礼品等の調達に要する費用の額が、当該自治体が受領した寄附金の額の100分の30に相当する金額以下であること。

② 自治体が提供する返礼品等が当該自治体の区域内において生産された物品又は提供される役務等であつて、総務大臣が定める基準に適合するものであること。

黒田係長◉ほとんどの自治体が返礼品を提供しているから、これらのすべての基準を満たしていないと、総務大臣の指定を受けることができないんだ。

中 村 君◉後半の返礼品等を提供する場合の基準は分かるんですが、前半の寄附金の募集の適正な実施に係る基準として総務大臣が定める基準っていったいどんなものなのですか？

黒田係長◉それは、平成31年4月1日付けの総務省告示179号で示されている。具体的には次のような基準だよ（総務省基準）。

> ① 制度趣旨に沿った募集の方法（返礼品等を強調した寄附者を誘引するための宣伝広告等を行わないこと）
> ② 経費総額5割以下（寄附金の募集に要した費用の額の合計額が寄附金の額の合計額の100分の50に相当する金額以下であること）
> ③他団体への多大な影響（平成30年11月1日から申出書を提出する日までの間に、ふるさと納税制度の趣旨に反する方法により他の地方団体に多大な影響を及ぼすような寄附金の募集を行い他の地方団体に比して著しく多額の寄附金を受領した地方団体でないこと。）

中 村 君◉「地方団体」って自治体のことですよね。この基準については、よく理解できました。総務省は、泉佐野市についてどの基準を満たさないとして指定をしなかったんですか？

黒田係長◉総務省は，令和元年5月14日付けで不指定をしたんだけど、その不指定の通知書には，理由として次の3点が記載されていた。

> 〔1〕泉佐野市から提出された申出書及び添付書類の内容が指定を受けるための基準に適合していることを証するとは認められないこと（以下「不指定理由〔1〕」という。）

〔２〕平成30年11月１日から申出書を提出する日までの間に，返礼割合が３割超又は地場産品以外の返礼品を提供することにより寄附金の募集を行い，著しく多額の寄附金を受領しており，他団体への多大な影響に関する基準に該当しないこと（以下「不指定理由〔２〕」という。）

〔３〕現に泉佐野市が実施している寄附金の募集の取組の状況に鑑み，返礼品等を提供する場合の基準に適合する団体としては認められないこと（以下「不指定理由〔３〕」という。）

※不指定理由〔１〕～〔３〕は筆者加筆

国地方係争処理委員会の裁決

中村君◉そういえば、今回は国と自治体とが対立したんですよね。地方自治法では、地方公共団体は国の関与のうち処分等の公権力の行使について不服があるときは、国地方係争処理委員会に対して審査の申出をすることができるとされていたと思います（250条の13第１項）。確か、泉佐野市もこの申出を行っていたと思いますが……。

黒田係長◉よく知っているね。まず、その委員会の判断から説明しよう。委員会は、令和元年９月３日付けで，地方自治法250条の14第１項に基づき，総務省に対し，不指定理由〔１〕及び〔２〕は指定をしないことの根拠とならず，不指定理由〔３〕については更に検討を要する状況にあるとして，本件指定申出について再度の検討を行った上でその結果を理由と共に上告人に通知することを勧告したよ。

中 村 君◉この委員会は、主にどんな理由でこのような勧告を行ったのですか？

黒田係長◉委員会は、まず不指定理由〔1〕については、申出書の記載・添付書類に不備はないとしているよ。次に、不指定理由〔2〕については、総務省基準③他団体への多大な影響（平成30年11月1日から申出書を提出する日までの間に、ふるさと納税制度の趣旨に反する方法により他の地方に多大な影響を及ぼすような寄附金の募集を行い他の地方に比して著しく多額の寄附金を受領した地方団体でないこと。）に抵触するという理由なんだけど、この点は不指定の理由にはならないと判断をしてるよ。

中 村 君◉どんな理由でそのような判断をしたんですか？他の自治体への多大な影響がないと判断をしたんですか？

黒田係長◉二つの理由を示しているんだけど、まず最初は、平成30年11月1日から申出書を提出する日までの間、つまり過去についてまで認定の基準期間として定めているため、当該自治体の過去における募集態様等が基準に適合しないことを判断の対象とすることは、法律の委任を超える可能性があるとしている。

中 村 君◉確かに法律は「寄附金の募集の適正な実施に係る基準として総務大臣が定める基準」と規定しているのだから、一般的に法律施行後の今後の態様を基準とすべきで、過去の態様を含めるのは、この法律の規定に反する可能性がありますね。もう一点は、どんな理由ですか？

黒田係長◉もう一点、委員会は「行為時点では、違法ではなく、単に技術的助言に反する募集行為に過ぎないときは、外形的には、技術的助言従わなかったことを理由とする不利益な取扱い（地方自治法247条3項）がなされたものと評価される余地が生じ」るとしている。

中 村 君◉地方自治法247条3項では、「国又は都道府県の職員は、普通地方公共団体が国の行政機関又は都道府県の機関が行つた助言等に従わなかつたことを理由として、不利益な取扱いをしてはならない」と規定しているので、この規定に抵触することになりますね。最後の不指定理由〔3〕について、委員会はどんな判断をしたんですか？

黒田係長◉泉佐野市が申請当時に行っていた募集態様等から法定基準に適合しない募集を行う可能性があるとする判断に合理性があるといえるのかなどについて、さらに検討を要すると判断をしたんだ。

中 村 君◉委員会が行った勧告の内容は、よく理解できました。総務大臣は、この勧告を受けて、泉佐野市を指定したのですよね。

黒田係長◉そうではないんだ。総務大臣は，令和元年10月3日付けで，泉佐野市に対し，この勧告を受けて本件指定申出について再度の検討を行った結果，不指定理由〔1〕については独立した理由としては扱わないこととするが，不指定理由〔2〕及び〔3〕については判断を維持するとして，本件不指定の判断を維持することとした旨の通知をしたんだよ。

最高裁の判決

中 村 君◉それで、泉佐野市の訴訟を提起したんですね。具体的にはどんな訴訟なんですか？不指定の取消訴訟ですか？

黒田係長◉そのとおり。泉佐野市は不指定の取消訴訟を行ったんだ。根拠としては、地方自治法251条の5第1項2号に基づく国の関与に関する訴えとして提起したものだよ。

中 村 君◉とても複雑でしたが、ここまでの経緯はよく理解できました。最終的に最高裁（注1）はどのような判断を示したんですか？

黒田係長◉まず、不指定理由〔2〕については、「本件法律案につき，国会において，募集適正基準が上記観点から本件改正規定の施行前における募集実績自体をもって指定を受ける適格性を欠くものとする趣旨を含むことが明確にされた上で審議され，その前提において可決されたものということはできない。」ことなどを理由として、総務省基準の「本件改正規定の施行前における寄附金の募集及び受領について定める部分は，地方税法37条の2第2項及び314条の7第2項の委任の範囲を逸脱した違法なものとして無効というべきである。」と判示したよ。

中 村 君◉この点は、委員会勧告と同様に判断していますね。現に泉佐野市が実施している寄附金の募集の取組の状況に鑑み基準に適合する団体としては認められないという不指定理由〔3〕についてはどのような判断だったのでしょうか？

黒田係長◉この点については、「従前は返礼品の提供について特に定める法令上の規制が存在しなかったのに対し，本件改正規定により，法定返礼品基準が法定され，指定を受けた地方団体がこれに反した場合には指定の取消しの対象となり，その後2年間は指定を受けられなくなるという法令上の規制が設けられ

（注1）最判令和2年6月30日裁時465号21頁

たことからすれば，本件改正規定の施行の前後では地方団体の行動を評価する前提を異にしており，同施行前における泉佐野市の返礼品の提供の態様をもって，同施行後においても同市が同様の態様により返礼品等の提供を継続するものと推認することはできない。」等を理由として，「本件不指定当時の事情の下では，本件指定申出につき，同市が法定返礼品基準に適合するとは認められないと判断することはできない」としている。

中 村 君◉確かに返礼品の基準が法律で定められる前に、問題があるような形で返礼品等を提供していたからといって、基準が法定されてからも同様な行為を継続するとは限らないですよね。

第24回：議員の出席停止の懲罰議決と司法審査

今回は、自治体の議会に関する判決を取り上げることにします。自治体の議会は住民を代表する重要な機関であるため、その活動は適正に行われなければなりません。しかし、議会活動において様々な問題が生じる場合もあります。その場合に、司法権がどの程度介入することができるかを考える重要な判例です。特に今回の判例は、最高裁の判断が変更されたという点でも重要な意味を持っています。

懲罰議決と議会の自律権

黒田係長◉今回は、自治体の議会に関する判例を説明しよう。自治体議会の議員の出席停止の懲罰議決について司法審査が及ぶかという点に関する判決だよ（注１）。

中 村 君◉その点については、すごく古い判例ですが、議員に対する出席停止の懲罰議決については司法裁判権の外にあるとされていたように思います。

黒田係長◉中村君、よく覚えているね。昭和35年の判決なんだけど、その判決（注２）では「自律的な法規範をもつ社会ないしは団体に在つては、当該規範の実現を内部規律の問題として自治的措置に任せ、必ずしも、裁判にまつを適当としないものがある」として、「出席停止の如き懲罰はまさにそれに該当するものと解する」として、裁判所法３条の「法律上の争訟」には当たらず、司法審査は及ばないとしていたんだ。

（注１）最判令和２年11月25日裁時1757号３頁
（注２）最判昭和35年10月19日民集14巻12号2633頁

中　村　君◉係長が、あえて、自治体議会の議員の出席停止についての判例を取り上げるということは、この最高裁の判断が変わったということですよね。

黒田係長◉中村君のお察しのとおりだよ。ところで中村君は、最高裁には大法廷と小法廷とがあるのは知っているよね。どう違うのかな？

中　村　君◉最高裁判所には，最高裁判所長官を含む15人の裁判官全員で構成する大法廷（定足数９人）と５人の裁判官で構成する三つの小法廷（定足数３人）があります。すべての事件は，まず小法廷で審理して，ほとんどの事件がこの審理及び裁判で終了します。ただし、小法廷で審理した事件の中で，法律や処分等が憲法に適合するかしないかを判断するとき、憲法その他の法令の解釈適用について意見が前に最高裁判所のした裁判に反するときなどに限って，事件を大法廷に移して審理及び裁判をすることになります。

黒田係長◉さすが中村君、よく知っているね。今回の判決は、従来の最高裁判所の判断に反する判断であったため大法廷で審理がなされたんだ。

中　村　君◉どのような理由で判例を変更したんですか？

黒田係長◉判決では、「議員は，憲法上の住民自治の原則を具現化するため，議会が行う上記の各事項等について，議事に参与し，議決に加わるなどして，住民の代表としてその意思を当該普通地方公共団体の意思決定に反映させるべく活動する責務を負うものである。」とした上で、「出席停止の懲罰は，上記の責務を負う公選の議員に対し，議会がその権能において科する処分であり，これが科されると，当該議員はその期間，会議及び委員会への出席が停止され，議事に参与して議決に加わるなどの議員としての中核的な活動をすることができず，住民の負託を受けた議員としての責務を十分に果たすことができなくなる。」としている。

中 村 君◉議会の議員のもっと重要な仕事は、議会に出席することですよね。それが議会に出席できないということは、その議員に付託した住民の参政権を侵害することにもなりますね。

黒田係長◉その通りだよね。そこで最高裁は、「出席停止の懲罰の性質や議員活動に対する制約の程度に照らすと，これが議員の権利行使の一時的制限にすぎないものとして，その適否が専ら議会の自主的，自律的な解決に委ねられるべきであるということはできない。」として、「出席停止の懲罰は，議会の自律的な権能に基づいてされたものとして，議会に一定の裁量が認められるべきであるものの，裁判所は，常にその適否を判断することができる」と判示したんだよ。

中 村 君◉確かに議員は、住民の代表なんだから、出席停止の懲罰はとても重要な意味を持ちますよね。それを議会の自主的，自律的な解決に委ねられるということはできないと思います。

議員に対する発言取消命令と司法審査

黒田係長◉もう一つ議会に関する判例を説明しよう。今度は、さっきの事案と違って、司法審査の対象にならないとされたものだよ。事案としては、愛知県議会の議員が，県議会議長から，地方自治法129条1項に基づき，県議会の一般質問における県知事に対する発言の一部を取り消すよう命じられたけど，自己の発言は社会通念上相当な内容のものであるなどとしてこの命令の取消しを求める訴訟を提起した事案（注3）だよ。

中 村 君◉地方自治法129条1項は「普通地方公共団体の議会の会議中この法律又は会議規則に違反しその他議場の秩序を乱す議員があるときは、議長は、これを制止し、又は発言を取り消させ、その命令に従わないときは、その日の会議が終るまで発言を禁止し、又は議場の外に退去させることができる」と規定していますよね。この規定に基づいて取消が命じられたのだから、法律の適用の問題として司法審査の対象になっていてもいいのではないかと思いますが…。

黒田係長◉最高裁は、そのようには判断しなかったんだ。

中 村 君◉最高裁は、発言の取消し命令については、司法審査の対象にならないと判断したんですか？

黒田係長◉そのとおりなんだ。地方自治法の「規定等に照らせば，同法は，議員の議事における発言に関しては，議長に当該発言の取消しを命ずるなどの権限を認め，もって議会が当該発言をめぐる議場における秩序の維持等に関する係争を自主的，自律的に解決することを前提としているものと解される。」として、自主的，自律的に解決するが法の趣旨としている。そして「県議会議長により取消しを命じられた発言が配布用会議録に掲載されないことをもって，当該発言の取消命令の適否が一般市民法秩序と直接の関係を有するものと認めることはできず，その適否は県議会における内部的な問題としてその自主的，自律的な解決に委ねられるべきものというべきである。」であるとして、「県議会議長の県議会議員に対する発言の取消命令の適否

（注3）最判平成30年4月26日裁判集民258号61頁

は，司法審査の対象とはならない」と判示したんだ。

中 村 君◉この判決は、先ほどの昭和35年の出席停止の懲罰議決についての判決と同様に、議会の議事機関としての自主的かつ円滑な運営の確保が求められる議事の運営に関する事項については，その性質上，議会の内部規律に関する問題として自律的な権能が尊重されるべきものとしているんですね。

黒田係長◉ただし、注意が必要なのでは、この議員の発言に対する訂正命令の判決の方が、令和２年の出席停止の判決よりも先に出されたものだということだよ。後に出された出席停止の判決では、議会内部の問題でも司法審査の対象になるものもあると判断しているので、今後、議会内部の問題について、どの程度司法審査の対象になるかということについては、十分に判例の動向を見守っていく必要があると思うよ。

中 村 君◉最高裁の判断を変更されることがあるので、常に関心を持って確認をするようにしなければならないですね。

あとがき

本書のもととなった自治実務セミナーの連載は、同志社大学大学院司法研究科（法科大学院）において担当していた応用ゼミで取り上げた判例を公務員向けに解説するというコンセプトで始まりました。行政判例は、司法試験受験生にとっても重要であることはもちろんですが、自治体職員にとって不可欠の知識だといえます。しかし、自治体職員にとって訴訟あるいは判例というだけで、避けてしまいたいという意識が働くというのが現実です。

そのため、できるだけ自治体職員の皆さんに親しんでいただきやすく行政判例の解説をするために考えた方法が、係長が担当職員に解説する会話調という形でした。このような形で行った本連載は、幸いにも読者の方からとても分かりやすいなどの言葉をいただくことができました。今回の書籍化を通じて、より多くの自治体職員に行政判例を理解していただきたいと考えています。

元四日市市長　井上哲夫氏に本書をお贈りし、深甚なる謝意を表したいと思います。井上氏は、私が四日市市職員時代に私にとって最大の理解者であり、私に様々な経験の場を与え、そしていつも見守っていてくださっていました。まさに私の師ともいえる存在でした。今日の私があるのも、井上氏のおかげといっても過言ではありません。

最後に私事にわたりますが、私の研究活動を支えてくれている妻、長男、そして両親に感謝の言葉を贈りたいと思います。

【著者紹介】

松村　享（まつむら　すすむ）
名古屋学院大学法学部教授
日本公法学会会員、日本地方自治学会会員、地方行政実務学会会員

同志社大学法学部法律学科卒業、三重県四日市市役所入庁。総務部総務課長、総務部次長、総務部理事、会計管理者を経て、2018年４月から名古屋学院大学法学部教授として行政法、地方自治法等を担当している。また、市町村アカデミー、全国市町村国際文化研修所、消防大学校等において自治体職員向けの研修の講師を多数務めている。

著書に「基礎から学ぶ　入門地方自治法」（ぎょうせい　2018年）、「憲法の視点からみる条例立案の教科書」（第一法規　2017年）、「自治体職員のための情報公開事務ハンドブック」（第一法規　2016年）、「地方公務員のための法律入門［第２版］」（ナカニシヤ出版 2016年)などがある。その他に論稿多数。

サービス・インフォメーション

通話無料

①商品に関するご照会・お申込みのご依頼
TEL 0120(203)694／FAX 0120(302)640

②ご住所・ご名義等各種変更のご連絡
TEL 0120(203)696／FAX 0120(202)974

③請求・お支払いに関するご照会・ご要望
TEL 0120(203)695／FAX 0120(202)973

●フリーダイヤル(TEL)の受付時間は、土・日・祝日を除く9:00〜17:30です。

●FAXは24時間受け付けておりますので、あわせてご利用ください。

自治体職員のための　判例の読み方・活かし方
―トラブル回避のポイントがわかれば法的リスクを抑えた条例・政策が立案できる！

2021年3月25日　初版発行

著　者　松　村　　享

発行者　田　中　英　弥

発行所　第一法規株式会社
〒107-8560　東京都港区南青山2-11-17
ホームページ　https://www.daiichihoki.co.jp/

判例の読み方　ISBN978-4-474-07509-2　C2032 (3)